# समकालीन आलोचना-विमर्श

# समकालीन आलोचना-विमर्श

अवधेश कुमार सिंह

वाणी प्रकाशन

वाणी प्रकाशन
*4695, 21-ए, दरियागंज, नयी दिल्ली 110 002*

शाखा

*अशोक राजपथ, पटना 800 004*

फ़ोन : +91 11 23273167 फ़ैक्स : +91 11 23275710

www.vaniprakashan.in
vaniprakashan@gmail.com
sales@vaniprakashan.in

SAMKALEEN ALOCHANA-VIMARSH
*by* Avadhesh Kumar Singh

ISBN : 978-93-5229-271-4
Criticism



प्रथम संस्करण
मूल्य : ₹ 395



*यश प्रिंटोग्राफिक्स, नोएडा-201 301 (उ.प्र.) में मुद्रित*

*वाणी प्रकाशन का लोगो मक़बूल फ़िदा हुसेन की कूची से*

**प्रोफ़ेसर नामवर सिंह**

*को*

*जिन्हें सुन पढ़कर हिन्दी में लिखने का सोचा*

# अनुक्रम

# प्राक्कथन

लगभग एक सदी पुराने अपने इतिहास में हिन्दी आलोचना ने कई पड़ावों को पार किया है। आचार्य रामचन्द्र शुक्ल से लेकर आज तक कई आलोचकों ने इसमें अपना योगदान दिया है। इस आलोचना परम्परा में कौन से आलोचक आते हैं और कौन से नहीं, इस बारे में मतभेद हो सकते हैं पर इतना तय है कि हिन्दी भाषा तथा साहित्य की तरह उसकी आलोचना-परम्परा भी कई परम्पराओं के सुयोग से बनी है। इसके एक किनारे पर संस्कृत काव्यशास्त्रीय तथा दूसरी ओर पाश्चात्य आलोचना-परम्परा है। कहना न होगा कि इन दोनों को जाने समझे बगैर हिन्दी आलोचना को समझना मुश्किल है।

पिछली सदी साहित्यिक आलोचना तथा आलोचना-सिद्धान्त, विशेषकर पाश्चात्य आलोचना के, उत्कर्ष की, सदी थी जिस कारण कई सिद्धान्त और वाद जैसे उत्तर-संरचनावाद, उत्तर-आधुनिकतावाद और उत्तर-उपनिवेशवाद आदि ने हिन्दी आलोचना को गहरे ढंग से प्रभावित किया। कई बार तो इनके प्रति उत्साह का अविवेकपूर्ण अतिरेक भी दिखाई दिया। इस प्रक्रिया में एक ऐसे हस्तक्षेप की जरूरत थी जो इन समकालीन वादों और सिद्धान्तों की आलोचनात्मक समझ पर आधारित हो तथा उनके सामने समर्पण-भाव से प्रेरित न होकर उन्हें भारतीय, विशेषकर हिन्दी के, सांस्कृतिक अनुभव तथा उसकी सर्जनात्मक अभिव्यक्ति के सन्दर्भ में देखे और परखे। अवधेश कुमार सिंह की किताब 'समकालीन आलोचना-विमर्श' इन उद्देश्यों की बखूबी पूर्ति करती है। इसकी विशेषता यह है कि इसमें हिन्दी आलोचना को संस्कृत तथा अंग्रेजी परम्पराओं के परिप्रेक्ष्य में देखने के साथ समकालीन आलोचना के मुख्य सरोकारों की साफगोई से चर्चा की गयी है तथा तुलनात्मक अध्ययन के प्रारूपों को भी सुझाया है। सच यह भी है कि किसी भी आलोचना-परम्परा

को केवल उसके अन्दर सिमटकर समझना उस परम्परा तथा आलोचक दोनों के लिए घातक होता है।

मेरा निश्चित मत है कि यह किताब समकालीन आलोचना-विमर्श की समझ में अपना सार्थक योगदान करेगी तथा अन्य हस्तक्षेपों के लिए रास्ता खोलेगी।

**प्रो. नामवर सिंह**

# भूमिका

बीसवीं सदी आलोचना-सिद्धान्त की सदी थी। इस सदी में आलोचना-सिद्धान्त का प्रचलन तथा प्रतिष्ठा इतनी बढ़ी कि उसके उत्तरार्द्ध में यह एक अनुशासन के रूप में स्थापित हो गया। इसकी राजनीति, समाजशास्त्र तथा अर्थशास्त्र की ख़ूब चर्चा हुई। सिद्धान्त का प्रतिरोध भी हुआ पर प्रतिरोध ने इसे थामने के बजाय और बढ़ावा दिया। इस प्रक्रिया में नये वादों का जन्म हुआ। पर उनकी विकेन्द्रीयता के साथ वे नेपथ्य में चले गये और दूसरे नये वाद अस्तित्व में आये। फलतः नये सवाल पूछे गये। पर सवाल ज़्यादा उठे और उत्तर कम मिले। स्वाभाविक था कि सवालों के जवाब अलग-अलग मुकामों से दिये गये अतः जवाब उतने ही भिन्न थे जितने कि सवाल और उनके मुकाम। प्रस्तुत पुस्तक 'समकालीन आलोचना-विमर्श' ऐसे ही कुछ सवालों के आसपास बुनी गयी है। ये सवाल 1980 और 90 के दशक में पश्चिमी अर्थात यूरोपीय अमेरिकी आलोचना-सिद्धान्त के प्रति हमारे अतिमोह की प्रतिक्रिया के रूप में उठे थे। इन दशकों तक पश्चिमी सिद्धान्त और वादों की हवा, जो 1960 के दशक के बाद उठी थी, बवंडर बन गयी थी। 1980 के दशक के बाद उत्तर-संरचनावाद, उत्तर-आधुनिकतावाद, उत्तर-उपनिवेशवाद, नवइतिहासवाद तथा सांस्कृतिक भौतिकवाद आदि वादों की बाढ़-सी आ गयी थी। पश्चिमी आलोचना विमर्श के आतंक के चलते कुछ भारतीय विद्वानों ने उनकी अलख जगाने का ठेका ले लिया था और अपनी क्षमता के आधार पर उनके खुदरा या थोक व्यापारी बन गये। पर रहे तो सिद्धान्त के दुकानदार और खोमचे वाले ही। जिन्हें इन वादों की ख़बर लगी या थोड़ी समझ पड़ी उन्होंने उनकी घुट्टी दूसरों को ख़ूब पिलाई।

आलोचना-सिद्धान्त के तिलिस्म का ऐसा समां बाँधा गया था कि उत्तर-संरचनावाद, उत्तर-आधुनिकतावाद, उत्तर-उपनिवेशवाद या फिर हैरल्ड ब्लूम, पॉल डि मान, हिलिस मिलर, क्लॉद लेवी-स्ट्रॉस, रोलां बार्थ्स, जॉक देरिदा, जुलिया क्रिस्टीवा या मिशेल फूको आदि जैसे कुछ प्रमुख पश्चिमी आलोचकों के कुछ नाम टपकाये बगैर भारतीय आलोचकों का काम चलता ही न था। इसमें उनके मूल पाठ की समझ की भी कोई भूमिका थी ऐसा मानकर आशावादी होने की ज़रूरत नहीं है।

भारत में साहित्य और आलोचना के लिए यह मुश्किल दौर था क्योंकि आलोचना-सिद्धान्त के अति-उत्साही भारतीय प्रवक्ताओं ने साहित्य से सम्बन्ध लगभग तोड़ दिया था। इसके विपरीत लगभग सभी पश्चिमी आलोचना-सिद्धान्तकार तो साहित्य पाठ से जुड़े थे। वे अपने पाठ अध्ययन से सिद्धान्त प्रतिपादित करते थे और पाठ की निहाई पर उन्हें परखते थे। पर हमारे सिद्धान्त प्रेमियों ने साहित्य के गम्भीर पठन और उनमें से सिद्धान्त (प्रतिपादन) को लगभग तिलांजलि दे दी। इसे संज्ञानात्मक उपनिवेशवाद के अलावा क्या कहा जा सकता है? इन सिद्धान्त समर्थकों के विरुद्ध एक वर्ग था जो या तो सिद्धान्त के प्रति उदासीन था या फिर उसके ज्ञान अभाव में खुद को कोसता रहता था। एक रास्ता और था जिसमें न तो सिद्धान्त विमर्श की फ़ैशनपरस्ती शामिल थी और न ही उदासीनता। बल्कि आलोचना विवेक के प्रकाश में आलोचना-सिद्धान्त विमर्श को स्वीकार या अस्वीकार कर उसमें आलोचनात्मक भागीदारी शामिल थी। साथ ही आग्रह यह भी था कि आलोचना कर्म के वैश्विक विमर्श के वादों को भारतीय अनुभव और अभिव्यक्ति के परिप्रेक्ष्य में देखा जाये क्योंकि उसके अभाव में यह प्रक्रिया परजीवी होगी। मैंने इस रास्ते को चुना और जो जवाब हाथ आये उन्हें यहाँ प्रस्तुत करने की कोशिश की है।

इस पुस्तक में वर्तमान आलोचना-सिद्धान्त विमर्श को भारतीय आलोचना परम्पराओं, अनुभवों तथा उनकी साहित्यिक विमर्श के रूप में अभिव्यक्ति के परिप्रेक्ष्य में देखा गया है। अतः भारत को किसी भी गैर-पश्चिमी उत्तर-उपनिवेशित समाज के एक रूपक (ट्रोप) के रूप में देखा जा सकता है जो न केवल पश्चिमी आलोचना-सिद्धान्तों या वादों का मात्र उपभोक्ता बन गया है बल्कि आलोचनात्मक प्रस्तावों को सिद्धान्त की तरह आँख मूँदकर स्वीकार कर लेता है। पर इसके लिए पश्चिम या पूर्व-उपनिवेशकों को ज़िम्मेदार ठहराना और उन्हें अपनी दुर्दशा के कारणों का कूड़ेदान बनाना अपने बौद्धिक तथा आलोचकीय उत्तरदायित्व से बचना है जो बिल्कुल उचित नहीं ठहराया जा सकता है। इसे उदासीनता कहें या महानता की दयनीयता कि कुछ क़िस्सों में आत्मगौरव का दम्भ हमें आज भी यह कहने को फुसलाता है कि हज़ारों साल पुराने इतिहास वाले हमारे देश को कुछ दशक उत्तर-आधुनिकतावाद या उत्तर-उपनिवेशवाद जैसे पुरानों वादों से हमारा क्या लेना-देना? बेकार में क्यों हम उनकी चर्चा करें? उनका रोना हम क्यों रोएँ? सच तो यह है कि 21वीं सदी में मानव नियति की अन्तःसम्बन्धता के सिद्ध हो जाने के बाद आलोचना-विमर्श को भी हम एकान्त में नहीं देख सकते। ज्ञान क्षेत्र में अस्तित्व के लिए एक-दूसरे को समझना तथा उनसे सीखना जरूरी है। आलोचना-सिद्धान्त विमर्श का क्षेत्र इससे अछूता नहीं है।

पर पश्चिमी वादों तथा सिद्धान्तों को ज्यों-का-त्यों स्वीकार कर उनकी डफली बजाना और आलोचकों की कृत्रिम, कूटभाषा या चोरों की भाषा के मुहावरे का प्रयोग करना इस पुस्तक का उद्देश्य नहीं है। वैसे भी विरले अपवादों को छोड़ दें तो

आलोचकों की भाषा चोरों से भी बदतर होती है। चोर की भाषा चोर तो समझते हैं, पर आज आलोचकों की भाषा दूसरे आलोचक ही नहीं समझ पाते। कभी-कभी लगता है आलोचक अपनी भाषा खुद भी समझता है कि नहीं? बस समझ का नाटक चलता है। इस नाटक की धुन्ध के आरपार देखना इस पुस्तक का उद्देश्य है। वैसे चीज़ों के आरपार यदि आलोचना नहीं देखेगी तो उसके नाम की सार्थकता ही नहीं होगी। भारत की सभी भाषाओं में ऐसे समर्थ आलोचक हुए हैं और अभी भी हैं। यह और बात है कि उनकी संख्या कम है। वैसे भी ज्ञान की परम्परा बहुमत से नहीं बनती। यह बात सभी आलोचना परम्पराओं के इतिहास में देखी जा सकती है। अंग्रेज़ी आलोचना का ही उदाहरण देखें तो वह सोलहवीं सदी में फिलिप सिडनी, सत्रहवीं सदी में जॉन ड्राइडन, अठारहवीं सदी में सैम्युअल जॉनसन, उन्नीसवीं सदी में विलियम वर्ड्सवर्थ, सैम्युअल टेलर कॉलरिज, मैथ्यू आर्नाल्ड तथा वॉल्टर पेटर, तथा बीसवीं सदी में आई. ए. रिचर्ड्स, क्रिस्टोफर कॉडवेल, टी.एस. एलियट, एफ.आर. लेविस तथा रेमण्ड विलियम्स तक ही सीमित है। इसके बाद तो साठ के दशक में अंग्रेज़ी आलोचना यूरोअमेरिकी आलोचना में अन्तर्भूत हो गयी थी। वैसे भी पूरी अंग्रेज़ी आलोचना में केवल कॉलरिज ही एक समर्थ चिन्तक, मीमांसक, सैद्धान्तिक तथा व्यावहारिक आलोचक हैं।

एक बात और कहनी पड़ेगी कि अपने जटिल तथा रहस्यमय रूप में आलोचना-सिद्धान्त पहले से ही मौजूद हैं। फिर उस पर लिखना क्यों? मेरा उद्देश्य उस जटिलता का जादूगर बनना नहीं बल्कि सरलता और सार्थकता की ओर ले जाना है। यह सरलता, आलोचना-सिद्धान्त की मेरी समझ तथा उसे सरल भाषा में व्यक्त करने की कोशिश के रूप में देखी जा सकती है। इस प्रक्रिया में मैंने आलोचना का वज़न उठाने की मेरी अपनी हिन्दी की क्षमता को जाँचने की भी कोशिश की और यह पाया कि हर भाषा में अभिव्यक्ति की अद्‌भुत क्षमता होती है सीमाएँ तो उपयोगकर्ताओं की होती हैं। भाषा वालों की वैचारिक उद्यमशीलता के अनुपात में उसकी क्षमता, सरलता या क्लिष्टता विकसित होती है। तो जहाँ-जहाँ विचार का वज़न उठाने में भाषा सक्षम न लगे और सरलता की जगह वह बोझिल बनती लगे तो वह मेरी व्यक्तिगत सीमा है, हिन्दी भाषा की नहीं। जहाँ तक सार्थकता का सवाल है, वह भी तभी सम्भव है जब आलोचना-सिद्धान्त तथा व्यवहार को स्थानीय अनुभव तथा अभिव्यक्ति के तुलनात्मक परिप्रेक्ष्य में देखा जाये। उत्तर-उपनिवेशित समाजों के लिए यह विशेषकर अपेक्षित है कि वे अन्य, विशेषकर पूर्व-उपनिवेशी समाजों में कल्पित एवं संरचित सिद्धान्तों को अपनी परम्पराओं, सांस्कृतिक अनुभव तथा उसकी कलात्मक या साहित्यिक अभिव्यक्ति की रोशनी में देखें। अन्यथा सैद्धान्तिक वर्चस्ववाद अदृश्य बौद्धिक उपनिवेशवाद को बढ़ावा देगा। इसी कारण उत्तर-आधुनिकतावाद हो या उत्तर-उपनिवेशवाद जैसे वादों की चर्चा में मेरी यही

कोशिश रही है कि उनके मूल तत्त्व को सिद्धान्त तथा व्यवहार के स्तर पर समझा जाये और भारतीय सांस्कृतिक अनुभव के सन्दर्भ एवं परम्परा में देखते हुए उनकी विशिष्टताओं तथा सीमाओं को उजागर किया जाये। ऐसा करना मेरी मजबूरी थी अन्यथा यह उपक्रम आलोचना-सिद्धान्त विमर्श में पश्चिम की शर्त पर भाग लेने जैसा होता। आलोचना-विमर्श आज उस अर्थ में उद्योग है जिसमें 'उद्योग' जैसे उदात्त शब्द को 'इंडस्ट्री' के समानार्थी के रूप में प्रयोग कर सीमित कर दिया गया है। यह शस्त्र उद्योग सा है जिसकी अपनी राजनीति है, अर्थशास्त्र है तथा उसका सौन्दर्यशास्त्र भी रचा गया है। इसके सौन्दर्यशास्त्र के रथ के पहियों के नीचे कितने सारे सीमान्त विमर्श कुचले पड़े हैं। वर्चस्व के युद्ध में शस्त्र बनते कहीं और हैं और उनका प्रयोग कहीं और होता है। और कभी-कभी केवल उनकी मारक क्षमता की परख के लिए युद्ध भी रचाए जाते हैं। आलोचना-सिद्धान्तों का भी कमाबेश ऐसे ही प्रयोग हुआ है। आज भी पश्चिमी आलोचना-सिद्धान्तों की परख गैर-पश्चिमी साहित्यों पर की जाती है। फ़र्क़ इतना आया है कि पहले यह काम पश्चिमी विद्वान करते थे और अब पश्चिम में स्थित भारतीय विद्वान करते हैं।

भारतीय आलोचना-विमर्श को श्रेष्ठ भाषा-आलोचकों ने पोसा है। यह और बात है कि अनुवाद के रूप में अंग्रेज़ी में उपलब्ध न होने के कारण और सुलभ पश्चिमी आलोचना के प्रभाव तथा गौरव के कारण अधिकांश भारतीय आलोचकों का ध्यान भारतीय भाषा के आलोचकों के विशिष्ट कृतित्व की ओर नहीं गया है। यह बात कमोबेश हिन्दी आलोचना पर भी लागू होती है। भारतीय भाषाओं की तरह हिन्दी के शीर्ष आलोचकों ने अपनी भाषा आलोचना को समृद्ध करने का काम बूखबी किया है। चूँकि यह किताब आलोचना-विमर्श के वादों तथा उनके बीच संवाद से सम्बन्धित है इसलिए स्वाभाविक है कि भारतीय भाषाओं के शीर्षस्थ आलोचक प्रोफेसर नामवर सिंह की किताब 'वाद, विवाद संवाद' और उनकी पद्धति की याद आये। उस किताब में उन्होंने वाद पद्धति का हिन्दी साहित्य तथा उसके पाठ से संवाद कर उसे नया आयाम दिया तथा नयी पीढ़ी को अध्ययन और विश्लेषण का प्रारूप भी दिया। बात चाहे पाठ-विश्लेषण की हो या मार्क्सवाद की या फिर उत्तर-आधुनिकतावाद की, वे उसे भारतीय परिप्रेक्ष्य में देखते हैं। उनकी आलोचना पद्धति से सीखकर जो पीढ़ी निकली उनमें से मैं भी एक हूँ जिसे उनके विचार तथा लेखन से प्रत्यक्ष प्रोत्साहन मिला। सच यह है कि यदि मैंने उन्हें सुना या पढ़ा न होता तो हिन्दी में लिखने का संकल्प भी मन में न आया होता। मैं खुद को खुशनसीब मानता हूँ कि ऐसे बड़े चिन्तक-आलोचक के युग में मैं साँस ले रहा हूँ। आने वाली पीढ़ियाँ हमसे उसी प्रकार ईर्ष्या करेंगी जैसे आचार्य रामचन्द्र शुक्ल या हजारी प्रसाद द्विवेदी के सामने पली-बढ़ी पीढ़ियों से हमें ईर्ष्या होती है। उनके स्नेह के लिए मैं उनका आभारी रहूँगा।

'आलोचना' के सम्पादकों परमानन्द श्रीवास्तव तथा अरुण कमल का मैं आभारी हूँ क्योंकि उन्होंने न केवल साग्रह लिखने के लिए प्रोत्साहित किया बल्कि लेखों को 'आलोचना' में स्थान भी दिया। आलोचना-विमर्श पर काम करते हुए मुझे देश-विदेश के कई विद्वानों से चर्चा कर लाभान्वित होने का मौक़ा मिला। उन सबका नाम लेकर मैं आभामण्डित नहीं होना चाहता। हाँ, इतना ज़रूर कहना चाहूँगा कि इन लेखों में तथाकथित मौलिकता का दावा करने का न तो कोई इरादा है और न ही ऐसा करना सम्भव है क्योंकि सब कुछ उन सबसे तथा औरों से सुना या पढ़ा हुआ है। किसी का कपास, किसी की रुई; न तो ताना अपना और न बाना अपना; न सुई अपनी, न टाँका अपना। फिर भी संयोजन का सुख है। कुछ लेख अंग्रेज़ी तथा हिन्दी में पहले छपे थे। बदलाव के साथ वे हिन्दी में उतरे हैं। उत्तर-आधुनिकतावाद तथा उत्तर-उपनिवेशवाद सम्बन्धी अंग्रेज़ी में लिखे मूल लेखों का अनुवाद 'आलोचना' के लिए नवल कुमार शर्मा तथा अमिताभ खरे ने किया था। मैंने उन लेखों को पुनःसम्पादित कर सरल तथा और तर्कसंगत बनाने की कोशिश की है। पुस्तक में भूमिका है तो उपसंहार भी होना चाहिए। पर आलोचना-सिद्धान्त की किसी भी किताब में उपसंहार सम्भव नहीं है और यदि कुछ हो सकता है तो वह है 'फिर पाठ की ओर'। अतः अन्तिम लेख को ही उपसंहार मान लिया जाये। अंग्रेज़ी तथा तुलनात्मक विश्वविद्यालय अध्ययन विभाग, सौराष्ट्र विश्वविद्यालय, राजकोट (गुजरात) तथा वर्तमान में अनुवाद अध्ययन एवं प्रशिक्षण विद्यापीठ, इन्दिरा गाँधी नेशनल ओपन यूनिवर्सिटी, नयी दिल्ली में मेरे सहयोगी मित्रों ने अपने प्रतिभावों से उन्हें समृद्ध किया। यहाँ मैं विशेष उल्लेख डॉ. हरीश कुमार सेठी का करना चाहूँगा जिन्होंने आख़िरी प्रूफ़ वांचन कर किताब को तराशने में योगदान किया। इतने सब कुछ के लिए मैं उन सभी का ऋणी रहूँगा।

इस प्रयास में मुझे कितनी सफलता मिली इसका निर्णय मेरी क्षमता तथा अधिकार क्षेत्र से बाहर की बात है पर इतना निश्चित है कि इस प्रक्रिया में मेरी अपनी समझ ज़रूर बढ़ी है।

**अवधेश कुमार सिंह**

# 1

# भारत में आलोचना परम्परा और परिवर्तन : संस्कृत तथा हिन्दी के सन्दर्भ में

कहना अनुचित न होगा कि भारत में आलोचना परम्परा की वर्तमान चर्चा संस्कृत, हिन्दी, अंग्रेज़ी तथा गुजराती की मेरी सीमित समझ पर आधारित है। ऐसे सीमित ज्ञान के आधार पर केवल तान्दुल न्याय किया जा सकता है, पूरी आलोचना परम्परा के बारे में कोई निर्णय नहीं दिया जा सकता। फिर भी आलोचनात्मक दुस्साहस का ख़तरा उठाकर यह साफ़ करना भी ज़रूरी है कि भारतीय आलोचना परम्परा से तात्पर्य भारत की सभी भाषाओं—प्राचीन भाषाओं जैसे संस्कृत तथा तमिल से लेकर आधुनिक भारतीय भाषाओं—लिखित तथा मौखिक रूपों में मौजूद आलोचना परम्पराओं से है। सतही तौर पर एकवचन लगते हुए भारतीय सांस्कृतिक यथार्थ की तरह भारतीय आलोचना भी बहुवचन है। इस बहुवचनता के साथ भारत में आलोचना परम्पराओं का साझा इतिहास है जिसमें उनकी विशिष्टताएँ-समानताएँ, असमानताएँ तथा साम्यताएँ शामिल हैं जिनकी सही समझ उनके तुलनात्मक अध्ययन से ही हो सकती है।[1]

भारत में परम्परा में परिवर्तन की चर्चा कोई नयी बात नहीं हैं। परम्परा का अर्थ ही एक-दूसरे से सम्बन्धित होता है। परम्परा और परिवर्तन विरोधी युग्म न होकर एक-दूसरे के पूरक होते हैं। पर सवाल होता है कि परिवर्तन तो हर आलोचना परम्परा में होता है तो भारतीय परम्परा में ऐसा नया क्या था? इसके जवाब के लिए हम पश्चिमी आलोचना के इतिहास को देख सकते हैं। ग्रीक आलोचना विचार तथा विवेचन के आधार पर पश्चिमी आलोचना की नींव थी पर प्लेटो तथा अरस्तू के 600 वर्षों बाद ही वह बिखर गयी थी। अरस्तू के शिष्य थिओक्रेस्टस के बाद 'पोइटिक्स' का पाठ खो गया था। सातवीं सदी तक यूरोप से पश्चिमी आलोचना के इस प्रथम आधार ग्रन्थ का कोई पता-ठिकाना न था। 'पोइटिक्स' के अरबी से लैटिन में अनुवाद तथा इब्न रूश्द की टीका के बाद ही यूरोप को प्रामाणिक 'पोइटिक्स' मिली। पाँचवीं सदी से सोलहवीं सदी तक अर्थात लगभग 1100 साल तक प्राचीन

पाश्चात्य आलोचना परम्परा तथा आधुनिक भाषाओं की पनपती आलोचना परम्परा के बीच ब्रेक या अन्तराल रहा। लॉन्जाइनस की 'पेरि हुप्सस' जिसे उसके अंग्रेज़ी अनुवाद 'ऑन द सब्लाइम' (उदात्त) से जाना गया उसका 17वीं सदी के मध्य तक अंग्रेज़ी में उसका अस्तित्व न था। अतः पश्चिमी आलोचना की आधारशिला स्वरूप ग्रीक आलोचना परम्परा पश्चिम के मानस पटल से ही लगभग नदारद हो गयी थी। साथ ही पश्चिमी आलोचना में परिवर्तन का अर्थ आधुनिकता लिया जाता है जिसमें वर्तमान का भूतकालीन परम्परा से पूर्ण वियोजन तथा अलगाव होता है। इसके विपरीत भारत में परिवर्तन सौम्य से लकर अतिवादी तो था पर दुनिया की प्राचीनतम आलोचना परम्परा होने के बावजूद उसमें किसी-न-किसी रूप में विशेषकर विचार के स्तर पर सातत्य बना रहा है। संस्कृत आलोचना का ही उदाहरण लें तो उसके मुख्य मूलग्रन्थ, उनकी टीकाएँ तथा संग्रह ग्रन्थ मौखिक तथा हस्तप्रति की परम्परा के रूप में सुरक्षित रहे।[2]

सातत्य को समकालीन आलोचना की शब्दावली के सन्दर्भ में देखा जा सकता है। संस्कृत आलोचना के मूलशब्द जैसे रस, ध्वनि, गुण, दोष, अलंकार, औचित्य, सामाजिक, सहृदय, हेतु, प्रयोजन, भाव, स्थायी आदि आज भी न केवल आधुनिक आलोचना बल्कि लोक व्यवहार में भी प्रचलित हैं। ये शब्द लोक से लिये गये और फिर आचार्यों ने उन्हें विशेष सैद्धान्तिक प्रयोग व विशिष्ट अर्थ दिये जो लोक से बिल्कुल अलग नहीं थे। संस्कृत आलोचना के मूलशब्द जैसे रस, रीति, गुण, दोष, अलंकार, उक्ति तथा ध्वनि आदि लोक से लिये गये तथा आज भी प्रचलित हैं। यूरोपीय ग्रीक आलोचना में लोक तथा शास्त्र के बीच अन्तःसम्बन्धता तथा सातत्य मूल ग्रन्थों, टीका, व्याख्याओं तथा संग्रह ग्रन्थों के स्तर पर दिखाई नहीं देती। जबकि संस्कृत काव्यशास्त्र जो लगभग सभी भारतीय भाषाओं से विभिन्न अंशों में प्रभाव के स्तर पर आज भी क्रियाशील है वह उसके लोक तथा शिष्ट दर्शन व व्यवहार के बीच फलाफूला।

परिवर्तन का अवगम या परसेप्शन उनका कलेवर बदल देता है। भारतीय आलोचना परम्परा के बारे में यह बात पूरी तरह से लागू होती है। कभी-कभी ये अवगम यथार्थ बन जाते हैं या मान लिए जाते हैं। भारतीय आलोचना में परिवर्तन के प्रति मुख्यतः दो दृष्टिकोण दिखाई देते है। एक वर्ग भारतीय परम्परा में परिवर्तन को केवल भ्रंश जबकि दूसरा उसके ठीक विपरीत सातत्य के रूप में ही देखता है। हक़ीक़त यह है कि यदि संस्कृत को ही ले लें तो ज्ञान की रचना के लिए उपयुक्त होने के कारण लगभग ज्ञान की समस्त विधाओं के आधार ग्रन्थ इसमें उपलब्ध हैं। और हर क्षेत्र में 'स्रोत ग्रन्थ' के अलावा मूलग्रन्थों, संग्रह ग्रन्थों, तथा टीकाओं की लम्बी, सतत् तथा संचित परम्परा है जो आज भी जारी है। (कपूर 1998) इस अवगम के समक्ष सच यह भी है कि इस परम्परा में चिन्तन की मौलिकता में

सत्रहवीं सदी तक ह्रास आया और उपनिवेशकाल में पाश्चात्य परम्परा के वर्चस्व तथा भारतीय विद्वानों को लघुता ग्रन्थि ने ऐसा ग्रसित किया कि परम्परा से विच्छेद को ही आधुनिकता मान लिया गया और परम्परा को मृत तक घोषित कर दिया गया। (विल, एशक्राट आदि 1907; तथा देवी 1994)। लम्बे इतिहास में उतार-चढ़ाव, भ्रंश या टूटन स्वाभाविक भी थी जिसका असर भारत की भाषा आलोचना परम्परा पर तो पड़ा ही पर अकादमिक जगत के अंग्रेज़ी शिक्षित वर्ग जिसे संस्कृत तथा तमिल की आलोचना परम्परा का और आधुनिक भारतीय भाषाओं की समकालीन आलोचना का या तो ज्ञान न था या अपूर्ण ज्ञान था पर उनके लिए यह भ्रंश यथार्थ बन गया था। इन दोनों के बीच इस सच को अस्वीकार करना मुश्किल है कि भारतीय आलोचना परम्परा इतनी सुदीर्घ और विविध है कि उसे केवल 'सातत्य' या 'स्मृति भ्रंश' जैसे शब्दों से परिभाषित किया जा सके।

भारतीय आलोचना परम्परा नदी की तरह है जो (i) आविर्भाव, (ii) प्रवाह, (iii) अन्तर्भाव, (iv) लोप और (v) प्रादुर्भाव की पाँच स्थितिओं से गुजरती है। आविर्भाव के चरण में यह स्रोत बिन्दु से शुरू होकर आगे बढ़ती है और इसका प्रवाह मैदानी क्षेत्र में देखने को मिलता है जहाँ कई उपनदियाँ इसमें आकर मिलती हैं और कई बाहर निकलकर स्वतन्त्र बहती हैं और फिर लुप्त हो जाती हैं। कभी-कभी नदी अन्तर्भूत हो जाती है जैसे कि नर्मदा नदी जो अमरकंटक से निकलकर ज़मीन के अन्दर अन्तर्भूत हो बहती है फिर दुबारा भेड़ाघाट में पुनर्भूत होती है कई राज्यों में वह बहती है जिसके रास्ते में कई नदियाँ आकर मिलती हैं तो कई उससे निकलकर अपना नया रास्ता बनाती हैं। बीच में कहीं यदि कोई बाधा या पहाड़ आ जाता है तो नदी अपना रास्ता बदलकर या फिर उसमें टकराकर मुड़ती है और आगे बढ़ जाती है। यदि कोई निचला क्षेत्र या घाटी आ जाती है खुद से उसे भरकर आगे चली जाती है। इस प्रकार उसकी यात्रा जारी रहती है। अन्ततः वह विश्व-साहित्य के समुद्र में लीन हो जाती है। वैसे तो नदी का अस्तित्व स्रोत के साथ जुड़ा होता है पर उसके पानी का रंग तथा गुण प्रदेश के क्षेत्र की मिट्टी के चरित्र पर निर्भर करता है। उसका विस्तार उसके क्षेत्र तथा उसमें आकर जुड़ने वाली नदियों तथा उन्हें अपने में शामिल करने की क्षमता पर निर्भर करता है। वैसे सभी नदी पानी के बहाव और अपने तात्विक गुणों के अलावा और क्या है? नदी की तरह आलोचना परम्परा का प्रवाह विस्तार तथा चरित्र उसके समावेशक क्षमता व उसके आन्तरिक तथा बाह्य प्रश्नों के प्रति सकारात्मक दृष्टिकोण पर निर्भर करता है।

भारत में आलोचना परम्पराएँ न तो अपरिवर्तित और न ही गतिहीन रहीं। संस्कृत काव्यशास्त्र में सिद्धान्त निर्माण, टीका तथा भाष्य की लम्बी समृद्ध परम्परा रही है जिसमें काव्य, काव्य के हेतु, प्रयोजन, शब्दशक्ति, गुण, दोष, अर्थनिर्धारण तथा विभिन्न सम्प्रदायों रस, ध्वनि, वक्रोक्ति, रीति, अलंकार और औचित्य की अति सूक्ष्म

तथा समावेशक चर्चा विस्तार से हुई। इसमें ऐसे परिवर्तन काल भी आये जब दो सम्प्रदाय एक साथ जुड़े जिसकी व्याख्या अनेक ग्रन्थों में मिलती है जैसे रस और ध्वनि मिलकर रसध्वनि बन गये। विभिन्न दर्शन, सम्प्रदायों के समर्थक या प्रभावित विद्वानों जैसे भामह, आनन्दवर्द्धन, अभिनवगुप्त और क्षेमेन्द्र ने अपने दर्शन दृष्टिकोणों से इस परम्परा में अपना योगदान किया। इस परम्परा में सिद्धान्त-निर्माण उतना आसान न था कि किसी भी शब्द के पीछे सिद्धान्त तथा वाद लगाने या प्रचलित हो जाने के कारण वह सिद्धान्त या वाद हो जाये जैसा कि पश्चिमी वादों जैसे आधुनिकतावाद, उत्तर-आधुनिकतावाद, उत्तर-उपनिवेशवाद या स्त्रीवाद के सन्दर्भ में हुआ। यहाँ सिद्धान्त-निर्माण के पीछे एक स्पष्ट, व्यापक वैज्ञानिक पद्धति थी।

आज सिद्धान्त का अंग्रेज़ी शब्द 'प्रिंसिपल' के पर्याय के रूप में प्रयोग किया जाता है किन्तु संस्कृत में इसकी निश्चित परिभाषा, प्रक्रिया और अर्थ है जिसकी व्याख्या अनेक ग्रन्थों में मिलती है। 'महाभारत' के अनुसार जब दूसरों के सामने एक विषय का प्रस्ताव किया जाता है तो उसे 'स्थापना' कहते हैं पर प्रतितर्कों का निराकरण कर जब कोई अपना अन्त स्थापित करता है और जब वह मत दूसरों को स्वीकार्य होता है तो उसे सिद्धान्त कहा जाता है। (1.70.44) 'शब्दकल्पद्रुम' में किसी विषय से सम्बन्धी विरोधी विचारों का सूक्ष्म विचार कर तर्कपूर्ण ढंग से प्राप्त निष्कर्ष को सिद्धान्त कहा गया है। 'पूर्वपक्षम् निरस्य सिद्धान्त पक्ष स्थापनम्' ('शब्दकल्पद्रुम', भाग 5)। जब हम किसी वस्तु से सम्बन्धित अपना दृष्टिकोण या मत निश्चितता से रखते हैं तो उसे सिद्धान्त कहा जाता है ('सिद्धान्तो निश्चयो यस्मिन') 'अमरकोश टीका'। 'न्यायकोश' के अनुसार सिद्धान्त में किसी विषय से सम्बन्धित शंकाओं की अभिव्यक्ति, विरोधी मत का सम्यक विचार व खण्डन तथा ज़रूरी प्रमाणों के साथ अपने विचारों की स्थापना शामिल है। 'न्यायकोश' इस प्रक्रिया के अनुसरण को हर समय तथा जगह पर वांछित मानता है; 'वाचस्पत्यम्कोष' ज्ञान के विभिन्न प्रमाणों की मदद से विरोधी विचार के खण्डन के बाद अपने मत की स्थापना को सिद्धान्त मानता है। इसी प्रकार 'केशवमित्रतर्क' जोकि भाषा टीका दर्शनग्रन्थ है उसने सप्रमाण तथा सतर्क खण्डन के बाद प्राप्त निष्कर्ष या स्वीकृत मत को सिद्धान्त माना है। दर्शन तथा कोशग्रन्थों के अलावा आयुर्वेद में भी इस संकल्पना पर विचार किया गया और विभिन्न विद्वानों के प्रमाणों तथा तर्कों से परिचित होने के बाद स्वीकृत निर्णय को सिद्धान्त माना। ('अर्थ सिद्धान्तः। सिद्धान्तोनाम यः परीक्षकेय बहुर्विधान परोक्ष्य हेतुभि साधियत्व निर्णयः स सिद्धान्त। 'चरकसंहिता', 'विमानस्थानम', अध्याय 8/337)। उपर्युक्त परिभाषाओं के आधार पर सिद्धान्त में निम्नलिखित चरण माने जा सकते हैं :

(i) पूर्वपक्ष या विरोधी मत पर विचार

(ii) तर्क तथा प्रमाण द्वारा पूर्वपक्ष के अनौचित्य की व्याख्या

(iii) अपने मत की सतत व्यवस्थित प्रस्तुति

(iv) अन्यों के द्वारा नवस्थापित मत का स्वीकार

(v) सिद्धान्त की स्थापना

साफ़ है कि सिद्धान्त निर्माण की इस प्रक्रिया में पूर्वपक्ष, प्रतिपक्ष तथा उत्तरपक्ष के चरणों की मुख्य भूमिका होती है। भारतीय सिद्धान्त परम्परा में सिद्धान्त-निर्माण के लिए मात्र 'वाद' प्रत्यय लगा देने से काम नहीं चलता बल्कि दार्शनिक, सैद्धान्तिक तथा काव्यशास्त्रीय पद्धति का अनुसरण किया जाता है। लोक से शब्द तथा उनके स्वीकृत अर्थ मिले उन्हें शास्त्र पद्धतिकारों ने अपने विषय के अनुरूप विशेष अर्थ दिया। उदाहरण के लिए रस शब्द को ही ले लें। इसका लोक में प्रचलित अर्थ खाने की चीजों/पदार्थों में मिलने वाले तीखें, मीठे, नमकीन, कड़वे, खट्टे और कसैले आदि षड्रस के सन्दर्भ में किया गया है। पाकशास्त्र में वे षड्रस लोक से पहुँचे थे तथा भोजन के तृप्तिदायक अनुभव को रस माना गया। आज भी गुजराती में 'सरस' विशेषण का भोजन के सर्वोत्कृष्ट अनुभव के लिए किया जाता है। आयुर्वेद में वही रस पारद या शरीर की धातु बनकर सामने आता है (गर्भोपनिषद्)। कामशास्त्र में रस का अर्थ 'रति' होता है ('कामसूत्रं', 2.1.32)। उसके द्रव पदार्थ के रूप में प्रयोग जलसार सोमरस लतारस तथा रस किया गया। काव्यशास्त्रियों ने काव्यविद्या के अनुसार उनका प्रयोग किया और रस का अर्थ काव्यानन्द किया और उसकी श्रेष्ठता स्थापित करने के लिए उसे 'ब्रह्मानन्द सहोदर' व ब्रह्मतुल्य माना। पर 'रसो वै सः' जैसे रस की प्रतिष्ठा सूचक वाक्य रस सिद्धान्त की स्थापना से पहले ही अस्तित्व में थे।

भारतीय आलोचना परम्परा में परिवर्तन तथा सिद्धान्त की अवधारणा की चर्चा के बाद संस्कृत आलोचना के इतिहास की चर्चा वांछित है ताकि परम्परा के विकास की प्रक्रिया को समझा जा सके।

## II

संस्कृत आलोचना विश्व की प्राचीनतम तथा समृद्ध परम्पराओं में से एक है। यदि कहें कि इसकी परम्परा आलोचना ग्रन्थों, टीका तथा विवेचन की दृष्टि से सबसे समृद्ध है तो यह अतिशयोक्ति न होगी। लगभग ढाई हज़ार से अधिक सालों के इसके इतिहास को समेटना मुश्किल काम है पर सुविधा की दृष्टि से इसकी परम्परा को पाँच मुख्य काल खंडों में देखा जा सकता है :

1. आरम्भिक काल : पाँचवीं सदी तक
2. उत्कर्ष काल : छठी सदी से ग्यारहवीं सदी तक
3. मीमांसा काल : बारहवीं सदी से सत्रहवीं सदी तक
4. लोकभाषाईकरण काल : सत्रहवीं सदी से उन्नीसवीं सदी के पूर्वार्द्ध तक

5. आधुनिक काल : उन्नीसवीं सदी के उत्तरार्द्ध से अब तक।

इन कालों में संस्कृत आलोचना के विकास तथा विस्तार की संक्षेप में चर्चा करने से पहले यह कहना ज़रूरी है कि शुरुआत में यह परम्परा मौखिक थी। लिखित और मुद्रित रूप में काफी बाद में जाने के कारण इसमें पाठ रचना की अवधि निश्चित रूप से नहीं कही जा सकती तथा आत्मसन्दर्भ की संस्कृति हेय माने जाने के कारण दसवीं सदी तक के आचार्यों व आलोचकों के जीवन के बारे में भी निश्चित रूप से कुछ कहना मुश्किल है। चूँकि उस संस्कृति काल में जीवन-लेखन उचित नहीं माना जाता था अतः यहाँ आलोचकों तथा उनके ग्रन्थों की रचना के बारे में अनुमानित संकेत काल दिया गया है।

काव्य जितना जीवन्त और सरस होता है काव्यशास्त्र उतना ही अमूर्त और गूढ़ क्योंकि यह साहित्य, उसकी आलोचना तथा सिद्धान्त के सूत्रबद्ध व्यवस्थित अध्ययन से जुड़ा होता है। इसीलिए भारतीय ज्ञान परम्परा में जहाँ एक ओर सूत्र व महावाक्य परम्परा में लेखन किया गया तो दूसरी ओर इसमें दृष्टान्त का प्रयोग ज्ञान की संरचना तथा उसे जन सुलभ भाषा में व्यक्त करने के लिए हुआ। काव्यशास्त्र या आलोचना जैसे अमूर्त तथा जटिल विषय के परिप्रेक्ष्य को समझने से पहले राजशेखर द्वारा काव्य अथवा साहित्यविद्या की उत्पत्ति की दृष्टान्त कथा का वर्णन करना ठीक होगा।

राजशेखर की दृष्टान्त कथा के अनुसार 'काव्यमीमांसा' के आदिआचार्य श्रीकंठ अर्थात् भगवान शिव थे। इनके 64 शिष्य थे जिनमें ब्रह्मा और विष्णु भी शामिल थे। काव्यशास्त्र का उपदेश ब्रह्मा ने अपने शिष्यों को दिया था। एक बार देवताओं के गुरु बृहस्पति से उनके शिष्यों ने पूछा कि आपके गुरु काव्यपुरुष सरस्वती माता की कोख से पैदा हुए हैं, अतः उनका स्वरूप जानने की हमारी इच्छा है। अपने शिष्यों की जिज्ञासा पूरी करने के लिए ब्रह्मा ने बताया कि एक बार सरस्वती को पुत्र प्राप्ति की इच्छा हुई। इसके लिए उन्होंने, हिमालय पर तपस्या की। वरदान के फल के रूप में सरस्वती ने पुत्र को जन्म दिया जिसका नाम काव्यपुरुष था। उसने पैदा होते ही अपने माता की वन्दना करते हुए कहा, 'वाणी के विवर्त के रूप में प्रकट जो वाङ्मय अर्थ है वही मेरा स्वरूप है।' अपने बालक काव्यपुरुष की छन्दमय वाणी लौकिक भाषा में प्रकट हुई देख माँ सरस्वती आनन्दित हो गयीं क्योंकि वेदों के बाद ज्ञानी लोगों ने पद्य के स्थान पर गद्य का प्रयोग किया था। माँ ने कहा, 'बेटा! तेरा शरीर शब्द और अर्थ का युग्म है। संस्कृत तेरा मुँह है, प्राकृत दो भुजाएँ हैं अपभ्रंश तेरी जाँघ है तथा पैशाची भाषा तुम्हारे दोनों पैर हैं। इन सबका मिश्रण तुम्हारा वक्षस्थल है। तू सम भी है और प्रसन्न भी, मधुर, उदार और ओजस्वी भी। तेरी वाणी सूक्तरूपी है, आत्मा रस है और रोंगटे तेरे छन्द हैं। प्रश्नोत्तर तेरी वाक्केलि और अनुप्रास, उपमा आदि तेरे अलंकरण है।' ऐसा कह माँ सरस्वती नवजात काव्यपुरुष को बालोचित लीला करने की आज्ञा कर उसे पेड़ों की

छाँव में सुलाकर आकाश गंगा में नहाने चली गयी।

शाम को समिधा इकट्ठी करने निकले शुक्रदेव ने अकेले बालक को पड़ा देखा तो वे उसे उठाकर अपने आश्रम में ले गये। बालक सारस्वत था और उसने छन्दमय वाणी से उसका संचार शुक्राचार्य में भी कर दिया। जब स्नान करने के बाद लौटी सरस्वती ने बालक को उसके द्वारा छोड़ी गयी जगह पर नहीं पाया तो उन्होंने विलाप शुरू कर दिया। उसी समय वाल्मीकि वहाँ आये और उन्होंने काव्यपुरुष को पाने के लिए शुक्राचार्य के आश्रम का रास्ता बता दिया। प्रसन्न माता ने वाल्मीकि को भी छन्दमय वाणी का वरदान दिया जिससे वाल्मीकि ने 'रामायण' की रचना की।

कुछ समय बाद ब्रह्मलोक में ब्रह्मर्षियों के बीच किसी बात पर विवाद होने पर सरस्वती को मध्यस्थ की भूमिका निभाने के लिए बुलाया गया। माँ सरस्वती ने सोचा कि ब्रह्मलोक में ब्रह्मा की आज्ञा के बगैर उनके पुत्र का प्रवेश अच्छा न होगा। अतः वे बालक को छोड़कर ब्रह्मलोक चली गयीं। अपनी माता से वियोग के दुःख से बालक रोने लगा और अपने मित्र स्कन्दकार्तिकेय को चिल्ला-चिल्लाकर बुलाने लगा। कार्तिकेय की माँ पार्वती ने इस समस्या के समाधान के लिए सोचा कि प्राणियों के लिए सबसे बड़ा बन्धन प्रेम होता है। अतः उन्होंने एक सुन्दरी का सृजन किया जिनका नाम साहित्यविद्या रखा। उसे काव्यपुरुष की वधू बनाकर आदेश दिया कि वह उसका धर्मपति है और आज्ञा दी कि वह उसका अनुसरण करे। दूसरी तरफ उन्होंने काव्यविद्या के जिज्ञासु मुनियों से कहा कि आप सब काव्यपुरुष और साहित्यविद्या की गतिविधियों पर ध्यान रखें और उसकी वन्दना करें क्योंकि वही आपके काव्य का सर्वस्व बनेगी।

पार्वती के कहे अनुसार मुनियों ने साहित्यविद्या और काव्यपुरुष का अनुसरण किया और वे सब पूर्व की ओर चल पड़े। वहाँ की स्त्रियों ने साहित्यविद्या नामक वधू के जैसे कपड़े पहनने शुरू कर दिये और पुरुषों ने काव्यपुरुष के वेश का अनुसरण किया। वेश के अनुसरण को प्रवृत्ति कहा गया, इस क्षेत्र की प्रवृत्ति को औड्रमागधी प्रवृत्ति कहा गया और नृत्यगान को भारतीवृत्ति। काव्यपुरुष ने जो समास और अनुप्रास से भरी वृत्ति में बोलना शुरू किया उसे गौड़ी रीति कहा गया।

वहाँ से काव्यपुरुष अपनी वधू साहित्यविद्या तथा ऋषियों के साथ उत्तर-पश्चिम दिशा में पांचाल देश की ओर चले जिसमें पांचाल शूरसेन, हस्तिनापुर, कश्मीर, वाहीक, बाह्लीक तथा वाहलवेय आदि जनपद पड़े। इस प्रदेश के वासियों ने भी उनका अनुसरण किया जिससे पांचालमध्यमा प्रवृत्ति अस्तित्व में आयी। उनके नृत्यगान से सात्वती वृत्ति बनी जिसकी गति खूब तेज थी अतः वह आरभट्टी भी कहलायी। इस प्रदेश की भाषा में छोटे समास का तथा अनुप्रास का कम प्रयोग किया जाता है। यहाँ की रीति को प्रदेश के नाम से पांचाली जाना गया।

पांचाल के बाद यह समूह नीचे की ओर, दक्षिण-पश्चिम और मध्य देश की

ओर चला जिसमें सुराष्ट्र, अर्बुद, भृगुकच्छ, मालव, अवन्ति और विदिशा जनपद मिले। क्षेत्र के आधार पर यहाँ की प्रवृत्ति को आवन्ती का नाम मिला जो पांचाल, मध्य और दक्षिणात्य क्षेत्र के बीच में फैली थी। इस प्रदेश की वृत्तियाँ सात्वती और कैशिकी के भी नाम से जानी गयीं।

पूरब, उत्तर-पश्चिम तथा मध्य भारत देश में भ्रमण के बाद यह समुदाय अवन्ति प्रदेश से नीचे दक्षिण की दिशा में बढ़ा। इसमें महाराष्ट्र, मलय, मेकल, कुंतल, केरल, पालमंजर, कलिंग और वंग आदि जनपद मुख्य थे। यहाँ की स्थानीय वेशभूषा साहित्यविद्या ने धारण की। यहाँ की प्रवृत्ति दक्षिणात्य कहलाई। यहाँ साहित्यविद्या के प्रति काव्यपुरुष आकर्षित हुआ और उसकी धारण की हुई वेशभूषा को वहाँ के लोगों ने स्वीकार कर लिया। साहित्यविद्या ने यहाँ अनेक प्रकार के नृत्य, गीत तथा वाद्यों का प्रयोग किया और विलास चेष्टाएँ भी की जिन्हें मुनियों ने कैशिकी वृत्ति कहा। काव्यपुरुष ने अपनी वधू के प्रति अनुराग में समासहीन, अनुप्रास युक्त तथा योगवृत्ति से युक्त वाणी का प्रयोग किया जिसे मुनियों ने वैदर्भी रीति कहा।

इसके बाद काव्यपुरुष और साहित्यविद्या ने चक्रवर्ती क्षेत्र भारत के जनपद विदर्भ के नगर वत्सगुल्म में गन्धर्व विवाह कर लिया। नवविवाहित दम्पति सब जगह घूम-फिरकर हिमालय गये। वहाँ पहुँचकर उन्होंने पार्वती और सरस्वती के चरण छुए जिन्होंने उन्हें आशीर्वाद दिये और एक सुन्दर आवास क्षेत्र भी जिसमें वे सुख से रहने लगे।

विविध क्षेत्रों के लोगों के व्यवहार के अनुसार राजशेखर ने वेशविन्यास को प्रवृत्ति, विलासविन्यास को वृत्ति और वचनविन्यासक्रम को रीति कहा। वेशविन्यास को वस्त्रविधान, विलासविन्यास को गीत संगीत तथा ललितकला विधान तथा वचनविन्यास को भाषा तथा साहित्य शैली या विधान कहा जा सकता है। बाद में उन्होंने रीति के तीन भाग किये जिन्हें वैदर्भी, गौड़ी तथा पांचाली के नाम से जाना गया।

इस दृष्टान्त कथा में काव्य या समस्त वाङ्मय विमर्श की उत्पत्ति और उसके विकास को प्रतीकात्मक ढंग से संरचित किया है। इसमें काव्यमीमांसा के आदि आचार्य शिव कल्याण और समस्त सृष्टि के स्वरूप विलय के प्रतीक हैं। उनके अन्दर सभी सृजन के विलीन हो जाने के बाद उनका ब्रह्मा के द्वारा सृजन तथा विष्णु के द्वारा संरक्षण होता है। सृजन, संरक्षण तथा विलय की तीनों शक्तियों की ऊर्जा काव्यसृजन का भी आधार है। सरस्वती वाक्‌देवी हैं अतः स्वाभाविक है कि उससे वाणी पुत्र कवि और उससे काव्य का सृजन हो। काव्यपुरुष की सृष्टि सरस्वती द्वारा हुई अतः उसे लौकिक अर्थ में पुत्र रूप में लेना एक सीमा तक ठीक है। इससे काव्य से पूर्व के वाङ्मय अर्थात् वेद को अलग से देखने में मदद मिलेगी, यद्यपि वेदों की रचना छन्दों में हुई है।

ब्रह्मा के 64 शिष्य विद्या तथा कलाओं के प्रतीक हैं। सरस्वती का ब्रह्मलोक में मध्यस्थता के लिए आमन्त्रण दर्शाता है कि ब्रह्मलोक का भी काम ज्ञान की देवी के

बगैर नहीं चलता। सरस्वती का अपने पुत्र काव्यपुरुष को पृथ्वी पर छोड़ जाने का अर्थ है कि काव्य लौकिक, अनुभवाश्रित तथा सिद्ध विद्या है तथा श्रुति और स्मृति से भिन्न हैं। काव्यपुरुष सभी प्रकार की रचनाओं तथा व्यवहार का रूपक हैं तथा साहित्य-विद्या ललित कलाओं के प्रतीक हैं। काव्यपुरुष तथा साहित्यविद्या कला, काव्यसृजन तथा अर्थसृजन की विधाएँ हैं। राजशेखर ने साहित्यविद्या का प्रयोग काव्यशास्त्र या आलोचना के लिए किया। उन दोनों का अलग-अलग प्रदेशों में भ्रमण उनकी कल्पना तथा सांस्कृतिक अनुभव के चक्रवर्ती क्षेत्र से उनका साक्षात्कार बताता है। अपनी यात्रा के अन्त में वे हिमालय के सुन्दर आवासक्षेत्र में रहने लगे जिसका राजशेखर ने 'कविमानस' नाम दिया है। यह काव्य तथा साहित्यविद्या की प्राप्ति के उच्च प्रदेश का प्रतीक है। यह अनुभव का अलग प्रदेश है जो मैदानी क्षेत्र से ऊँचाई पर स्थिति है। दोनों माँओं सरस्वती तथा पार्वती ने नवदम्पत्ति के लिए एक नये अमर स्वर्गलोक का निर्माण किया और इस अमर स्वर्ग का नाम रखा था 'कविलोक'। दूसरे अर्थ में कहें तो वे रहते तो मर्त्यलोक में थे परन्तु उनका काव्यशरीर दिव्य और अमर्त्य था ताकि वे कल्पान्तक सुख से रह सकें। अर्थ यह है कि नवदम्पति का आवास क्षेत्र भौतिक तथा भौगोलिक क्षेत्र है और उसकी अपनी सीमा है पर कविमानस में पूरे विश्व के अनुभव-सुखदुःख, आशा-निराशा, भय आदि शामिल होते हैं। इस प्रकार सीमित आवास क्षेत्र में होने के बावजूद कविमानस असीम होता है। अपने सत्कविकर्म से कवि को अमरता मिलती है जैसा कि 'काव्यालंकार' के पहले परिच्छेद में भामह ने कहा है कि कवि की शरीर से मृत्यु हो जाती है पर अपने काव्य या साहित्य के रूप में वह ज़िन्दा रहता है।

यह दृष्टान्त कथा ऊपर से अलौकिक या अतीन्द्रिय लग सकती है पर पूरी तरह से सत्तामूलक, सांस्कृतिक अनुभव व तर्क पर आधारित है। राजशेखर ने अपनी प्रतिभा से काव्यपुरुष के एक रूपक के द्वारा पूरे साहित्य की यात्रा को रेखांकित कर दिया। भारत उपमहाद्वीप या भारतवर्ष का तीन मुख्य क्षेत्रों पांचाल या उद्दीच्य (उत्तर पश्चिम क्षेत्र), गौडीय या प्राच्य (पूर्वी क्षेत्र) तथा दक्षिणात्य (दक्षिण क्षेत्र) में विभाजन तथा उनके अनुसार रीति का नामकरण सांस्कृतिक तत्त्वों की समता के आधार पर किया है। मध्यकाल में राजशेखर के समय तक आवागमन बहुत अधिक न होने के कारण ये समताएँ अधिक स्थिर थीं पर इसका अर्थ यह भी नहीं है कि उनके अलावा अन्य उपक्षेत्र या उपरीतियाँ या उपप्रवृत्तियाँ न थीं। इन्हीं तीन प्रमुख क्षेत्रीय इकाइयों के आधार पर मुख्य संस्कृत ग्रन्थों जैसे रामायण या महाभारत के पाठ तैयार किए गये। इन क्षेत्रों के बीच आपस में आदान-प्रदान भी था, उनको एक साथ रखने वाली संकल्पना चक्रवर्ती क्षेत्र की थी, जो सांस्कृतिक तथा राजनीतिक प्रशासनिक इकाई भी थी। अन्त में राजशेखर ने काव्यपुरुष को 'स्वयंभुव' कह कर उसकी अर्थात् काव्य की सार्वभौमिकता स्थापित कर दी और भाषा आदि सम्बन्धी भेद के पर्दे भी हटा दिये।

## III

संस्कृत आलोचना की परम्परा के परिप्रेक्ष्य को संक्षेप में समझना ज़रूरी है। यहाँ कहना पड़ेगा कि संस्कृत आलोचना में साहित्य के काव्य/साहित्य उसके हेतु, प्रयोजन, गुणदोष, लक्षण, अर्थ, भेद और अंगों तथा उपांगों आदि लगभग सभी विषयों की चर्चा की गयी है। विषयवस्तु तथा विचार केन्द्रीयता के कारण अथवा किसी एक सिद्धान्त की विशिष्टताओं तथा अन्य आचार्यों व विद्वानों के अनुयायियों के कारण उसके सम्प्रदाय की स्थापना हुई। मुख्य सिद्धान्तों तथा सम्प्रदायों को उनके विकास के आधार पर निम्नलिखित ढंग से समझा जा सकता है :

| क्रं.सं. | सिद्धान्त | स्थापक आचार्य | काल | प्रमुख ग्रन्थ | अन्य प्रमुख आचार्य |
|---|---|---|---|---|---|
| 1. | रस | भरत | पाँचवीं से तीसरी सदी ई.पू. | 'नाट्यशास्त्र' | • धनंजय 'दशरूपक' (दसवीं सदी)<br>• अभिनवगुप्त, 'अभिनवभारती' (11वीं सदी)<br>• विश्वनाथ (14वीं सदी),'साहित्यदर्पण'<br>• रूपगोस्वामी (16वीं सदी) 'हरिभक्ति रसामृतसिन्धु' |
| 2. | अलंकार | भामह | छठी सदी | 'काव्यालंकार' | • दंडी, 'काव्यादर्श' (छठी सदी)<br>• उद्‌भट, 'काव्यालंकारसार-संग्रह' (9वीं सदी)<br>• रुद्रट, 'काव्यालंकार' (9वीं सदी) |
| 3. | रीति | वामन | नौवीं सदी | 'काव्यालंकारसूत्र' | |
| 4. | वक्रोक्ति | कुन्तक | ग्यारहवीं सदी | 'वक्रोक्तिजीवित' | |
| 5. | औचित्य | क्षेमेन्द्र | ग्यारहवीं सदी | 'औचित्यविचार चर्चा | |
| 6. | ध्वनि | आनन्दवर्धन | नौवीं सदी | 'ध्वन्यालोक' | • अभिनवगुप्त, 'अभिनवभारती', 'लोचन' (11वीं सदी)<br>• जगन्नाथ, 'रसगंगाधर' (17वीं सदी) |

उपरोक्त आलोचना सिद्धान्तों या सम्प्रदायों के मूल ग्रन्थों के अलावा कुछ चिन्तक आलोचकों ने ऐसे ग्रन्थ लिखे जो किसी एक सम्प्रदाय तक सीमित न रहकर साहित्य आलोचना के मूल्य प्रश्नों पर उस समय तक हुए विचारों का एक ही जगह पर व्यवस्थिति संग्रह के रूप थे। इन्हें 'संग्रह ग्रन्थ' कहा गया पर ये संग्रह ग्रन्थ केवल मात्रात्मक संग्रह न थे बल्कि पूर्ववर्ती स्थापनाओं के विवेचन,

तत्कालीन रचनाशीलता के वर्गीकरण तथा आलोचनात्मक अवधारणाओं की नयी परिभाषा, पुनर्व्याख्या, नये प्रारूपों की संरचना के भंडार थे। इनमें नौवीं सदी में लिखित राजशेखर की 'काव्यमीमांसा' का प्रमुख स्थान है। उनके अलावा ग्यारहवीं सदी में भोजराज ('सरस्वतीकंठाभरण', 'शृंगारप्रकाश') तथा मम्मट ('काव्यप्रकाश'), चौदहवीं सदी में विश्वनाथ ('साहित्यदर्पण') तथा सत्रहवीं सदी में पंडितराज जगन्नाथ ('रसगंगाधर') का उल्लेख करना ज़रूरी है। इन ग्रन्थों से इनके रचनाकारों की प्रतिभा की व्यापकता, विवेचन क्षमता की गहराई तथा उनकी मौलिकता का पता चलता है। यहाँ 'अग्निपुराण' का भी उल्लेख ज़रूरी है जिसका रचनाकाल कुछ विद्वान आगम के रूप में 'नाट्यशास्त्र' से भी पहले का मानते हैं। कुछ इसे नौवीं सदी की रचना मानते हैं क्योंकि इसमें रस को काव्य की आत्मा मानने के साथ विभिन्न सिद्धान्तों का समन्वय किया गया है और उक्ति या कथन के चमत्कार को प्रमुख माना गया।

## आरम्भिक काल (पाँचवीं सदी तक)

काव्य की दृष्टान्त कथा तथा संस्कृत आलोचना के शिखरों पर नज़र डालने के बाद यह कहना ज़रूरी है कि काव्य के बाद आलोचना अस्तित्व में आती है। इसीलिए आलोचना को साहित्य का अनुशासन कहा जाता है। 'नाट्यशास्त्र' से पहले वैदिक साहित्य तथा 'रामायण' व 'महाभारत' में आलोचना सम्बन्धी प्रकीर्ण विचार मिलते हैं पर संस्कृत आलोचना की शुरुआत बिना किसी विवाद के भरत मुनि के 'नाट्यशास्त्र' से मानी जाती है। 'नाट्यशास्त्र' के रचनाकाल के बारे में मतभेद हो सकते हैं पर इसका समय ईसा पूर्व पाँचवीं से तीसरी सदी माना जाता है। पर ऐसा लगता है कि 'नाट्यशास्त्र' जैसे ग्रन्थ की रचना एक साथ नहीं हुई होगी। यदि यह भी मान लिया जाये कि भरतमुनि एक व्यक्ति रहे होंगे तो इतना निश्चित है कि भरतमुनि के 'नाट्यशास्त्र' के निश्चित पाठ के अस्तित्व में आने से पहले ललितकलाओं का विशेषकर नाटक, नृत्य आदि का विकास हो चुका था तथा 'रामायण' तथा 'महाभारत' जैसे महाकाव्य लिखे जा चुके थे। ललितकला सम्बन्धी विचार की अच्छी-खासी परम्परा रही होगी जिसने भरतमुनि को विचार, शब्दावली तथा स्थापनाओं के लिए आधार प्रदान किया।

## उत्कर्ष काल (600-1100)

'नाट्यशास्त्र' के लगभग नौ सौ वर्ष बाद तक कोई प्रमुख आलोचना ग्रन्थ नहीं लिखा गया। भरतमुनि के रस सिद्धान्त के अलावा उनके द्वारा वर्णित अलंकार स्थापित हो गये थे। छठी सदी में रस सिद्धान्त के बाद संस्कृत आलोचना के दूसरे सिद्धान्त

अलंकार सिद्धान्त की स्थापना भामह के 'काव्यालंकार' ग्रन्थ से हुई। फिर इसके बाद नौवीं सदी तक अलंकार सिद्धान्त की प्रतिष्ठा बनी रही। भामह के अलावा दंडी और उद्‌भट जैसे चिन्तक विवेचकों ने भरत के रस सिद्धान्त को नाटक तक सीमित कर दिया और अलंकार की स्वतन्त्र सत्ता स्थापित की। भामह ने अलंकारों का व्यवस्थित, तर्कपूर्ण और स्पष्ट वर्णन किया। काव्य, काव्यहेतु, प्रयोजन, दोष और गुण तथा न्यायनिर्णय की व्याख्या की और अलंकारों का विवेचन करते हुए वक्रोक्ति को सब अलंकारों का मूल बताया। दंडी ने आठवीं सदी के शुरू में 'काव्यादर्श' में काव्य, उसके लक्षण, भेद, रीति, गुणदोष तथा अलंकारों का विवेचन किया। उनके बाद रूय्यक, हेमचन्द्र, बागभट्ट आदि आचार्यों ने अपने विवेचन द्वारा इस परम्परा में योगदान किया है। छठी से नौवीं शताब्दी तक अलंकार सिद्धान्त के विकास ने रस की केन्द्रीयता को कम कर दिया। नौवीं शताब्दी के अन्त में भट्ट लोलट और शंकुक जैसे विवेचकों ने रस की परिभाषा के दो मुख्य शब्द 'संयोग' और 'निष्पत्ति' पर विशेष ध्यान देते हुए उनकी नयी व्याख्या की और इस प्रकार एक रस सिद्धान्त एक बार फिर केन्द्र में आ गया। आठवीं सदी के मध्य में वामन ने 'काव्यालंकार सूत्रवृत्ति' लिखकर काव्य में गुणदोष विवेचन के साथ अलंकार की चर्चा की। संस्कृत आलोचना में गुणदोष की भी लम्बी चर्चा हुई पर गुणदोष विवेचन की चर्चा अलंकार या रीति के अन्तर्गत की गयी। परिणामस्वरूप यह स्वतन्त्र सिद्धान्त न बन सका। साथ ही उन्होंने रीति सिद्धान्त की यह कहकर घोषणा की कि रीति काव्य की आत्मा है। वामन से पहले भामह और दंडी ने रीति का उल्लेख अपने ढंग से किया तो था पर इतना महत्त्वपूर्ण स्थान नहीं दिया था। यह संस्कृत आलोचना के तीसरे सिद्धान्त अर्थात् रीति की स्थापना थी। वामन के लगभग समकालीन उद्‌भट ने रस की तरह अलंकारों के वैज्ञानिक विवेचन का प्रयास किया और वृत्तियों का भी वर्णन किया। अलंकारों के तत्त्वों का रुद्रट ने नौवीं सदी के पूर्वार्द्ध में विश्लेषण किया और नये अलंकारों की कल्पना कर अलंकारों की संख्या बढ़ाने में योगदान किया। नौवीं सदी के बीच में रुद्रट ने अलंकार के अलावा रस की भी चर्चा की जिसमें भरतमुनि के रसों में प्रेयस नामक एक नये रस को भी जोड़ा है।

नौवीं सदी के मध्य में आनन्दवर्द्धन ने अपने पहले के सभी आचार्यों की स्थापनाओं का विवेचन करते हुए उन्हें दरकिनार कर ध्वनि सिद्धान्त की स्थापना की। उन्होंने 'ध्वन्यालोक' ग्रन्थ लिखा और ध्वनि के भेद, उपभेद तथा प्रयोजन का वर्णन किया। संस्कृत आलोचना में यह चौथा प्रमुख सिद्धान्त था। अभिनवगुप्त जो मूलतः ध्वनिवादी थे उन्होंने ग्यारहवीं सदी के शुरू में आनन्दवर्द्धन के 'ध्वन्यालोक' की टीका लिखी और रस सिद्धान्त की नयी व्याख्या करते हुए रस को भी महत्त्वपूर्ण स्थान दिलाया। उन्होंने 'ध्वन्यालोकलोचन' तथा 'अभिनवभारती' लिखकर 'नाट्यशास्त्र' की मान्यताओं की व्याख्या की और रस की अनुभूति को दार्शनिक व वैज्ञानिक

आधार तथा विवेचन प्रदान किया।

आचार्य कुन्तक ने ग्यारहवीं सदी के आरम्भ में काव्य के तत्त्वों की चर्चा करते हुए वक्रोक्ति को काव्य की आत्मा बताया और सभी काव्य तत्त्वों को वक्रोक्ति में शामिल कर वक्रोक्ति सिद्धान्त की स्थापना की। यह संस्कृत आलोचना का पाँचवाँ प्रमुख सिद्धान्त था। वक्रोक्ति सिद्धान्त एक प्रकार से ध्वनि सिद्धान्त के विरुद्ध खड़ा पाया गया क्योंकि इसने ध्वनि के व्यंग्यार्थ या सुझाए गये (सजेस्टेड) अर्थ को वक्रोक्ति में ही समावेश कर लिया। पर कुन्तक के बाद वक्रोक्ति सिद्धान्त की केन्द्रीयता को बाद के आचार्यों ने नहीं स्वीकारा और वक्रोक्ति को केवल एक अलंकार रूप में माना। एक प्रकार से वक्रोक्ति के बारे में जो बात भामह से शुरू हुई थी वह लगभग उसी बिन्दु पर पहुँच गयी।

दसवीं सदी के अन्त के आसपास मालवा में इन्दौर के पास धार नगर में धनंजय ने 'नाट्यशास्त्र' सम्बन्धी चिन्तन करते हुए 'दशरूपक' ग्रन्थ लिखा और रस की महत्ता की चर्चा की। धनिक ने 'धनंजय के टीकाकार के रूप में 'अवलोक' ग्रन्थ लिखा। ग्यारहवीं सदी के पूर्वार्द्ध में भोजराज ने 'सरस्वतीकंठाभरण' और 'शृंगारप्रकाश' लिखे और उनमें काव्य, दोष, गुण, रस, अलंकार की चर्चा की। भोजराज ने रस सम्बन्धी पूर्वचिन्तन से अलग हटते हुए शृंगार को एकमात्र रस माना। ग्यारहवीं सदी के बीच में मम्मट ने 'काव्यप्रकाश' में काव्य प्रकारों, काव्य के लक्षण, हेतु, भेद, शब्दशक्ति, रस और उसका स्वरूप जैसे विषयों को एक ग्रन्थ में ही समेटा और उनकी विद्वत्तापूर्ण व्याख्या भी की। उन्होंने 'शब्दव्यापारविचार' ग्रन्थ की भी रचना की। अभिनवगुप्त के बाद ग्यारहवीं सदी के उत्तरार्द्ध में क्षेमेन्द्र ने 'औचित्यविचारचर्चा' तथा 'कविकंठाभरण' नामक दो मुख्य ग्रन्थों की रचना की। उन्होंने औचित्य को काव्य का सर्वस्व माना और उनके साथ औचित्य सिद्धान्त की स्थापना हुई। यह संस्कृत आलोचना का छठा और एक प्रकार से अन्तिम सिद्धान्त था। बारहवीं सदी के पूर्वार्द्ध में रामचन्द्र ने 'नाट्यदर्पण' नाटक का सार्थक विवेचन किया और रस तथा उसके स्वरूप की चर्चा की। इस सदी के अन्त में महिमभट्ट ने 'व्यक्तिविवेक' में ध्वनि सिद्धान्त का खंडन किया और उसे (ध्वनि को) अनुमान में सम्मिलित कर दिया। महिमभट्ट के कुछ अन्तराल बाद 1200 ई. के आसपास रूय्यक ने 'अलंकारसूत्र', 'व्यक्तिविवेकव्याख्या' तथा 'साहित्य मीमांसा' लिखकर संस्कृत आलोचना में योगदान किया। इसी सदी में जैन मतानुयायी हेमचन्द्र सूरि जो गुजरात के तत्कालीन शासक सिद्धराज जयसिंह के दरबार में प्रतिष्ठित थे उन्होंने प्राकृत का व्याकरण लिखा तथा 'काव्यानुशासन' संस्कृत में लिखकर अलंकारों की महिमा को स्वीकारा और काव्य के लक्षण, रस, दोषगुण, अलंकार, शब्दालंकार तथा अर्थालंकार तथा नाट्यमीमांसा जैसे विषयों की चर्चा का विवेचन किया। उन्होंने ध्वनि को भी उचित स्थान दिया। व्याकरण के क्षेत्र की तुलना में संस्कृत आलोचना में उन्होंने संग्रह ग्रन्थ लिखकर अपना योगदान

किया। हेमचन्द्र सूरि का चिन्तन व लेखन यह धारणा-निर्मूल सिद्ध करता है कि राज्याश्रय चिन्तन के लिए उपयुक्त नहीं है।

## मीमांसा काल (1200-1700)

बारहवीं सदी से सत्रहवीं सदी तक संस्कृत आलोचना का मीमांसाकाल आता है। इसे सिद्धान्त या पक्ष पोषण काल भी कहा जा सकता है क्योंकि संस्कृत आलोचकों ने अपना अधिकांश समय किसी सिद्धान्त के पक्ष में लिखने या विवेचन में बिताया। किसी सिद्धान्त के पक्ष में लिखने का अर्थ दूसरे को हाशिए पर डालना भी होता है। इस काल तक आते-आते काव्य के सभी केन्द्रीय तत्त्वों जैसे रस, अलंकार, रीति, ध्वनि, वक्रोक्ति और औचित्य की चर्चा चरम बिन्दु पर पहुँच गयी थी और वे सिद्धान्त के रूप में स्थापित हो चुके थे और एक प्रकार से उनके चिन्तन के विकास की और सम्भावनाएँ चुक गयी थीं। ऐसा मान लिया गया था कि अब उन सिद्धान्तों की स्वीकृति के बाद उनके मूल तत्त्वों में कुछ भी जोड़ा जाना सम्भव न था; उनकी मीमांसा अर्थात् आलोचना की आलोचना ही हो सकती है। इसलिए इस काल का नाम मीमांसा काल रखा गया है। इस कड़ी में रूय्यक को बारहवीं सदी का अन्तिम चिन्तक आलोचक माना जा सकता है। तेरहवीं सदी की शुरुआत में शोभाकर मित्र (अलंकारचिन्तामणि) तथा श्रीकृष्णभट्ट (मन्दारमन्दचम्पू) लिखकर योगदान किया। उन्होंने अलंकारवाद का समर्थन किया और अलंकारों का वर्गीकरण भी किया। इस सदी के बीच में शारदातनय ने 'भावप्रकाशन' में रस सामग्री का विवेचन किया। सदी के अन्त में जयदेव ने 'चन्द्रलोक' में अलंकार सिद्धान्त की पुनर्व्याख्या की और रस, अलंकार तथा वृत्ति युक्त वाणी को काव्य माना। श्री विद्यानाथ (प्रतापरुद्रयशोभूषण), विद्याधर (एकावली) तथा भानुदत्त ने 'रसतरंगिणी' व 'रसमंजरी'में क्रमशः अलंकार तथा रस सिद्धान्त की चर्चा की। इस काल खंड में चौदहवीं सदी के उत्तरार्ध में लिखा विश्वनाथ का 'साहित्यदर्पण' महत्त्वपूर्ण ग्रन्थ है जिसमें उन्होंने काव्यशास्त्र के तत्त्वों का विस्तार से विवेचन किया और रस सिद्धान्त के स्वरूप का विश्लेषण करते हुए उसकी महत्ता स्थापित की गयी है। उन्होंने ध्वनि प्रकरण का निरूपण तो किया ही पर साथ ही रस को ध्वनि का ही एक भेद माना।

चौदहवीं सदी में लिखे महत्त्वपूर्ण ग्रन्थों में सिंह भूपाल (रसार्णव सुधाकर) तथा विश्वेश्वर कविचन्द्र (चमत्कारचन्द्रिकालंकार) शामिल हैं। सदी में आलोचना की गति काफी मद्धिम हो गयी थी। इस सदी के अन्त में लिखा रूद्रभट्ट का 'शृंगारतिलक' ही प्रमुख काव्यशास्त्रीय ग्रन्थ है। सोलहवीं सदी के बीच में रूपगोस्वामी ने 'उज्ज्वलनीलमणि', 'हरिभक्तरसामृतसिन्धु' तथा 'नाट्यचन्द्रिका' तथा सदी के उत्तरार्द्ध में कविकर्णपूर ने 'अलंकारकौस्तुभ' में रस सिद्धान्त की महत्ता स्थापित करते हुए व्याख्या की। इस सदी के उत्तरार्द्ध में ही अप्पयदीक्षित, जो दार्शनिक भी

थे ने 'कुवलयानन्द' और 'चित्रमीमांसा' नामक दो काव्यशास्त्रीय ग्रन्थों में ध्वनि व अलंकार सिद्धान्त का विवेचन किया।

सत्रहवीं सदी के पूर्वार्द्ध में जगन्नाथ ने 'रसगंगाधर' नामक ग्रन्थ में ध्वनि सिद्धान्त की चर्चा की तथा उसका भेद निरूपण करते हुए उसका समर्थन किया। ऐसा करते हुए उन्होंने रस की महत्ता को स्वीकारा और रस और ध्वनि सिद्धान्तों का मेल स्थापित कर रसध्वनि की सत्ता स्थापित की। इन्हीं के समय में मधुसूदन ने 'श्रीभगवदभक्तिरसायन' लिखकर रस सिद्धान्त की मीमांसा की और भक्ति रस की एक नये रस के रूप में स्थापना करने की कोशिश की। रूपगोस्वामी तथा पंडितराज जगन्नाथ के आसपास सोलहवीं सदी में केशवमिश्र (अलंकार साहित्य) तथा विश्वनाथदेव (साहित्यसुधासिन्धु) तथा सत्रहवीं सदी में आशाधर भट्ट (कोविदानन्द, त्रिवेणिका) तथा अठारहवीं में नागेश ने 'रसगंगाधर' की टीका 'गुरुमर्मप्रकाश', अच्युतराय ने 'साहित्यसार', विश्वेश्वर पंडित ने 'अलंकारकौस्तुभ', 'अलंकारमुक्तावली', 'रसचन्द्रिका' तथा नरसिंह कवि ने 'नंजराजयशोभूषण' लिखकर संस्कृत आलोचना को आगे बढ़ाया।

इस मीमांसाकाल के प्रमुख आचार्यों में विश्वनाथ तथा शेषवीरेश्वर के शिष्य जगन्नाथ प्रमुख थे। जगन्नाथ के साथ मीमांसा काल का अन्त माना जा सकता है। इसका अर्थ यह नहीं लगाया जाना चाहिए कि इसके बाद संस्कृत में काव्यशास्त्रीय ग्रन्थों की रचना की परम्परा ख़त्म हो गयी थी। संस्कृत में भी लिखा जा रहा था पर आलोचना या विवेचन के स्तर पर ही। अतः संस्कृत में जिस गुणात्मक स्तर पर आलोचनात्मक सैद्धान्तिकरण ग्यारहवीं सदी में अपने चरम पर पहुँचा वह मीमांसा काल या उसके बाद दिखाई नहीं दिया।

इस काल का उत्तरार्द्ध हिन्दी में भक्तिकाल का दस्तक तथा प्रसार का समय था। उपनिषद्, आयुर्वेद तथा स्मृति साहित्य का सन्तों, साधुओं, सूफियों द्वारा अपने विमर्श की ज़रूरत के अनुसार उपयोग किया गया। साहित्य के क्षेत्र में संस्कृत के पुराणों की कथाओं का भक्त कवियों ने अपने ढंग से उपयोग किया और सवाल भी उठाये। संस्कृत काव्यशास्त्रीय विचार का भी लोकभाषाओं में प्रकटीकरण हुआ। भक्तिकाल में लोक भाषाओं के विकास के साथ संस्कृत काव्यशास्त्र का लोकभाषाईकरण स्वाभाविक था। पर ये वैसा नहीं था जैसा कि ज्ञान के अन्य क्षेत्रों जैसे दर्शन आदि के क्षेत्रों में हुआ। यह प्रक्रिया अलग-अलग भारतीय लोक भाषाओं में जैसे ब्रज, अवधी भाषाओं में देखी जा सकती है जिनका मिलाजुला नाम हिन्दवी फिर बाद में हिन्दी पड़ा।

यदि हिन्दी की बात करें तो पाते हैं कि हिन्दी की आलोचना के लिए दसवीं सदी के सिद्ध शान्ति तथा बारहवीं सदी के हेमचन्द्र सूरि के ग्रन्थों में आलोचना की जड़ें ढूँढ़ते हैं। पर जब हिन्दी में रचनाशीलता ही नहीं थी तो आलोचना का सवाल

कहाँ? कुछ अन्य विद्वान सं. 1598 में लिखी कृपाराम की 'हिततरंगिणी' को हिन्दी का प्रथम रीतिग्रन्थ मानते हैं जिसमें नायिका भेद की चर्चा की गयी है। पर इस रचना में मौलिकता नहीं है तथा विषय भी सीमित है। इतिहास की बात अलग छोड़ दें तो भक्त कवि सूरदास ने 'साहित्य लहरी' में अलंकारों तथा नायिकाओं का वर्णन किया है। पर इससे एक बात साफ़ हो जाती है कि संस्कृत आलोचना परम्परा की समाज में प्रतिष्ठा थी तथा भक्त कवियों को वह उपलब्ध थी।

## लोकभाषाईकरण काल (1700-1850)

भक्तिकाल आते-आते संस्कृत विद्वत्वर्ग तक सीमित रह गयी थी और पाली, प्राकृत तथा अपभ्रंश के बाद लोक व्यवहार में भाषाएँ जनसम्प्रेषण के माध्यम के रूप में विकसित हुईं। अतः पहले तो संस्कृत में उपलब्ध ज्ञान, दर्शन आदि के साथ काव्यशास्त्रीय तथा छन्द या पिंगलशास्त्र का लोक भाषाओं में या लोकभाषाईकरण अवतरण हुआ। कबीर, सूर, तुलसी, जायसी (हिन्दी); नरसी महेता (गुजराती); गुरु नानक (पंजाबी) आदि ने लोकभाषाओं में अमूर्त, रहस्यमय तथा गूढ़ दार्शनिक विचारों को सरल ढंग से पेश किया। यह ज्ञान परम्परा का अनुवाद था हालाँकि अधिकतर भक्त काव्यशास्त्र के ज्ञान को बाधा अधिक मानते थे हेतु कम। तथा इसकी प्रक्रिया त्रिस्तरीय थी : (i) परम्परा का स्वीकरण; (ii) आत्मसातीकरण; तथा (iii) लोकभाषाओं में अभिव्यक्ति। कहना न होगा कि यहाँ आलोचना परम्परा भी इकहरी या एकवचनी न थी। भक्तकवियों का युग मतों तथा सम्प्रदायों की बहुलता का युग था। दोनों के बीच आदान-प्रदान, तनाव, कटाक्ष तथा उदासीनता आदि से प्रभावित सहअस्तित्व था। पर दोनों अंग्रेज़ी के शब्द 'फोक' (लोक) तथा 'इलीट' ('शिष्ट') की तरह विरोधी युग्म न थे। इस काल में कृपाराम ने हितरंजनी' (1541) लिखकर 'नाट्यशास्त्र' के आधार पर रस का विश्लेषण तथा नायिका भेद की चर्चा की। सूरदास ने 'साहित्य लहरी' (1550) और मोहनलाल मिश्र ने 'श्री शृंगार' तथा 'अलंकारचन्द्रिका' में काव्यशास्त्र और अलंकार पर विचार किया।

सोलहवीं सदी में मुग़लकाल में अरबी, फ़ारसी के साथ तुर्की स्थापित हो चुकी थी। इस समय में ब्रज भाषा फलीफूली और उसमें साहित्य रचना हुई जिसे काफी हद तक भारतीय विद्वत्वर्ग में स्थापित संस्कृत साहित्य तथा शास्त्र से ऊर्जा मिली थी। कुछ कवियों ने संस्कृत तथा ब्रज में एक साथ लिखा। अकबर के नवरत्नों में से एक अब्दुर्रहीम खानखाना ने अरबी, फ़ारसी के साथ ब्रज तथा संस्कृत में रचना की। दूसरी ओर बिहारी की 'सतसई' पर अमृतशतक तथा कालिदास की काव्य प्रतिभा का प्रभाव देखा जा सकता है। महाकवि देव ने ब्रज में अपने पद लिखे तो 'शृंगार विलासिनी' की रचना संस्कृत में की। इस काल में संस्कृत में भी काव्यशास्त्रीय विवेचन की परम्परा में एक नयी धारा जुड़ी जिसमें चिन्तामणि (काव्यविवेक, कविकुलकल्पतरु काव्यप्रकाश,

रसमंजरी), कुलपति (रस रहस्य) सोमनाथ (रसपीयूषनिधि, शृंगारविलास), प्रताप साहि (काव्य विलास, श्रंगार मंजरी, व्यंग्यार्थ कौमुदी, अलंकार चिन्तामणि) ने योगदान किया। साथ ही इस काल में भिखारी दास ने भी कई ग्रन्थ लिखे जैसे 'रस सारांश', 'शृंगार निर्णय' तथा 'काव्यनिर्णय' आदि। इन ग्रन्थों में संस्कृत आलोचना के विचार तथा अवधारणाओं को सरल लोक भाषा में पेश किया जिसे विवेचनात्मक अनुवाद कहा जा सकता है। भिखारीदास का ग्रन्थ 'काव्यनिर्णय' यहाँ विशेष उल्लेखनीय है क्योंकि इसमें संस्कृत काव्यशास्त्रीय विवेचन को लोकभाषा में प्रस्तुत किया गया। यह ग्रन्थ काव्यशास्त्रीय परम्परा के लोकभाषाईकरण का नमूना है क्योंकि इसमें परम्परा मूल विचार के स्तर पर संस्कृत भाषा में सीमित न रहकर अन्य लोकभाषा में अवतरित होती है। इसमें उन्होंने अपने पूर्ववर्ती संस्कृत तथा हिन्दी के आचार्यों के प्रति आभार दर्शन के बाद काव्य प्रयोजन, काव्य कारण, काव्यांगों तथा भाषा पर अपने विचार व्यक्त किये हैं। संस्कृत की ठेठ आचार्य परम्परा में 'काव्यनिर्णय' को अमौलिक तथा मूल परम्परा का अवमूल्यन भी कहा जा सकता है। यह भी सवाल उठाया जा सकता है कि इसका उस काल की रचनाशीलता से सीधा सम्बन्ध था भी कि नहीं? तर्क के लिए तो यह प्रतिप्रश्न भी कर सकते हैं कि काव्यशास्त्रीय ग्रन्थों को पढ़कर कभी काव्यरचना सम्भव हुई है? वैसे भी कवि आचार्यों और आलोचकों ने कब अपने ही सिद्धान्तों का अपने रचना विश्व में अनुसरण किया? संस्कृत के दंडी, क्षेमेन्द्र, राजशेखर तथा अंग्रेज़ी के. टी. एस. एलियट के उदाहरण हमारे सामने है। सच्चा रचनाकार भिखारीदास तो क्या किसी भी आलोचक सिद्धान्त या वाद से कभी बँधेगा नहीं। बहरहाल, इस काल की रचनाशीलता की तरह उसकी आलोचना-कर्म की भी हिन्दी के बीसवीं सदी के आलोचकों तथा इतिहासकारों के हाथों उसके अपराध से ज्यादा सजा मिली है। महावीर प्रसाद द्विवेदी के नैतिकतावादी दृष्टिकोण से इसकी शुरुआत हुई और फिर विचारधारा के हाथों हुई अनदेखी का नुकसान यह हुआ कि इस समय में लिखी गयी काव्यशास्त्रीय ग्रन्थों की जो भी चर्चा हुई नकारात्मक ही थी। क्योंकि उन्हें ही शृंगार तथा नायिकाभेद से सम्बन्धित काव्यरचना का मुख्य कारण मान लिया गया। देखा जाये इस समय का बिहारी या केशव का श्रेष्ठ काव्य में अंग्रेज़ी की मैटाफिजिकल कविता के एक भी गुण (अर्थात् किसी विचार को उसके आखिरी सीमान्त तक ले जाकर उसकी अभिव्यक्ति) न देख पाना पूर्वग्रह का परिणाम है। केशवदास की 'कविप्रिया' और 'रसिकप्रिया' भी जिसके लिए केशव के मॉडल भामह तथा दंडी थे, भी इस उदासीनता का शिकार बनी। मतिराम की 'रसराज', देव की 'रस विलास', बेनीप्रवीण की 'नवरसतरंग', श्रीपति की 'काव्यसरोज' और सोमनाथ मिश्र की 'रहस्य' इन सबका यही हाल हुआ। श्रीपति के 'काव्यसरोज', सोमनाथ मिश्र के 'रस रहस्य' तथा प्रतापसाहि के 'काव्यविलास' में काव्य, उसके तत्त्वों तथा गुणों की चर्चा की।

रीतिकाल के कवियों के लिए संस्कृत काव्यशास्त्र की मान्यताएँ सीमा बन गयी।

रीतिकाल का काव्यशास्त्रीय चिन्तन संस्कृत काव्यशास्त्र पर ही आधारित था तथा लोकभाषाओं विशेषकर ब्रजभाषा में प्रकट हुआ था। गोपा के 'रामचन्द्रभूषण' तथा 'रामचन्द्राभरण' अलंकारों की लोकभाषा में चर्चा की है। कहने का अर्थ यह है कि काव्यशास्त्र के लोकभाषाईकरण की प्रक्रिया मीमांसाकाल में ही शुरू हो गयी थी। सोलहवीं सदी के उत्तरार्द्ध में मोहनलाल मिश्र (शृंगार सागर), नन्ददास (रूपमंजरी), बलभद्र मिश्र (नखशिख तथा रसविलास) तथा रहीम ने 'बरवैनायिकाभेद' लिखकर एक प्रकार से संस्कृत आलोचना के आधार पर भक्तिकालीन साहित्य में आलोचना के औजारों की बात शुरू कर दी थी। इस प्रकार की गम्भीर चर्चा आगे चलकर केशवदास की 'रसिकप्रिया' तथा 'कविप्रिया' में दिखाई देती है। इस काल में नायक-नायिका भेद केन्द्र में आया। इसका कारण था कि नाट्यशास्त्र के बाद आचार्यों का ध्यान काव्य पर चला गया था। धनंजय, सागरनन्दी, रामचन्द्र, शारदातनय और शिंगभूपाल ने नाट्य को अपने विवेचन में केन्द्रीयता दी जिसने नायिका भेद की चर्चा की पृष्ठभूमि तैयार की। यह और बात है कि नायिका भेद की अतिचर्चा तथा सामाजिक पक्ष की उपेक्षा के कारण उसे काफी नकारात्मक आलोचना का सामना करना पड़ा।[3] उनके बाद लोकभाषाईकरण की लम्बी परम्परा चली जिसमें चिन्तामणि त्रिपाठी (काव्यविवेक, काव्यप्रकाश, कविकुल कल्पतरु, रसमंजरी तथा छन्दशास्त्र पर पिंगल), कुलपति मिश्र (रस रहस्य), मतिराम (ललितललाम, अलंकार पंचशिका, साहित्यसार), देव (शब्दरसायन, भावविलास, काव्यरसायन) तथा भिखारीदास आदि ने अपना योगदान दिया।

संस्कृत आलोचना के ज्ञान का लोकभाषाओं में विस्तरण, लोकभाषाईकरण या प्रजातन्त्रीकरण हुआ। पर सिद्धान्त, निर्माण, मौलिकता या विवेचन कला का अभाव रहा। जो संस्कृत के विद्वान थे उनके लिए यह संस्कृत काव्यशास्त्रीय आलोचना का लोकभाषा में छाया अनुवाद था या यह कह सकते हैं कि एक प्रकार से यह उसका विस्तरण था पर जो संस्कृत नहीं जानते थे उनके लिए यह प्रक्रिया उपकारक थी। विचित्र लग सकता है पर सच यह था कि हिन्दी के रीतिकाल में आचार्यत्व हिन्दी में लेखन से कम और संस्कृत आलोचना के ज्ञान तथा उसके नियमों के अनुसरण पर आधारित था। यह काफी कुछ वैसा ही था जैसे कि आजकल पश्चिमी आलोचना सिद्धान्तों के बारे में आधुनिक भारतीय भाषाओं में लिखा जा रहा है और उनके आधार पर लेखकों तथा उनकी रचनाओं को परखा जाता है। मूल फर्क यह था कि संस्कृत आलोचना की शब्दावली आयातित न होकर यहीं गढ़ी थी और इसके मुख्य शब्द लोक जीवन में प्रयोग में थे जबकि पश्चिमी अंग्रेज़ी आलोचना अनुभव तथा अभिव्यक्ति के एक भिन्न सांस्कृतिक धरातल से आयी थी और भारतीय भाषाओं में उसके पद तथा मुहावरों का अनुवाद होकर आलोचना भाषा तथा व्यवहार दोनों को प्रभावित और अनुकूलित कर रही थी।

## आधुनिक काल (1850-अभी तक)

19वीं सदी में उपनिवेशकाल में संस्कृत काव्यशास्त्र की केन्द्रीयता में और ह्रास हुआ। विडम्बना यह थी कि जब यूरोप संस्कृत में उपलब्ध ज्ञान को समझने, हथियाने के लिए संस्कृत की पीठों या विभागों की अपने विश्वविद्यालयों में स्थापना कर रहा था तथा अनुवाद के माध्यम द्वारा हथियाने की कोशिश भी कर रहा था तब भारत में संस्कृत (अरबी, फ़ारसी) को अवैज्ञानिक तथा अनुपयोगी मान बाहर निकालने की माँग भी हो रही थी। दुर्भाग्यवश संस्कृत में व्यक्त ज्ञान एक जाति वर्ग तथा लिंग तक सीमित हो गया तथा पात्रता की प्रक्रिया तथा परम्परा इतनी लम्बी हो गयी कि पूरे का पूरा ब्राह्मण या पण्डित वर्ग भी इसमें योगदान की परिधि में शामिल न था। परम्परा के आगे प्रश्न करना और भी कठिन था। फलस्वरूप ज्ञान तथा शास्त्र रचना में औसतपना पनपा तथा सृजनात्मक चिन्तनशीलता शिथिल हो गयी।[4] अपने एक प्रच्छन्न रूप में वह केवल भारतीय भाषाओं में ज़िन्दा बनी रही। अब संस्कृत आलोचना ने आधुनिक भारतीय भाषाओं में विचार तथा विवेचन के रूप में नया अवतार लिया। अगर इसे अनुवाद भी मान लिया जाये तो वह भी एक नया विवेचन ही है। वैसे भी भाषा विचार का वाहन है और इसीलिए भाषा से अधिक विचार की महत्ता है। दूसरी ओर यह अनुवाद तथा व्याख्याओं के साथ अंग्रेज़ी में लिखी परिचयात्मक तथा ऐतिहासिक भूमिकाओं तक सीमित हो गयी। मूल पाठ तथा उसकी अध्ययन पद्धति ने सुसज्जता के अभाव ने नवपाठाचार से आलोचना परम्परा में मौलिक योगदान की सम्भावनाओं को कर्मकांड के कूड़ेदान में डाल दिया।

उपनिवेशकाल में अंग्रेज़ों के साथ अंग्रेज़ी भाषा, साहित्य तथा आलोचना भारत में आयी। भारतीय भाषासमूह में अंग्रेज़ी भाषा, साहित्य तथा आलोचना आ जुड़ी। चूँकि अंग्रेज़ी आलोचना का सम्बन्ध नये शासकवर्ग से था अतः स्वाभाविक था कि उसने संस्कृत आलोचना को खिसकाकर प्रतिष्ठा की जगह हथिया ली। साहित्य के साथ अंग्रेज़ी के कुछ महत्त्वपूर्ण आलोचना निबन्धों का अनुवाद किया गया और इस प्रकार आधुनिक भारतीय भाषाओं जैसे–हिन्दी, गुजराती, मराठी, कन्नड़, बांग्ला में आधुनिक आलोचना की परम्परा को नया मोड़ मिला। 19वीं सदी के उत्तरार्द्ध तक आधुनिक भारतीय भाषाओं में गद्य तथा निबन्ध का विकास हुआ। विचारों की अभिव्यक्ति के लिए उपयुक्त होने के कारण गद्य का प्रयोग बढ़ा और उसका आलोचनात्मक लेखन के लिए उपयोग किया गया। अंग्रेज़ी आलोचना का देशी आलोचना परम्पराओं के साथ संगम हुआ। अंग्रेज़ी के आगमन ने संस्कृत तथा भारतीय भाषाओं के सम्बन्धों को पुनर्परिभाषित किया जिसमें एक ओर अंग्रेज़ी विद्वानों द्वारा संस्कृत को उसकी ज्ञान सम्पदा के लिए पाश्चात्य भारतविदों को सराहा गया जो अनुवाद किया गया तो दूसरी ओर उसे पुरातन तथा नकारात्मक प्रभाव

मानकर आधुनिक भाषाओं की ख़राब स्थिति के लिए ज़िम्मेदार भी माना गया।

हिन्दी के आधुनिक काल के पुरोधा भारतेन्दु हरिश्चन्द्र (1850-1885) ने 1883 में 'नाटक' नामक लम्बे निबन्ध में भारतीय तथा पाश्चात्य नाट्यशास्त्रों के नियमों तथा प्रक्रियाओं का अध्ययन किया। भारतेन्दु का उद्देश्य पाश्चात्य नाट्यशास्त्र के सिद्धान्तों की केवल समीक्षा न कर पाश्चात्य नाट्यालोचना का हिन्दी क्षेत्र में परिचय भी कराना था। इन्हीं सिद्धान्तों के प्रकाश में साहित्य की गत्यात्मकता पहचानने के लिए उन पर तुलनात्मक ढंग से विचार करने की उन्होंने पहल की थी। भारतेन्दु ने अपने संक्षिप्त हस्तक्षेप द्वारा हिन्दी आलोचना की विकसित हो रही परम्परा में संस्कृत ज्ञान परम्परा को नकारने के स्थान पर इसे समझकर उस पर सवाल उठाये तथा उसे पाश्चात्य रचना परम्परा तथा आलोचना के सन्दर्भ में देखने की कोशिश की और उसे पाश्चात्य आलोचना, परम्परा से भी जोड़ा। अतः परम्परा से बिलगाव या तिरस्कार उनमें दिखाई नहीं देता। एक स्तर पर उनका निबन्ध इस सातत्य तथा संश्लेषण का उदाहरण है।

साथ ही भारतेन्दु ने संस्कृत काव्यशास्त्र को अन्तिम सत्य या वेद न मानते हुए उस पर सवाल भी उठाये। इन सवालों में परम्परा के नवीनीकरण के प्रतिमान भी छिपे थे क्योंकि पुराने तर्कों या स्थापनाओं के सामने सवाल खड़े करके ही नवीन तर्क का रास्ता बनता है जो परम्परा के नवीनीकरण या आधुनिकीकरण का कारण बनता है। आधुनिकता पुराने तर्क का नये तर्क द्वारा विस्थापन है और एक प्रकार से परम्परा के पुनर्नवीनीकरण की एक व्यूह पद्धति है। इस प्रकार से हिन्दी आलोचना परम्परा का पूर्वलेखन (प्रीफिगरेशन) भारतेन्दु के आलोचनात्मक प्रयास में दिखाई देता है और उसका नवीनीकरण भी। भरतमुनि की रस सम्बन्धी स्थापनाओं के महत्त्व को उन्होंने स्वीकारा पर बदलते अनुभव के आधार पर रस के विस्तार को समावेशक बनाने के विरुद्ध रसवादियों के दुराग्रहों को चुनौती देने का काम भी किया। रस की चर्चा में अपने आलोचकीय साहस का परिचय कराते हुए उन्होंने उनकी निश्चित संख्या के बारे में भी बहस को आड़े हाथों लिया और 'नाट्यशास्त्र' की पाँचवें वेद के रूप में पवित्रता तथा अन्तिम सत्य पर सवाल लगाये। उन्होंने उन परम्परावादियों की विद्वत्ता पर सवाल उठाये जो नये सामाजिक, आर्थिक एवं सांस्कृतिक अनुभवों तथा उनके अनुसार नये रस की स्थापना की सम्भावना को नकार रहे थे तथा भक्ति रस को शान्त रस में और वात्सल्य को शृंगार में ठूँसकर उनका निषेध कर रहे थे। उन्होंने पूछा कि भक्ति रस को किस रस के अन्तर्गत शामिल किया जाये? इस रस में स्थायी भाव भक्त में है, पूज्य देवता में आलम्बन तथा धर्मग्रन्थों और सत्संग में उद्दीपन है। आप इसे शान्त रस के अन्दर कैसे शामिल करेंगे क्योंकि उसका स्थायी भाव वैराग्य है। उन्होंने अपना असन्तोष केवल सवाल पूछकर प्रकट नहीं किया बल्कि नये सामाजिक अनुभव के अनुसार भक्ति रस, वात्सल्य रस, सांख्य रस तथा आनन्द रस को भी जोड़ने की बात कही। यह और बात है कि परम्परावादी इसके विरुद्ध अपने तर्क देकर ऐसी माँगों को

खारिज करते रहे। संस्कृत नाट्य आलोचना, पाश्चात्य नाट्य आलोचना तथा स्थानीय लोकनाट्य रूपों की चर्चा में भारतेन्दु की धुँधली समझ ही सही पर उनके तुलनात्मक अध्ययन का मुख्य आधार संस्कृत काव्यशास्त्रीय विचार ही रहा।

भारतेन्दु हरिश्चन्द्र के बाद जिसे आधुनिक हिन्दी आलोचना कहा जाता है वह संस्कृत, अंग्रेज़ी आलोचना तथा आधुनिक हिन्दी आलोचना की त्रिवेणी थी। हिन्दी के आलोचक संस्कृत आलोचना के विचारों तथा सिद्धान्तों की मीमांसा के साथ पश्चिमी आलोचना के विचारों का भी उपयोग कर रहे थे। इस काल में हिन्दी आलोचना अपने स्वतन्त्र अस्तित्व की ओर बढ़ती दिखाई देती है। भारतेन्दु के बाद मिश्र बन्धु और महावीर प्रसाद द्विवेदी ने इस परम्परा को अपने लेखन तथा सम्पादकीय दायित्व को निभाते हुए उसे आगे बढ़ाया।

बीसवीं सदी की शुरुआत के आसपास दो प्रवृत्तियाँ दिखाई देती हैं : एक का झुकाव संस्कृत आलोचना की शास्त्रपद्धति के अनुसरण की ओर था तो दूसरे का उस शास्त्रपद्धति से मुक्ति पर। शास्त्रपद्धति के अनुसरण के लिए उसका ज्ञान ज़रूरी था अतः संस्कृत आलोचना की विचार-सम्पदा से हिन्दी को समृद्ध करने के लिए पं. कन्हैयालाल पोद्दार ने 'काव्यकल्पद्रुम' तथा लाला भगवानदीन ने 'अलंकार मंजूषा' की रचना की। उनका उद्देश्य हिन्दी के लिए हिन्दी में काव्यशास्त्र तैयार करना था ताकि उसकी समझ पैदा हो और उसका उपयोग हो सके। लेकिन महावीर प्रसाद द्विवेदी जैसे आलोचकों ने परम्परा के बोझ के विरुद्ध आगाह किया और नायिका-भेद तथा छन्द के लक्षणों के आधार पर निर्णय लेने वाले और आलोचकों के लेखन के बारे में कहा कि ऐसी पुस्तकों के बिना साहित्य को कोई हानि नहीं पहुँचेगी बल्कि लाभ होगा। उनके समय में ही पंडित पद्म सिंह शर्मा (1876-1932) ने संस्कृत के अर्थापहरण प्रकरण का बिहारी के दोहों पर उनके अध्ययन के लिए प्रयोग किया। हिन्दी में यह संस्कृत काव्यशास्त्र का व्यावहारिक आलोचना के रूप में प्रयोग था।

आचार्य रामचन्द्र शुक्ल (1884-1940) में संस्कृत, अंग्रेज़ी आलोचना परम्परा के तत्त्वों के साथ आधुनिक हिन्दी की आलोचना प्रौढ़ता की ओर बढ़ती दिखाई देती है। उनके आलोचना-कर्म में हिन्दी साहित्येतिहास लेखन, साहित्यालोचना, आलोचना सिद्धान्त विवेचन शामिल थे जिसमें संस्कृत, अंग्रेज़ी आलोचना का आधुनिक हिन्दी में नये विवेचन का समन्वित दृष्टिकोण दिखाई देता है। सबसे पहले उन्होंने साहित्यिक आलोचना तथा आलोचना सिद्धान्त में फ़र्क़ किया। साहित्यिक आलोचना को उन्होंने समालोचना तथा आलोचना सिद्धान्त को काव्यमीमांसा का नाम दिया। उन्होंने 'रसमीमांसा' में रस की आधुनिक व्याख्या की और कहा, "लोक हृदय में हृदय के लीन होने की दशा का नाम रस दशा है (रस मीमांसा, 207)। उन्होंने रसों में करुणा के भाव को महत्त्व दिया और अलंकार को काव्य का बाह्य रूप माना। छन्द, अलंकार तथा नायिका भेद के आधार पर लिखे गये रीतिकालीन साहित्य की उन्होंने समालोचना

की। सौन्दर्य की उनकी अपनी व्याख्या परम्परागत-संस्कृत तथा पाश्चात्य-आलोचना से भिन्न थी। सौन्दर्य को केवल आध्यात्मिक या बाह्य रस के आधार पर देखने के बजाय उन्होंने कहा कि जिस सौन्दर्य की भावना में मग्न होकर मनुष्य अपनी पृथक सत्ता की प्रतीति का विसर्जन करता है वह अवश्य एक दिव्य अनुभूति है (रसमीमांसा, 25)। उनके बाद जयशंकर प्रसाद (1889-1937) ने 'काव्य और कला तथा अन्य निबन्ध' में रस चिन्तन को अभिनवगुप्त की शैव परम्परा से जोड़कर देखा। इसी परम्परा में नन्ददुलारे वाजपेयी ने रस सम्बन्धी अवधारणा को मानवतावादी मूल्यों से परखा और कहा कि जब हम 'रस' को काव्य की आत्मा कहते हैं तो उसका अर्थ यह होता है कि प्रत्येक काव्य में मानव समाज के लिए आह्लादकारिणी भावात्मक, नैतिक और बौद्धिक अनुभूतियों का संकलन होता है। उनके अनुसार रस शब्द से आचार्यों का आशय काव्य की इस मानवतावादी सत्ता से है ('राष्ट्रीय साहित्य तथा अन्य निबन्ध, 33)। उनके बाद आये आचार्य हजारी प्रसाद द्विवेदी (1907-1979) संस्कृत भाषा, साहित्य तथा काव्यशास्त्र के प्रकाण्ड पंडित थे। उनकी किताब 'प्राचीन भारत में कलात्मक विनोद' जो 1940 में छपी थी जिससे उनकी सौन्दर्यशास्त्रीय अध्ययनशीलता का परिचय मिलता है। उन्होंने धनंजय के 'दशरूपक' की भूमिका में नाट्यरस की चर्चा की। भारतीय काव्यशास्त्र में उन्होंने रस सिद्धान्त को भरत से पंडित जगन्नाथ तक उसके ऐतिहासिक परिप्रेक्ष्य में देखा और बताया कि रस सिद्धान्त का जो उदात्त रूप भरत में प्रकट हुआ था वह जगन्नाथ तक केवल श्रृंगार और उसके भी एक प्रकार के श्रृंगार तक सीमित हो गया था अतः न केवल रस सिद्धान्त बल्कि संस्कृत काव्यशास्त्र को नुकसान हुआ।

डॉ. नगेन्द्र ने पश्चिमी तथा संस्कृत आलोचना हिन्दी में अनुवाद व सम्पादित कर उन्हें हिन्दी के पाठकों तथा उसके अध्ययन, अनुप्रयोग और विश्लेषण के लिए विद्वतवर्ग तक उनकी भाषा में पहुँचाया। 'रस सिद्धान्त' (1964) के अलावा 'भारतीय काव्यशास्त्र की भूमिका' लिख उन्होंने संस्कृत काव्यशास्त्र की न केवल समझ पेश की बल्कि संस्कृत काव्यशास्त्र की परम्परा को उसकी उत्तराधिकारी आधुनिक हिन्दी आलोचना को सुलभ कराया। उसका कितना और कैसे प्रयोग किया जाये या नहीं यह इस पीढ़ी के निर्णय पर निर्भर था।

आचार्य द्विवेदी के शिष्य और समकालीन आलोचना के शीर्ष पुरुष नामवर सिंह पर लगे सभी ठप्पों—समाजवादी, मार्क्सवादी, प्रगतिवादी और यहाँ तक रूपवादी—के बावजूद उनकी आलोचना में परम्परा, सौन्दर्य, सौन्दर्य बोध और संस्कृति जैसी अवधारणाओं का खूब उपयोग हुआ हालाँकि उनका इतने नये सन्दर्भ तथा अर्थ में प्रयोग किया गया है कि कभी-कभी उनके आलोचना-कर्म का आधार संस्कृत आलोचना पर आधारित है यह पहचानना मुश्किल हो जाता है। उनकी मार्क्सवादी पद्धति, पाठ की अद्भुत समझ तथा अंग्रेज़ी आलोचना परम्परा की विश्लेषण

क्षमता और विचार संस्कार की नींव में संस्कृत काव्यशास्त्र की मजबूत शिलाएँ मौजूद हैं।[4] वह हिन्दी के एकमात्र आलोचक हैं जिन्होंने भारतीय सांस्कृतिक अनुभव तथा साहित्यिक अभिव्यक्ति को सामाजिक सन्दर्भ में देखा तथा पश्चिमी सिद्धान्तों का भारतीय सन्दर्भ में विवेचन किया। उत्तर-आधुनिकता सम्बन्धी उनका विवेचन भारतीय तथा विश्व अनुभव की कसौटी से गुजरता है, वह केवल पश्चिमी परिभाषाओं या विवेचन की हथकड़ियों में बँधा नहीं है। उनकी भाषा, साफ़ धारदार और नपीतुली है जिसमें संस्कृत साहित्य तथा काव्यशास्त्र उतनी ही सहजता से उतरते हैं जितनी कि उर्दू या हिन्दी की कविता के अंश। नयी अवधारणाओं का रूपकों द्वारा निरूपण कर अमूर्त चर्चा को जीवन्त बनाने के लिए प्रयोग उनका प्रमुख गुण है। आलोचना की सूक्ष्म समझ, पठनीयता, विवेचन की रचनाशीलता के जो मानदंड उनके वाचिक तथा लिखित विमर्श में स्थापित हुए हैं वे हिन्दी आलोचना के गौरव बिन्दु तो हैं ही पर साथ ही यह भी दर्शाते हैं कि संस्कृत आलोचना की आधार भूमि, हिन्दी आलोचना के वृक्ष का तना तथा शाखाएँ और पाश्चात्य आलोचना का आकाश मिलकर नयी आलोचना चेतना को जन्म देते हैं।

रूपवादी तथा प्रगतिशील समाजशास्त्रीय मार्क्सवादी आलोचना की दो धुरियों के बीच आधुनिकतावाद तथा उत्तर-आधुनिकतावादी अभिगमों ने आलोचना को नयी दिशा दी। यह बात और है कि सामान्य आलोचकों में वे केवल फैशन के लिए प्रयोग किये जाते हैं; समझ के साथ कम। इस बीच अच्छा यह हुआ कि नयी अस्मिताओं के साथ नये विमर्शों जैसे दलित, स्त्री तथा क्षेत्रीय विमर्शों को और उनकी आधुनिकताओं की चर्चा के लिए तथा काव्यशास्त्रीय सौन्दर्यशास्त्र के लिए नये अवसर पैदा किये।

## IV

भारतीय आलोचना के परिप्रेक्ष्य की चर्चा के बाद सातत्य के मुद्दे पर फिर आते हुए यह कहना तथ्य विरुद्ध होगा कि पण्डित जगन्नाथ के बाद संस्कृत में काव्यशास्त्रीय चिन्तन तथा लेखन पर विराम लग गया था। तथ्य यह है कि पण्डित जगन्नाथ के बाद संस्कृत काव्यालोचना में आत्मसन्दर्भकता तथा आत्ममुग्धता का काल था। इसमें आलोचकों की एक नयी पीढ़ी सामने आयी थी जो कवि उपनाम का प्रयोग खुद के लिए करने लगी जिसमें नरसिंह कवि, विद्याराम कवि और कृष्ण कवि प्रमुख नाम थे। यह प्रवृत्ति एक क़दम और आगे बढ़कर काव्यशास्त्र में 'यशोभूषण' की परम्परा में बदली। नये आचार्यों ने अपने राजसंरक्षकों के सम्मान में आंशिक अथवा पूर्ण काव्यशास्त्रीय ग्रन्थ लिखे। भट्टदेव ने 'अलंकार-मंजूषा, तथा 'अलंकार कौस्तुभ'

नामक ग्रन्थ लिखे। 'रामवर्षोभूषण', 'यशवन्तयशोभूषण' तथा 'रामचन्द्रयोभूषण' जैसे ग्रन्थ राजाओं के नाम पर लिखे गये। इनके मूल में काव्य या शास्त्र की सेवा का भाव कम और आत्मसेवा का भाव अधिक था। शास्त्र ज्ञान संरचना न तो अपेक्षित थी और सम्भव। पर मूल काव्यशास्त्रीय विचारों को बिल्कुल भुला दिया गया था, ऐसा कहना अनुचित होगा। यदि हम केवल रस सिद्धान्त के आसपास हुई आलोचनात्मक गतिविधियों का निरीक्षण करें तो पाते हैं कि इस परम्परा में मौलिकता का अभाव होने के बावजूद भी उसकी निरन्तरता को ऐतिहासिक तथ्यों के विरुद्ध नकारना अन्याय होगा। उत्तर-जगन्नाथ काल के मुख्य ग्रन्थों में चित्राधर का 'शृंगारसरिणी', औचित्यराय का 'साहित्यसार, छज्जूराम शास्त्री का 'साहित्यबिन्दु', हरिदत्त वागीश का 'काव्यकौमुदी', नरसिंहकवि का 'नजेराज्येभूषण' श्रीकृष्ण कवि का 'मन्दरामानन्द चम्पू', वेणुदत्त का 'रस कौस्तुभ,' गंगाराम का 'रस-मीमांसा', विश्वेश्वर पाण्डे का 'रसचन्द्रिका', भूदेव शुक्ल का 'रस विलास', राजा चूड़ामणि दीक्षित का 'काव्य दर्पण' आदि शामिल हैं। इस काल में रस की संख्या आठ है या नौ या शान्त रस को भी रसों में जोड़ दिया जाये कि नहीं ऐसे मुद्दों पर बहस चलती रही और समय तथा ऊर्जा का निवेश सार्थक कम और बुद्धि तथा तर्क के प्रदर्शन में ज्यादा हुआ।

श्रीकृष्ण कवि ने पहले केवल आठ रसों की चर्चा की बाद में शान्त रस को इसमें जोड़ दिया। हरिदत्त वागीश ने वात्सल्य रस को रसों की संख्या में शामिल किया। विद्याराम तथा अच्युत राय ने भक्ति रस तथा शिवराम त्रिपाठी ने श्रद्धा रस को रस के नये प्रकार के रूप में देखा। अधिकतर आलोचक रस सम्बन्धी संस्कृत की पुरानी बहस को ही खींच रहे थे पर अच्युत राय ने रस को नये तर्क तथा प्रारूप में देखा। सात्विक, राजस तथा तमस की कोटियों के आधार पर उन्होंने रसों का विभाजन किया और शान्त, शृंगार तथा करुणा को सात्विक, हास्य, अद्‌भुत तथा भयानक को राजस, वीभत्स एवं रौद्र को तमस की श्रेणी में रखा। अब सवाल यह उठा कि यदि शान्त, शृंगार तथा करुण रस सभी सात्विक की श्रेणी में आते हैं तो वे एक-दूसरे से किस प्रकार भिन्न हैं? मधुसूदन सरस्वती ने 'सिद्धान्त बिन्दु' में इसका उत्तर अपने ढंग से दिया। उन्होंने चेतना का कोटि विभाजन करते हुए उसे जाग्रत, स्वप्न तथा सुषुप्ति के रूप में देखा और हर कोटि को तीन समूहों जैसे जाग्रत-जाग्रत, जाग्रत-स्वप्न, जाग्रत-सुषुप्ति, स्वप्न-जाग्रत, स्वप्न-स्वप्न, स्वप्न-सुषुप्ति, सुषुप्ति-जाग्रत, सुषुप्ति-स्वप्न तथा सुषुप्ति-सुषुप्ति में देखा। इसी आधार पर मधुसूदन ने सात्विक को शान्त, सात्विक राजस को शृंगार, तथा सात्विक तमस को करुण, राजस-सात्विक को हास्य, राजस-राजस को अद्‌भुत, राजस-तमस को भयानक, तमस-सात्विक को वीर, तमस-राजस व वीभत्स, और

तमस-तमस को रौद्र के रूप में देखा। (साहित्य धारा, 102) आचार्य शिवराम ने इस परम्परा को नया मोड़ देते हुए नौ रसों को स्निग्ध, द्रष्ट, दीन, क्रुद्ध द्रुप्त, भयंवित, जुगुप्सित, विस्मित और शान्त को प्रकृति के रूप में देखने का प्रयास किया। इस निरन्तरता में चिन्तन या सिद्धान्त निर्माण की मौलिकता का अभाव था क्योंकि वह तभी सम्भव है जब दार्शनिक चिन्तन तथा रचनात्मक सूत्रबद्धता का सुयोग है। दूसरी समस्या यह रही कि व्यावहारिक आलोचना के साथ मूल्यों और सरोकारों को ध्यान में लेते हुए नहीं दिया गया। यह समस्या जितनी उस काल की थी उतनी ही आधुनिक या उत्तर-आधुनिककाल में मौजूद है।[5]

संस्कृत काव्यशास्त्रीय विचारों की यह निरन्तरता काव्यशास्त्र के अन्य सम्प्रदायों, अलंकार सिद्धान्त के सन्दर्भ में देखी जा सकती है। उदाहरण के लिए रेवाप्रसाद द्विवेदी की दो पुस्तकें 'अलंकार सर्वस्व' (1959) तथा 'व्यक्ति विवेक' (1982) बीसवीं सदी में इस निरन्तरता की कड़ी के रूप में हमारे सामने हैं। इस प्रकार परम्परा टूटती नहीं है रूप परिवर्तन अवश्य होता है। मौलिकता तथा शास्त्रीय सूत्रबद्धता का अभाव हो सकता है पर उसे बिल्कुल खारिज करना आलोचना परम्परा इतिहास के साथ अन्याय होगा। रेवाप्रसाद द्विवेदी का 'संस्कृत काव्यशास्त्र का इतिहास' (2007) संस्कृत आलोचना के 20वीं सदी के अन्त तक के इतिहास का लेखा-जोखा सिद्धान्त, कल्प, सम्प्रदाय, धाम, सहस्राब्दी, आचार्य परम्परा के सन्दर्भ में पेश करता है। इसके अधुनातन संस्कृत काव्यशास्त्र (423-452) नामक भाग में इस परम्परा को काव्यशास्त्रीय ग्रन्थ के सन्दर्भ में देखा है। इस प्रकार रेवाप्रसाद द्विवेदी के अलंकार सम्बन्धी लेखन को विश्वेश्वर पण्डित द्वारा 18वीं सदी के बीच में लिखित 'अलंकार कौस्तुभ' पण्डित जगन्नाथ तथा वाद के काव्यशास्त्रीय परम्परा के बीच कड़ी का कार्य करता है।[6]

बीसवीं सदी के उत्तरार्द्ध में संस्कृत काव्यशास्त्र के अध्ययन के कुछ नये ग्रन्थ और पुरानी स्थापनाओं से प्रस्थान के बिन्दु दिखाई दिये। उदाहरण के लिए ब्रह्मानन्द शर्मा ने 'वात्सल्य अलंकार दर्शनम्' (1969) तथा 'काव्यसत्यालोक' (1980) में सत्य और श्रम के महत्त्व को प्रस्तावित किया। उन्होंने लिखा 'सत्यमे शरणम ममः'। 'काव्यसत्यालोक' के आरम्भ में उन्होंने आलोचक होने के साथ-साथ मिथक सृजक की भूमिका निभाई और श्रम नामक नये देवता की स्थापना करते हुए उन्होंने लिखा :

*श्रमंतुवंदे श्रमिश्चततःपरम।*
*श्रमश्रमिक रूपेण प्रतिष्ठा जगतोमतः।।*

वैसे तो उपरोक्त श्लोक का काव्यशास्त्रीय अध्ययन की दृष्टि से कोई महत्त्व नहीं है किन्तु बीसवीं सदी के अन्तिम चतुर्थांश में नया संस्कृत आलोचक अपने आलोचना ग्रन्थ के मंगलाचरण में स्थापित देवताओं की जगह इस देवता की वन्दन करता है क्योंकि विश्व का अस्तित्व श्रमिक के कर्म पर आधारित है। शिवाजी उपाध्याय की

पुस्तक 'सत्य सन्दर्भ' (1990), जगन्नाथ पाठक की 'सौन्दर्यकारिका' (1991) और जी.सी. पाण्डे की 'सौन्दर्य विमर्शण' (1995) प्रमुख ग्रन्थों में से हैं जिनमें संस्कृत काव्यशास्त्र के आधार पर नयी विवेचनाएँ प्रस्तुत हुई हैं। जी.सी. पाण्डे ने काव्यशास्त्र को आधुनिक सन्दर्भ में देखने का प्रयास किया तो दूसरी तरफ राधावल्लभ त्रिपाठी ने उसे लोक के सन्दर्भ में देखने का प्रयास किया।

हिन्दी जैसी भारतीय भाषाओं का संस्कृत काव्यशास्त्र तथा उसकी स्थापनाओं के साथ सम्बन्ध वैचारिक स्तर पर चालू रहा। संस्कृत तथा उसके बारे में अंग्रेज़ी में लिखने के अलावा संस्कृत आलोचना संस्कृति की भाषा हिन्दी क्षेत्र में संस्कृत न होकर आज की हिन्दी थी जिसे 20वीं सदी के हिन्दी आलोचकों तथा लेखक आलोचकों में देखी जा सकती है। भारतेन्दु तथा जयशंकर प्रसाद के अलावा सूर्यकान्त त्रिपाठी 'निराला' की 'प्रबन्ध प्रतिमा' तथा 'परिमल' की प्रस्तावना, मुंशी प्रेमचन्द के साहित्य, उपन्यास तथा अनुवाद पर लिखे लेखों, आचार्य जानकीवल्लभ शास्त्री के साहित्य दर्शन तथा चिन्तन धारा और आचार्य रामचन्द्र शुक्ल की 'रसमीमांसा' जैसे ग्रन्थों में इसे देखा जा सकता है। आचार्य शुक्ल के बाद नन्ददुलारे वाजपेयी, हजारी प्रसाद द्विवेदी, अज्ञेय, नगेन्द्र, राममूर्ति त्रिपाठी, भागीरथ मिश्र, सच्चिदानन्द चौधरी, नामवर सिंह, निर्मला जैन, कुमार विमल और राधावल्लभ त्रिपाठी, आदि ने अपने आलोचना-कर्म से इसमें योगदान किया। भारतीय संस्कृत आलोचना परम्परा के साथ संवाद अन्य भारतीय भाषाएँ जैसे गुजराती (आनन्द शंकर ध्रुव, रामनारायन विश्वनाथ पाठक, रामप्रसाद बख्शी तथा हरिवल्लभ मयाणी), बंगाली (मोहित लाल मजूमदार, सुरेन्द्रनाथ गुप्ता तथा रामरंजन मुखर्जी), मराठी (आर. एस. जोग और वी. एन. वाल्वे), अंग्रेज़ी/कन्नड़ (वी. राघवन), कन्नड़ (वी. राघवन, तथा टी. एन. श्रीकंठैया) और मलयालम (जोजेफ मुन्डेवरी) आदि में देखा जा सकता है।

संस्कृत काव्यशास्त्र को कालक्रम में देखने के साथ उसे तन्त्र या अवस्था के रूप में भी देखना ज़रूरी है क्योंकि भारतीय मनीषा ने समय को रेखीय ढंग से कम चक्रीय (साइक्लिकल) ढंग अधिक देखा है। यह इतिहास के पश्चिमी ढंग 'डाइक्रोनिक' (ऐतिहासिक कालक्रमिता) के स्थान पर 'सिन्क्रोनिक' (समकालिकता) ढंग से अध्ययन करता है। संस्कृत आलोचना के इस प्रकार के अध्ययन को अनेक संस्कृत विद्वानों ने किया है जिनमें कुप्पुस्वामी शास्त्री, जी.टी. देशपाण्डे तथा डाइक्रोनिक तथा सिन्क्रोनिक पद्धति के मिश्र रूप को आचार्य रेवा प्रसाद द्विवेदी में देखा जा सकता है।

कुप्पुस्वामी अपने भाषणों, जो पुस्तकाकार में 'हाइवेज एंड बाइवेज ऑफ संस्कृत क्रिटिसिज्म' में छपे हैं काव्यशास्त्र तथा उसके प्रमुख सम्पदाओं को हाइवेज (राजमार्ग) तथा बाइवेज (उपमार्ग) के रूप में देखते हैं। वे राजमार्ग में ध्वनि, रस तथा अनुमिति (उन्मय) औचित्य का अनुसरण करते हैं। रस के प्रतिपादक भरत,

ध्वनि के आनन्दवर्द्धन तथा अनुमिति के महिमभट्ट थे। ध्वनि तथा अनुमिति में तनाव या विरोध होता है जबकि रस को दोनों सम्प्रदाय स्वीकार करते हैं और ये तीनों क्षेमेन्द्र के औचित्य का अनुसरण करते हैं अतः औचित्य इन तीनों को जोड़ने का भी काम करता है। उपमार्ग में गुण, अलंकार तथा रीति शामिल हैं जो वक्रोक्ति का अनुसरण करते हैं और इस प्रकार उनका सुयोग बनता है। कुप्पुस्वामी इन सब मार्गों के आपसी सम्बन्धों की व्याख्या निम्नलिखित ढंग से करते हैं :

1. ध्वनि, रस, अनुमान (उन्मय) का सन्दर्भ साहित्यिक विषयवस्तु से है।
2. गुण, अलंकार तथा रीति का साहित्यिक रूप या विधा से
3. वक्रोक्ति का सामान्य अभिव्यक्ति के विचलन से; तथा
4. औचित्य विषयवस्तु तथा रूप के श्रेष्ठ संश्लेषण का प्रतिनिधित्व करता है।

सम्प्रदायों के बीच इन सम्बन्धों को उन्होंने आलोचक के इन रेखाचित्र के द्वारा दर्शाया है :

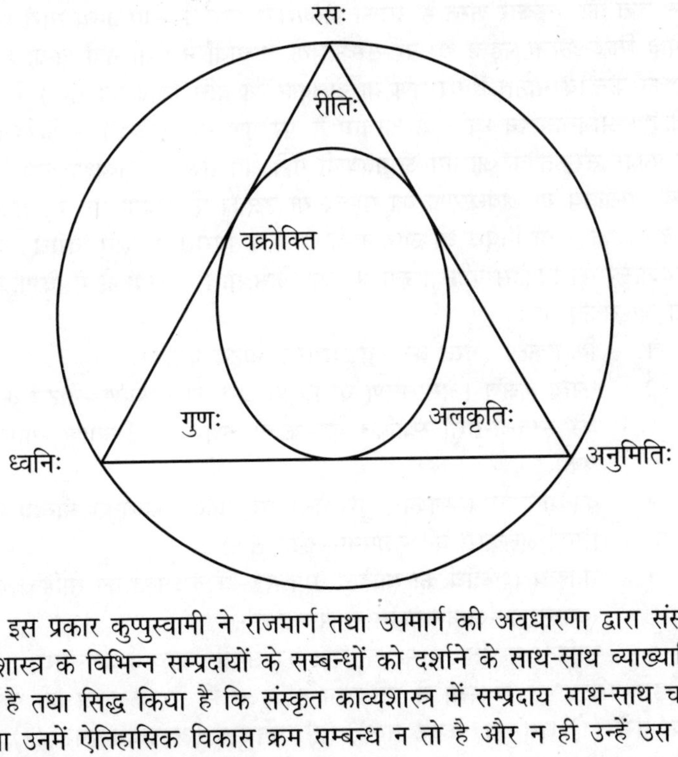


इस प्रकार कुप्पुस्वामी ने राजमार्ग तथा उपमार्ग की अवधारणा द्वारा संस्कृत काव्यशास्त्र के विभिन्न सम्प्रदायों के सम्बन्धों को दर्शाने के साथ-साथ व्याख्यायित किया है तथा सिद्ध किया है कि संस्कृत काव्यशास्त्र में सम्प्रदाय साथ-साथ चलते हैं तथा उनमें ऐतिहासिक विकास क्रम सम्बन्ध न तो है और न ही उन्हें उस रूप में देखने की कोशिश करनी चाहिए।

रस की धारा के प्रवाह में भरत से जगन्नाथ तक शामिल है और अलंकार की

चर्चा समानान्तर ढंग से चलती है। रीति की अवधारणा तथा रूप दंडी में रीति की तरह और उनसे पहले भरत में वृत्ति के रूप में तथा बाद में आनन्दवर्द्धन में संघटना के रूप में मिलती है। जहाँ अलंकारों की चर्चा होती है वहाँ वक्रोक्ति भी है। गुण की चर्चा भरत ने तथा उनके बाद के सभी आचार्यों ने की। औचित्य की स्थापना तथा उसके प्रकारों का निरूपण क्षेमेन्द्र ने भले किया पर उनसे पहले तथा बाद के सभी आचार्यों ने उसे किसी-न-किसी रूप में स्वीकारा।

संस्कृत काव्यशास्त्र को सम्प्रदायों एवं ऐतिहासिक क्रम विकास के रूप में देखने से एवं अध्ययन से उसकी मूल प्रकृति की हमारी समझ की कमी तथा औचित्यहीनता उजागर होती है। इसी क्रम में जी.टी. देशपाण्डे ने मूल मराठी में संस्कृत काव्यशास्त्र पर लिखी पुस्तक में जिसका नागपुर विश्वविद्यालय के अंग्रेज़ी विभाग के पूर्व अध्यक्ष जयन्त परांजये ने अंग्रेज़ी में अनुवाद किया है, इस प्रकार के व्यवहार और समझ पर सवाल लगाये। उनका तर्क है कि सम्प्रदाय कल्पना में हम जिस बात का पुरस्कार करते हैं उसका प्रतिपादन करने के लिए अन्य सारी बातों का अभाव सिद्ध करना पड़ता है। पर संस्कृत के आचार्यों ने ऐसा नहीं किया है। भरत रस को केन्द्रीय मानते हैं पर गुण या अलंकार या वृत्ति (वाद की रीति) के विरोधी नहीं हैं। आनन्दवर्द्धन ध्वनि के आचार्य है, पर गुण या अलंकारों के विरोधी नहीं। इस प्रकार संस्कृत के आचार्य अभाववादी नहीं थे। संस्कृत काव्यशास्त्रीय विधा में किसी सम्प्रदाय या अवधारणा का महत्त्व या उसकी केन्द्रीयता घट-बढ़ सकती थी पर अन्य का न तो निषेध था और न ही अन्य के विरोध के लिए विरोध। यह सब काव्यशास्त्र की विकास प्रक्रिया रूप में हुआ जिसे पाँच अवस्थाओं में विभाजित कर देखा जा सकता है :

1. क्रियाकल्प (भरत का 'नाट्यशास्त्र'-नाट्य प्रयोग)
2. काव्य लक्षण (असाधारण या विशेष धर्म का निरूपण—नाट्य के काव्य की स्वतन्त्र-सत्ता स्थापित कर काव्य लक्षण का निरूपण—भामह दंडी तक)
3. काव्यालंकार (अलंकार, गुण तथा रस आदि—काव्यगत सौन्दर्य धर्म के लिए 'अलंकार' की स्थापना—रुद्रट तक)
4. साहित्य (शब्दार्थ का साहित्य क्या है?—काव्यशास्त्र का साहित्यशास्त्र में रूपान्तरण—आनन्दवर्द्धन से मम्मट तक)
5. साहित्य पद्धति (मम्मट के बाद का समय—आचार्य जगन्नाथ)

इस प्रक्रिया में अवस्था में परिवर्तन तो हुआ ही पर कक्षा में जो परिवर्तन आया उसे (1) धर्ममुख (रुद्रट तक), (2) फलमुख (आनन्दवर्द्धन), (3) रसिक व्यापार-मुख (भट्टनायक), तथा (4) कवि व्यापार-मुख (कुन्तक) के रूप में देखा जा सकता है। कुप्पुस्वामी तथा देशपाण्डे की परम्परा को आगे बढ़ाते

हुए आचार्य रेवाप्रसाद द्विवेदी ने 'संस्कृत काव्यशास्त्र का आलोचनात्मक इतिहास' (2007) में संस्कृत काव्यशास्त्र को ऐतिहासिक क्रमिक तथा चक्रीय दोनों ढंगों से देखने का प्रयास किया है। यह प्रयास कितने सजग ढंग से किया गया है कहना मुश्किल है पर उन्होंने काव्यशास्त्र को (1) सिद्धान्त/कल्प/सम्प्रदाय, (2) धाम, (3) सहस्राब्दियों तथा (4) आचार्यों की परम्परा तथा काल के अनुसार देखा। प्रथम प्रकार में 1. पूर्णताकल्पः दोषाभाव, 2. गुणकल्पः काव्यतत्वोन्मेष रीति सम्प्रदायः गुणतत्व, 3. अलंत्वकल्प : काव्यधर्म सामान्य : काव्यत्व का विकास जिसने अस्फुट अलंत्वः लक्षण तत्त्व तथा स्फुट अलंत्व वक्रोक्ति/उपमादिविच्छत्ति अर्थात् ध्वनि, वक्रोक्ति, औचित्य, रसध्वनि, अलंब्रहं तथा साहित्य शामिल हैं। 'काव्य में ये सभी तत्त्व एक साथ उदित मिलते हैं। क्रम केवल नामकरण में है। रस>सौन्दर्य>चमत्कार> आनन्द ही है काव्य, नाट्य और कलामात्र का उपेय।' (द्विवेदी : 2007) इसके साथ 4. साहित्यकल्प का भी इसमें समावेश होता है।

धर्मों में कांचीधाम (कांची), शारदाधाम (कश्मीर), महाकालेश्वर धाम (धार) तथा विश्वेश्वर धाम (काशी) आते हैं तथा सहस्राब्दी में प्रथम (भरतमुनि, भामह), द्वितीय सहस्राब्दी (वामन, अच्युतराय) तथा तृतीय सहस्राब्दी विश्वेश्वर पंडित से आरम्भ तथा चौथी शताब्दी तक शामिल है। आचार्यों में द्विवेदी ने आगम तथा भरतमुनि से लेकर आज 2005 तक के लगभग 67 आचार्यों को शामिल किया है। विडम्बना यह है कि अधुनातन साहित्यशास्त्र के इतिहास की सूची में अंग्रेज़ी तथा अन्य भारतीय भाषाओं में संस्कृत काव्यशास्त्र के आचार्यों जैसे कुप्पुस्वामी शास्त्री, टी. कन्टैया या जी.टी. देशपाण्डे को शामिल नहीं किया जाता है। जबकि संस्कृत काव्यशास्त्रीय परम्परा के इतिहास में अंग्रेज़ी में लेखन उतना ही महत्त्वपूर्ण है जितना संस्कृत या हिन्दी का। इस अर्थ में रेवाप्रसाद द्विवेदी का इतिहास आधा-अधूरा रह जाता है।

हिन्दी आलोचना की संस्कृत आलोचना के सन्दर्भ में इस संक्षिप्त चर्चा का सार यह है कि संस्कृत आलोचना में उतार-चढ़ाव होने के बावजूद हिन्दी आलोचना में इस परम्परा का विचार, पद्धति, प्रतिमान तथा प्रभाव के स्तर पर मौजूद है। आलोचना की भाषा बदलती है पर विचार नयी भाषा के नये कपड़ों में सजकर बार-बार उतरते हैं। संस्कृत आलोचना का यह प्रभाव अन्य आधुनिक भारतीय आलोचना परम्पराओं पर कमोवेश देखा जा सकता है। भारतीय आलोचना का इतिहास सभी भारतीय भाषाओं की आलोचना क्रमिक या चक्रीय या मिश्रित है, पर किसी भी आलोचना परम्परा पर अन्य भाषाओं में लिखे विमर्श को व्यवस्थित ढंग से ध्यान में लिए बगैर उसकी सही छवि या समझ नहीं उभरेगी। भारतीय आलोचना परम्परा के इतिहास को नदी या मार्ग के रूपक से समझने के साथ विक्षेपण (डिलेक्शन) या मोडो (डेविएशन) के रूप में भी समझा जा सकता है जिसमें संस्कृत के साथ तेलुगू तथा आधुनिक भाषाओं में

संस्कृत आलोचना तथा परम्परा में अरबी, फ़ारसी, उर्दू तथा अंग्रेज़ी आदि जुड़े और इसमें नयी दिशा आगमन के साथ नये मोड़ आये अतः यह विक्षेपण या नये मोड़ों का इतिहास है जिसमें परिवर्तन ज्यादा है भटकाव कम। अतः रूप तथा आकार में बदलाव आया पर मूल चरित्र में नहीं।

## टिप्पणियाँ :

1. तुलनात्मक काव्यशास्त्रीय अध्ययन के प्रारूपों के लिए कृपया देखें, अवधेश कुमार सिंह 'भारत में तुलनात्मककाव्यशास्त्रीय अध्ययन के प्रारूप', *आलोचना*।
2. यहाँ यह मानना पड़ेगा कि संस्कृत आलोचना परम्परा में भी सब कुछ सुरक्षित न रहा। मौखिक परम्परा में सम्भव भी नहीं होता। भरतमुनि के 'नाट्यशास्त्र' के नौ भाष्यकारों उद्‌भट, लोल्लट, शंकुक, भट्टनायक राहुल, भट्टयन्त्र, अभिनवगुप्त, कीर्तिधर तथा मातृगुप्त के सन्दर्भ तथा विचारों की टीका मिलती है पर केवल अभिनवगुप्त की व्याख्या ही ग्रन्थ रूप में मिलती है। पर मूल तत्त्व किसी-न-किसी रूप में उपलब्ध हैं।
3. सही बात यह है कि नायिका भेद काव्यशास्त्र के बजाय नाट्यशास्त्र से सम्बन्धित विषय है अतः उसे काव्यशास्त्रीय मानदंड मानना औचित्यपूर्ण नहीं है।
4. संस्कृत काव्यशास्त्र की उनकी समझ तथा उसका अधुनातन अध्ययन उनके 'नोट्स' में साफ़ दिखाई देती है। देखें शैलेष कुमार, मधुप कुमार, नीलम सिंह, 'नामवर के नोट्स : संस्कृत काव्यशास्त्र', *आलोचना,* जनवरी-मार्च 2014, 139-146।
5. इसकी विशद चर्चा के लिए देखें, 'भारत में आलोचना सिद्धान्त और व्यवहार', *आलोचना,* जनवरी-मार्च, 2014, 19-35।
6. संस्कृत आलोचना परम्परा के बारे में कुछ और तथ्य उल्लेखनीय हैं। इस परम्परा का प्रभाव क्षेत्र संस्कृत के प्रभाव क्षेत्र की भाँति मध्य एशिया से दक्षिण एशिया तक फैला था और इसके निर्माण में लगभग पूरे भारत उपमहाद्वीप के आचार्यों ने भाग लिया। मानना पड़ेगा कि इसमें उत्तर भारतीय क्षेत्र विशेषकर कश्मीर के आचार्यों की भूमिका अधिक प्रमुख रही। यह नीचे की तालिका से संस्कृत आलोचना के भारतीय उपमहाद्वीपीय चरित्र का पता चलता है :

| क्र. सं. | काव्यशास्त्रज्ञ आचार्य | क्षेत्र | प्रदेश |
|---|---|---|---|
| 1. | भामह | उत्तर | कश्मीर |
| 2. | उद्‌भट | उत्तर | कश्मीर |
| 3. | वामन | उत्तर | कश्मीर |
| 4. | रुद्रट | उत्तर | कश्मीर |
| 5. | आनन्दवर्द्धन | उत्तर | कश्मीर |

| | | | |
|---|---|---|---|
| 6. | अभिनवगुप्त | उत्तर | कश्मीर |
| 7. | कुन्तक | उत्तर | कश्मीर |
| 8. | क्षेमेन्द्र | उत्तर | कश्मीर |
| 9. | महिमभट्ट | उत्तर | कश्मीर |
| 10. | भट्टनायक | उत्तर | कश्मीर |
| 11. | मम्मट | उत्तर | कश्मीर |
| 12. | रूय्यक | उत्तर | कश्मीर |
| 13. | भोजराज | मध्य | अवन्ति प्रदेश/मालवा (धार) |
| 14. | धनंजय | मध्य | अवन्ति प्रदेश/मालवा (धार) |
| 15. | धनिक | मध्य | अवन्ति प्रदेश/मालवा (धार) |
| 16. | बागभट्ट | पश्चिम | गुजरात |
| 17. | हेमचन्द्र | पश्चिम | गुजरात |
| 18. | रामचन्द्र | पश्चिम | गुजरात |
| 19. | गुणचन्द्र | पश्चिम | गुजरात |
| 20. | राजशेखर | पश्चिम/उत्तर | महाराष्ट्र में जन्म/कर्मक्षेत्र कान्यकुब्ज या कन्नौज |
| 21. | विश्वनाथ | पूर्व | उड़ीसा |
| 22. | भरत | दक्षिण | तमिलनाडु (कांचीपुरम्) |
| 23. | दंडी | दक्षिण | तमिलनाडु (कांचीपुरम्) |
| 24. | अप्पयदीक्षित | उत्तर | उत्तर प्रदेश (काशी) |
| 25. | जगन्नाथ | उत्तर/दक्षिण | उत्तर प्रदेश (काशी)/जन्म आन्ध्रप्रदेश |
| 26. | मधुसूदन | उत्तर | उत्तर प्रदेश (काशी) |

तुलनात्मक रूप से कश्मीर के सबसे अधिक योगदान के पीछे शायद उस समय के कश्मीरियों की दर्शन (बौद्ध तथा शैव) में रुचि व सूक्ष्म दृष्टि से विचार करने की क्षमता की भूमिका रही होगी जिसने सैद्धान्तिकरण में मदद की। अशोक केलकर ने 'प्राचीन भारतीय साहित्य मीमांसा : एक आकलन' में संस्कृत आलोचना सिद्धान्त के विकासक्रम और मतभिन्नता को (84) निम्नलिखित तालिका से बताया है। भरत, भामह तथा दंडी के समय के बारे में अनिश्चितता होने के कारण अशोक केलकर के दिये समय का ही उल्लेख किया गया है।

## विकासक्रम और मतभिन्नता

| फल | सूक्ष्म | (नव्य), अधिक सूक्ष्म |
|---|---|---|
| क्रिया | गुण/धर्म | व्यापार दशा |
| नटकर्म/कविकर्म | नाट्यवस्तु/'काव्यवस्तु' | रसिकगत व्यापार काव्यालंकार, आस्वादन |
| कल्प या विधि को अपोद्धार/समन्वय द्वारा समझा देना | अपोद्धार/समन्वय की सहायता से उपपत्ति की खोज | अन्वय/व्यतिरेक की सहायता से उपपत्ति खोजना और पक्ष-विपक्ष में प्रमाण खोजना |

| भेद रहित विचार कोश | द्वन्द्वात्मकता की ओर | लौकिकतावादी मध्यममार्गी | अलौकिकतावादी |
|---|---|---|---|

| | | | | | |
|---|---|---|---|---|---|
| भरत (2 तक के) | भामह (8) | कुन्तक (10-11) | भट्टलोल्लट (9) | भट्टनायक (10) | 'ध्वनिकाएँ' (8) |
| | उद्भट (8-9) | भोज (11) | श्रीशंकुक (9) | धनंजय और | आनन्दवर्द्धन (9) |
| | वामन (8-9) | क्षेमेन्द्र (11) | महिमभट्ट (11) | धनिक (10) | भट्टतौत (10) |
| दंडी (8) | रुद्रट (9) | | रामचन्द्र और | राजशेखर?(10) | अभिनवगुप्त(10-10) |
| | | | गुणचन्द्र (12) | | मम्मट (11-12) |
| | | | रूय्यक (12) | वाग्भट (11-12) | हेमचन्द्र (12) |
| | | | | | विश्वनाथ (14) |
| | | | | | जगन्नाथ (17) |

कोष्ठक में लिखी संख्याएँ ई.सं. की शती की हैं। 'अग्निपुराण' (अध्याय 336-46) (11-12) का इस तालिका में स्थान निश्चित नहीं कर पाये हैं। तालिका में कालक्रम मोटेतौर पर बायें से दाहिनी तरफ अंकित किया है।

विशेषकर अंग्रेज़ी विद्वानों में एक यह धारणा मौजूद रही है जिसका असर हिन्दी तथा अन्य भारतीय भाषा के अधिकतर विद्वानों पर रहा कि पंडित जगन्नाथ के साथ संस्कृत आलोचना का अन्त होगा या उसमें बिखराव या टूटन आयी। पर ऐसा है नहीं। हाँ, संस्कृत आलोचना की मौलिकता का शीर्षबिन्दु ग्यारहवीं सदी थी क्योंकि तब तक इस परम्परा के सभी प्रमुख सिद्धान्त रस, अलंकार, रीति, ध्वनि, वक्रोक्ति तथा औचित्य बन चुके थे। संग्रह टीका ग्रन्थों की परम्परा में विश्वनाथ तथा जगन्नाथ ने योगदान किया जो अभी भी चल रहा है। नीचे दी गयी तालिका से इसका पता चलता है :

## उत्तर-पंडितराज जगन्नाथ काल के मुख्य संस्कृत आलोचक

| क्र. सं. | आलोचक | मुख्य ग्रन्थ | काल |
|---|---|---|---|
| 1. | रूपगोस्वामी | हरिभक्तिरसामृतसिन्धु | 1600 |
| 2. | जीवगोस्वामी | लोचनरोचनी टीका | 1600 |
| 3. | मधुसूदन सरस्वती | श्रीमद्भक्तिरसायन | 1600 |

| 4. | पंडितराज जगन्नाथ | रसगंगाधर | 1620-1660 |
|---|---|---|---|
| 5. | अच्युत राय | साहित्य सार | 1696 |
| 6. | विश्वेश्वर पंडित | अलंकार कौस्तुभ | 1800 |
| 7. | करपात्री | भक्तिरसार्णव | 1950 |
| 8. | देवीप्रसाद द्विवेदी | काव्यालंकारकारिका | |
| 9. | ब्रह्मानन्द शर्मा | वस्त्वलंकार दर्शन | 1969 |
| 10. | कपिलदेव ब्रह्मचारी | भक्तिरस विमर्श | 1980 |
| 11. | गोविन्द्रचन्द्र पाण्डेय | सौन्दर्य-दर्शन विमर्श | |
| 12. | हरिश्चन्द्र दीक्षित | काव्यात्मनिर्णय | |
| 13. | रमाशंकर तिवारी | काव्यतत्त्व विवेक | 1997 |
| 14. | राजेन्द्र मिश्र | अभिराजयशोभूषण | 2002 |
| 15. | रामप्रताप वेदालंकार | चमत्कार विचारचर्चा | 2004 |
| 16. | शोभा मिश्र | तृतीय शब्दशक्ति विमर्श | 2003 |
| 17. | राधावल्लभ त्रिपाठी | अभिनव काव्यालंकार सूत्र | 2005 |

उपर्युक्त तालिका से उपनिवेशकाल में संस्कृत आलोचना में अन्तराल लगता है पर उस समय में संस्कृत आलोचना ग्रन्थों के अनुवाद तथा इतिहास और परिचय ग्रन्थ अंग्रेज़ी में लिखे गये। पी.वी. काणे, गंगानाथ झा, मनमोहन घोष जैसे विद्वानों ने इसमें अपना विशिष्ट योगदान किया।

यहाँ ध्यान रखने की बात यह है कि संस्कृत आलोचना में टीका परम्परा के योगदान को कम नहीं आँका जा सकता है। भरत के टीकाकारों में उद्‌भट, लोल्लट, शंकुक, भट्टतौत, भट्टनायक और अभिनवगुप्त शामिल हैं। दुर्भाग्यवश केवल अभिनवगुप्त की टीका 'अभिनवगुप्त' ही मिलती है। दंडी पर तरुण वाचस्पति, उद्‌भट पर राजानक तिलक और प्रतिहारेन्दुराज ने टीकाएँ लिखीं। गोपेन्द्रत्रिपुर हरभुपाल ने वामन अभिनवगुप्त ने आनन्दवर्द्धन, धनिक ने धनंजय, रूय्यक ने महिमभट्ट पर टीकाएँ लिखकर आलोचना की समझ बढ़ाने में अपनी भूमिका निभाई। मम्मट के 'काव्यप्रकाश' ने टीकाकारों का खूब ध्यान खींचा जिनमें गोविन्द्र ठक्कुर का नाम उल्लेखनीय है। रामाचरण तर्क वागीश भट्टाचार्य तथा शालग्राम की विश्वनाथ पर लिखी टीकाएँ तथा दर्शनविद् नागेशभट्ट की जगन्नाथ की टीकाओं ने स्रोत ग्रन्थों की तर्कपूर्ण, गम्भीर व्याख्याएँ प्रस्तुत कीं जिनसे उनकी समझ बढ़ी तथा परम्परा को नयी दिशा भी मिली। यह मात्र उपाश्रित परम्परा न थी बल्कि विवेचन तथा व्याख्या में मौलिक थी। कहना न होगा कि संस्कृत आलोचना में काव्य सिद्धान्त, नाट्य-सिद्धान्त एवं कवि शिक्षा जैसे तीनों मुख्य विषयों पर सतत विचार किया गया। राजशेखर, वाग्भट्ट द्वितीय अमरचन्द्र तथा देवेश्वर ने अन्य विषयों तथा उनके विभेदों के साथ कवि शिक्षा की व्याख्या से टीका परम्परा की महत्ता का पता चलता है।

# 2

# भारत में आलोचना-सिद्धान्त और व्यवहार

आलोचना-सिद्धान्त के 'अन्त' या 'मृत्यु' की घोषणा के वर्षों बाद आलोचना-सिद्धान्त पर विचार या पुनर्विचार विडम्बनापूर्ण लग सकता है। पर साहित्य-आलोचना के क्षेत्र में नया या पुराना 'विज्ञान' के विमर्श से भिन्न होता है। साहित्य-आलोचना के क्षेत्र में पुराने सवाल भिन्न ढंग से पूछे जाने पर नये हो जाते हैं। कभी-कभी पुराने उत्तरों की नये ढंग से पड़ताल की जाती है तो नये उत्तर सामने आते हैं। चूँकि वर्तमान में आलोचना-सिद्धान्त के पश्चिमी सम्बन्ध को नकारना दूभर है, इसलिए उसके पश्चिमी परिप्रेक्ष्य को समझना अनुचित न होगा।

सामान्यीकरण खतरनाक पर रोचक खेल होता है। रोचक इसलिए क्योंकि यह आलोचक को मनचाहा मूल्य निर्णय देकर अपना अहम् सन्तोष करने का अवकाश प्रदान करता है। खतरनाक इसलिए क्योंकि यह 'टोटलाइजेशन' या एकत्रीकरण पर आधारित होता है जो कि लगभग असम्भव है। पर जब इसका प्रयोग सजग ढंग से किया जाता है तो इससे किसी 'फिनोमिनन' या तत्त्व को समझने में मदद मिलती है क्योंकि समझ के लिए कोणीयता (एंग्युलेरिटी) का सहारा लेना पड़ता है। इसे आलोचकीय सहूलियत भी कहा जा सकता है क्योंकि आलोचक के पास कोई लाइसेंस नहीं होता। समाज ने केवल कवि को 'पोइटिक लाइसेंस' दिया है। यह और बात है कि कवि या लेखक उसका प्रयोग ही न करे अथवा उसे गिरवी रख दे या बेच दे।

20वीं सदी में आलोचना-सिद्धान्त के 'अन्त' के पीछे सिद्धान्त की 'केन्द्रीयहीनता', 'विमुखीकरण', और उसके प्रति 'ऊब' की भूमिका रही। यह भी लगता है कि सिद्धान्त से सम्बन्धित सवालों की टोकरी ही खाली हो गयी थी।[1] जीवनीपरक एवं सन्दर्भमूलक आलोचना के फूहड़पन के विरुद्ध प्रतिक्रियास्वरूप 1920 के दशक के बीच नयी आलोचना केन्द्र में आयी और उसने युगसन्दर्भपरक एवं लेखकीय जीवन केन्द्रित आलोचना पद्धति को परिधि पर धकिया दिया। नयी आलोचना का मूल प्रश्न था : कविता का कवित्व या काव्यत्व क्या है? नये आलोचकों ने जवाब

पाया कि कविता का काव्यत्व किसी सहृदय को अपनी तरफ खींचने की क्षमता में निहित होता है। यह शब्द या भाषा की शक्ति, व्यापार या प्रयोग से सम्भव होता है। भाषा व्यापार के ये विशिष्ट प्रयोग ही काव्ययुक्तियों जैसे बिम्ब, प्रतीक, मिथक और अलंकार आदि नाम पाते हैं। सवाल यह भी खड़ा होता है कि नयी आलोचना में 'नया' क्या था? नयी आलोचना में नया और कुछ नहीं उसकी पाठ-केन्द्रीयता थी। पाठ की केन्द्रीयता का अर्थ था कि पाठ या रचना का स्वतन्त्र अस्तित्त्व होता है और वह आत्मनियन्त्रित होता है। उसका परिवेश, परम्परा, लेखक के जीवन, उसकी रचनाओं या पाठों से कोई सम्बन्ध नहीं होता है। पाठ स्वतन्त्र तथा स्वशासित है। अब सवाल यह खड़ा हुआ कि अगर पाठ का किसी से सम्बन्ध नहीं है तो फिर उसका अध्ययन कैसे किया जाये? जवाब मिला कि पाठ का अध्ययन उन्हीं सिद्धान्तों के आधार पर किया जाये जिनसे उनकी रचना हुई है। पाठ की रचना भाषा द्वारा और उसके नियमों से होती है। पाठ का पाठत्व भाषात्मकता में है और कविता अपना काव्यत्व भाषा के विशिष्ट प्रयोग द्वारा प्राप्त करती है। अतः नयी आलोचना की पाठ-केन्द्रीयता व्यावहारिक आलोचना, रूपवादी आलोचना, पाठ आलोचना या सघन पाठ (क्लोज रीडिंग) के नामों में प्रकट हुई।

नयी आलोचना की समस्या उसकी एकांगीयता अर्थात् अतिपाठकेन्द्रीयता थी। इस एकांगीयता के विरुद्ध नयी आलोचना के प्रवर्तकों में एक टी. एस. इलियट ने अपने लेख 'ट्रेडिशन एण्ड इंडिविज्युअल टैलेंट' में परम्परा की बात की थी। चूँकि कविता के अलावा वह कथा साहित्य व अन्य साहित्य रूपों के अध्ययन के लिए अधिक उपयोगी सिद्ध नहीं हुई, प्रतिक्रियास्वरूप आर.एस. क्रेन के नेतृत्व में शिकागो स्कूल ने नयी आलोचना को चुनौती दी जिसने 1940 के दशक में नये आलोचकों की पाठ-केन्द्रीयता की पद्धति के वर्चस्व पर सवाल खड़े किये थे। उन्होंने माना कि पाठ-केन्द्रीयता तो ठीक है, पर पाठ की भी मंशा ली जाये कि कहीं उसे समझने या उसकी तहें खोलने के लिए अन्य अभिगमों या पद्धतियों की आवश्यकता तो नहीं है। इस व्यावहारिकता और लचीलेपन के साथ 'शिकागो स्कूल के आलोचकों' ने अरस्तू की पद्धति के आधार पर पाठ, कृति या साहित्यविधा के सत्ता-मीमांसात्मक (आंटोलोजीकल) अध्ययन पर भार दिया अतः वे नव अरस्तूवादी भी कहे गये। चूँकि प्रतिक्रिया की नियति पेड़ पर फैली बेल की तरह होती है, शिकागो आलोचना सम्प्रदाय रूपी बेल भी नयी आलोचना नामक पेड़ के प्रभुत्व के 1940 के दशक के मध्य तक, ह्रास के साथ गिरकर सूख गयी।

पचास के दशक में, फर्डिनन्ड द सस्युर के भाषावैज्ञानिक मॉडल के आधार पर समाजविज्ञान में संरचनावाद अस्तित्व में आया। उससे पहले चालीस के दशक के उत्तरार्द्ध में नोथ्रोप फ्राई ने आलोचना का केन्द्र कृति से हटाकर प्रकृति, जीवन, कला तथा साहित्य के विविध रूपों, तथा उनके सम्बन्ध को ध्यान में रखते हुए

एक ऐसे सिद्धान्त की खोज करने की कोशिश की जो सभी कलाओं या साहित्यों का आधारभूत सिद्धान्त उसी प्रकार बनी जैसे विज्ञान के क्षेत्र में चार्ल्स डार्विन का उत्क्रांति सिद्धान्त। उनकी यह खोज उन्हें पुनरावर्तन या खोज के मिथक तक ले गयी है। ठीक भी है क्योंकि संगीत, नृत्य, और कविता, स्वर, शारीरिक/आंगिक मुद्रा या शब्द के लयात्मक पुनरावर्तन के अलावा क्या है? साहित्य नायक की खोज के मिथक का पुनरावर्तन है। समयान्तर में नायक और उसकी खोज की स्थिति और प्रकृति में बदलाव आया पर वह किसी न किसी रूप में उपस्थित ज़रूर रहता है।[2] महाकाव्य या त्रासदी के नायक राजा, राजकुमार या सेनानायक होते थे और उनकी खोज में किसी दैत्य या खलनायक की पराजय या मृत्यु या 'गोल्डन लीस' (सुनहरी ऊन) जैसी दुर्लभ वस्तु शामिल होती थीं।

साथ ही, 'मैं क्या हूँ?' सवाल एक है पर यह अस्तित्ववादी सवाल के जवाब की खोज का पुनरावर्तन अलग समय में विभिन्न साहित्य रूपों में हुआ। असामंजस्यता का सामंजस्यपूर्ण पुनरावर्तन भी कला का स्वरूप ले लेता है।[3] फ्राई ने अपनी पुस्तक 'अनोटमी ऑफ़ क्रिटिसिज्म' (आलोचना का शरीर रचना विज्ञान) में नायक, साहित्य और उसकी विधाओं, दिन-रात तथा ऋतुओं का एक साथ अध्ययन करते हुए उनके अन्तर्सम्बन्ध को स्थापित किया। उनकी मिथक आलोचना ने भारतीय आलोचकों का खासा ध्यान खींचा। इसके सामने सवाल भी उठाये गये। मुख्य सवाल था कि अगर पुनरावर्तन सिद्धान्त साहित्य पर लागू होता है तो उसमें नवीनता के लिए जगह कहाँ है? इसके जवाब में फ्राई ने कहा था कि हर नयी साहित्य-रचना एक बच्चे की तरह नवीन होती है। हर बच्चा होता तो मानव ही है पर वह नया मानव होता है। संरचनावादियों विशेषकर क्लॉड लेवी-स्ट्रास ने फ्राई के साहित्य रूपों की अन्तःसम्बन्धता को आगे बढ़ाया और फर्डिनन्ड द सस्युर के भाषाशास्त्रीय मॉडल का समाज व समुदायों का अध्ययन कर नयी अध्ययन पद्धति विकसित की जिसने परोक्ष रूप से साहित्य तथा पाठ/कृति, वाचक की परिभाषा ही बदल दी। 1950 के दशक के मध्य से संरचनावाद के प्रभाव के तहत संकेतों की किसी भी व्यवस्था को कृति माना जाने लगा जिससे परम्परागत साहित्यिक और गैरसाहित्यिक कोटियाँ बेमानी हो गयीं और लेखक की केन्द्रीयता पर नयी आलोचना ने सवाल खड़े किये थे उसकी 'मृत्यु' की रोलां बार्थ्स द्वारा विधिवत घोषणा कर दी गयी।

## II

पश्चिम में थ्योरी या सिद्धान्त का एक व्यापक 'जेनरिक' शब्द की तरह प्रयोग 20वीं सदी के उत्तरार्द्ध में रोलां बार्थ्स, जॉक देरिदा, डिल्यूज एवं मिशेल फूको के लेखन से प्रयोग में आया। विद्वानों ने दर्शन, समाजशास्त्र, अर्थशास्त्र, इतिहास,

साहित्य एवं आलोचना की सन्धि के लिए इसका प्रयोग किया। उत्तरसंरचनावादी दृष्टिकोणों ने अपनी अन्तरअनुशासनिक उन्मुक्तताओं से कई विषय एवं ज्ञान क्षेत्रों की मूल अवधारणाओं को गहरे रूप में प्रभावित किया। इस कारण कभी-कभी सिद्धान्त और ज्ञान के दूसरे क्षेत्र जैसे दर्शन एवं समाजशास्त्र या तो एक ही जगह खड़े पाये गये या वे एक-दूसरे को अतिच्छादित करते देखे गये। फिर भी सिद्धान्त समाजशास्त्र नहीं था क्योंकि इसने सामान्यीकरणों का विश्वास नहीं किया। ऐसा इसलिए था कि उत्तरसंरचनावादी सामान्यीकरण और एकीकरण को न केवल अविश्वसनीय बल्कि असम्भव मानते थे जबकि समाजशास्त्र की मूल धारणा यह है कि मानवीय व्यवहार को मापा जा सकता है। साथ ही सिद्धान्त दर्शन भी नहीं था क्योंकि सिद्धान्त ने कभी भी इस धारणा को स्वीकार नहीं किया कि दर्शनशास्त्र सभी वस्तुओं (फिनोमिना) की व्याख्या करने में सक्षम है।

साहित्यिक आलोचना अपने नाम के अनुसार साहित्य का रसास्वादन, विश्लेषण तथा मूल्यांकन करती है जबकि साहित्यिक सिद्धान्त साहित्य के बारे में सिद्धान्तों का निर्गमन व निर्माण करते हैं। साहित्यिक सिद्धान्तशास्त्र जिन प्रश्नों को उठाता है उनमें मुख्य हैं : साहित्य में साहित्यिक क्या है? या कला की कलात्मकता क्या है? साहित्यिक सिद्धान्त और आलोचना-सिद्धान्त कुछ सम्बन्ध साम्यताओं के साथ इस अर्थ में भिन्न हैं कि साहित्यिक आलोचना साहित्यिक विमर्श, उसके अध्ययन व मूल्यांकन और आलोचना-सिद्धान्त आलोचनात्मक-विमर्श के सैद्धान्तिक प्रश्नों से और उत्तरों की पड़ताल से विशेष सम्बन्ध रखते हैं। आलोचनात्मक सिद्धान्त की मोटे तौर पर दो परिभाषाएँ दी जाती हैं। एक विश्वविद्यालयों के हिन्दी, अंग्रेज़ी या अन्य साहित्य विभाग इसका प्रयोग साहित्य की आलोचना के लिए करते हैं और इस प्रक्रिया में वे साहित्यिक आलोचना और आलोचनात्मक सिद्धान्त के बीच फ़र्क़ नहीं करते। इसकी दूसरी अवधारणा फ्रेंकफर्ट स्कूल द्वारा दी गयी है जहाँ इन्स्टिट्यूट ऑफ सोशल रिसर्च के मुख्य प्रवर्तक होर्कनहाइमर थे और थियोडोर एडोर्नो इसके मुख्य प्रतिनिधि। बाद में फ्रेंकफर्ट स्कूल की परम्परा ने युर्गेन हेबरमास के नेतृत्व में अपना दृष्टिकोण थोड़ा बदला और मार्क्सवाद को उसमें शामिल कर लिया और इस प्रकार सम्प्रेषण सिद्धान्त और समाजशास्त्र में संरचनात्मक कार्यवाद (स्ट्रक्चरल फंकशनलिज्म) का सुयोग स्थापित किया। 20वीं सदी में इसे पूँजीवादी समाजशास्त्र और लेनिनवादी द्वन्द्वात्मक भौतिकवाद के विकल्प के रूप में देखा गया था। इसने पूँजीवाद की लम्बे समय तक समाज में स्वीकृति को समझने की कोशिश की तथा उसके फलस्वरूप घटित अन्याय, उसके मुद्दों और तरीकों के बारे में भी विचार किया। इस प्रकार उन्होंने समाज में 'विचारधारात्मक' दृष्टिकोण से ग्रस्त मुख्यधारा के समाजविज्ञानों की स्थिति का तो अध्ययन किया ही पर उसकी आलोचना करते हुए विश्व को इतिहास, दर्शन एवं विज्ञान की नज़र से देखने का आग्रह भी बनाये रखा।

उत्तर-संरचनावादी दृष्टिकोण और उत्तर-आधुनिकतावाद तथा उत्तर-उपनिवेशवाद जैसे आलोचनात्मक विमर्श मुख्यतः पश्चिमी थे। उत्तर-आधुनिकतावाद विधेयवाद के विरुद्ध प्रक्रिया थी। एक तरह इसने बौद्धिक तर्क को दर्शन तथा आलोचना विमर्श से बाहर कर दिया था। उत्तर-आधुनिकवाद के इस तर्क में तो दम था कि हर तथाकथित 'महासत्य' भ्रम था और उसके स्थान पर उसने लघु सत्यों या अन्य सत्यों की सत्ता को स्वीकारा और विमर्शों के विवेचन की समान वैधता भी स्थापित करने की कोशिश की। सच यह है कि एक से अधिक विवेचन वैध नहीं हो सकते अन्यथा विवेचनों की अराजकता स्थापित हो जायेगी। दूसरी बात यह है कि यदि एक से अधिक विवेचन वैध हैं तो सभी समान रूप से वैध हों ऐसा न तो सम्भव है और न ही ज़रूरी है। बहरहाल, उन्होंने भारतीय आलोचना-विमर्श पर उत्तर-आधुनिकतावाद तथा उत्तर-उपनिवेशवाद ने कुछ इस तरह प्रभाव डाला कि भारतीय आलोचना-विमर्श को रौंद डाला। इसका सकारात्मक पहलू यह था कि कृति के विसंरचनावादी पाठ ने वर्चस्वी वाचन से संरचित विमर्शों तथा उनके विवेचनों को शंका की दृष्टि से देखते हुए उनका प्रतिरोध किया और नये पुनर्पाठ करते हुए वैकल्पिक विमर्शों की भी रचना की। परिणामस्वरूप भारत में दलित विमर्श एवं नारीवादी विमर्श जैसे सशक्त विमर्श जन्मे और फले-फूले। उन्होंने परम्परागत सौन्दर्यशास्त्र की जगह नये सौन्दर्यशास्त्र को स्थापित किया और आलोचना-विमर्श के जड़ जल में हलचल पैदा की। कभी परम्परावादी, कभी मार्क्सवादी तो कभी उत्तर-आधुनिकतावादी या उत्तर-उपनिवेशवादी विमर्श ने इनका खूब प्रतिरोध किया। और सफल न होने पर इन्हें अपनाने तथा हथियाने की भरसक कोशिश की पर कालान्तर में इन विमर्शों ने अपनी पहचान स्थापित की और शोषण के विरुद्ध राजनैतिक संघर्ष में साहित्य तथा सिद्धान्त द्वारा अपनी भागीदारी करते हुए अपने विमर्श और अपने सौन्दर्यशास्त्र की नयी कसौटी भी तैयार की। कारण तथा परिणाम कुछ भी रहे हों, भारतीय साहित्य, आलोचना-सिद्धान्त तथा व्यवहार के क्षेत्र में यह सकारात्मक घटनाएँ थीं क्योंकि इन्होंने भारतीय विमर्श परम्परा को नयी दिशा ज़रूर दी।

## III

भारत में आलोचना-सिद्धान्त पर पुनर्विचार करने से पहले आलोचना परम्परा के बिखरावों, भटकावों तथा विरूपण से सम्बन्धी कुछ मुद्दों पर बात करना उचित होगा। यह पुनर्विचार भारतीय अकादमिक परम्परा के तथाकथित भ्रंश या वियोजन ('डिस्जंकशन') की चर्चा किये बगैर सम्भव न होगा क्योंकि अनिवार्य सच यह है कि हम विरासत में मिली बौद्धिक परम्पराओं को निभाने या सँभालने में काफ़ी हद तक असफल रहे हैं। भारतीय प्रज्ञा ने लगभग सभी मानवीय व्यवहारों एवं उसके

क्रियाकलापों पर विचार किया और उनके बारे में शास्त्रों की रचना की। काव्य की परख के लिए काव्यशास्त्र या अलंकारशास्त्र ग्रन्थों की रचना हुई। यह इसलिए सम्भव हो सका क्योंकि उनसे पहले काव्य रचनाशीलता का समृद्ध युग रहा था। व्याकरण, दर्शन विशेषकर न्याय एवं वाकोपवाक् (डायलोजिकल) परम्पराओं से उसे ऊर्जा मिली। न्याय की परम्परा ने तर्कशील भारतीय मानस का निर्माण किया जिसने ज्ञान की विभिन्न विधाओं के बीच संवाद की स्थिति बनाये रखी। यह अद्‍भुत संवाद परम्परा थी जिसने जंगल के एकान्त में भी अपना मत या पक्ष रखने या किसी मत या पक्ष के विरुद्ध प्रतिपक्ष खड़ा करने से पूर्व उसके पूर्वपक्ष की स्वयं चर्चा की। संस्कृत काव्यशास्त्र में भामह ने अपने 'काव्यालंकार' में काव्यरचना के लिए न्याय की महत्ता के मद्देनजर उसके ऊपर परिच्छेद लिखा क्योंकि काव्यशास्त्र में भी तर्कबद्ध संरचना के लिए न्याय अपरिहार्य है। तर्क की संगतता तथा विचार संयोजन हेतु कौटिल्य ने 'अर्थशास्त्र' में युक्ति प्रयोग पर एक अध्याय लिखा। साथ ही भर्तृहरि के 'वाक्यपदीय' तथा भामह के 'काव्यालंकार' में कई ऐसे लक्षण दिखाई देते हैं जिससे उनके लेखकों के बौद्ध मतानुयायी होने का संकेत मिलता है। इसी प्रकार अभिनवगुप्त और आनन्दवर्द्धन शैववाद के अग्रणी चिन्तक थे और काव्यशास्त्री बाद में थे। यह काव्यशास्त्र, भाषाशास्त्र, दर्शन और पद्धति का सुयोग था। उपर्युक्त छितरे संकेत साफ़ करते हैं कि भारतीय ज्ञान परम्परा जिसमें काव्यशास्त्र भी शामिल है उसका आधार दर्शन में हुआ करता था जो समय के चलते शिथिल हुआ और उपनिवेशवाद के हस्तक्षेप ने उसकी नींव को जर्जरित कर दिया। जब नींव ही चरमरा गयी हो तो उसके ऊपर बनी इमारत कैसे बची रह सकती थी?

भारतीय आलोचना परम्परा में अन्तरालों, अनुपस्थितियों, भटकावों और तथाकथित भ्रंश या वियोजन को वर्तमान भारतीय दर्शनशास्त्रियों में चल रही बहस के बीच तुलना कर सीखा-समझा जा सकता है। भारतीय दर्शन में आये 'अन्तरालों' और 'अन्त' या 'मृत्यु' के बारे में विद्वानों के एक वर्ग का मानना है कि भारत में मौजूद दर्शन सिद्धान्तों और सम्प्रदायों को उपनिवेशकाल में बड़ा धक्का लगा और वे बर्बाद हो गयीं। सुदीप्त कविराज ने 'संस्कृत की अचानक मृत्यु' की बात कही (सुदीप्त 2005 : 119-182) और माइकेल डयूमेट (13-17) ने इसे भारतीय दर्शन के ऊपर 'पर्दा डालने' के रूप में देखा। दयाकिशन (1996) और कालीदास भट्टाचार्य (1982) ने इसे भारत में 'दर्शन की मृत्यु' के रूप में समझने की कोशिश की। शेल्डन पोलाक इन मुद्दों की 'संस्कृत की मृत्यु' (2001) के रूप में पहले ही चर्चा कर चुके थे। उन्होंने ऑक्सफोर्ड तथा पौर्वात्य विद्वानों की इस बात को नकार दिया कि उपनिवेशवाद के आने से पहले ही भारत में वैचारिक ठहराव या रुद्धता आ चुकी थी। (2001 : 393-398) उन्होंने यह कहा कि 1750 के आसपास तक में भारतीय उपमहाद्वीप में खूब समृद्ध वैविध्यपूर्ण और जीवन्त बौद्धिक गतिविधियाँ

अस्तित्व में थीं। आगे यह भी जोड़ा कि यह काल संस्कृत के न्याय, भाष्यविज्ञान (हर्मेन्यूटिक्स), नैतिक एवं विधि, दर्शन आदि क्षेत्रों में व्यवस्थित अध्ययन के नवाचारों का काल था। इस काल में पुराने मुद्दों के नये सैद्धान्तिकरण (फोर्म्युलेशन्स) को लेकर कई चिन्तक व दार्शनिक सामने आये और यह विमर्श बिल्कुल नयी शब्दावली में सम्पन्न हुआ। उन्होंने अक्सर नवइतिहासवादी फ्रेमवर्क का प्रयोग किया। इन कारणों से उनके प्रतिस्पर्धियों ने भी उन्हें 'नव्य' विद्वान कहा है। (2001 : 393-398) 16वीं एवं 17वीं शताब्दियों के काल के चिन्तक दार्शनिक अप्पय दीक्षित पर लिखे अपने लेख में उन्होंने बताया कि अप्पय दीक्षित ने पूर्व और उत्तर मीमांसा के बीच के फ़र्क़ पर पुनर्विचार किया और नव्य दर्शन ने भूतकाल के साथ भिन्न सम्बन्ध को न केवल उजागर किया बल्कि सोचने का नया तरीका भी बताया। (2008 : 770 एवं 2001-ए : 5)

उपनिवेशवादी हस्तक्षेप के बाद भारतीय दर्शन परम्परा में आये भ्रंश या विखण्डन पर विचार करते हुए ए. रघुराम राजू (2006) ने 'महाभारत' से जरासन्ध की देह के रूपक का प्रयोग किया है। जरासन्ध की देह की कहानी की तरह उपनिवेशी हस्तक्षेप की घटना वैसे तो सबको मालूम है किन्तु रूपक के विश्लेषण के लिए दुबारा कहना अनुचित न होगा। मगध के राजा बृहदरत का विवाह काशी नरेश की जुड़वाँ बेटियों से इस शर्त पर हुआ था कि वह उन दोनों के बीच कोई पक्षपातपूर्ण व्यवहार नहीं करेगा। चूँकि राजा पुत्रहीन थे इसलिए वे गौतम कुल के ऋषि कौशिक के पास गये और उनसे सन्तान प्राप्ति का आशीर्वाद माँगा। ऋषि जब राजा की मदद करने के लिए विचार कर रहे थे तभी वहाँ एक आम का फल आ गिरा जिसे ऋषि ने राजा को इस निर्देश के साथ दे दिया कि वह उसे अपनी रानी को दे दें।

राजा ने अपने ससुर को दिये पक्षपातहीनता के वचन के मुताबिक फल को दो भागों में बाँटकर अपनी पत्नियों को दे दिया। कालान्तर में वे गर्भवती हुईं और दोनों ने आधे-आधे बच्चे को जन्म दिया। हरेक एक आँख, एक पैर वाला आधा भाग एक-दूसरे का पूरक था। उन्हें देखकर राजा दुःखी हुए और अपने सेवकों को उन टुकड़ों को एक कपड़े में रख नगर से बाहर फेंकने का आदेश दिया।

संयोग से एक मानवभक्षी राक्षसी उधर से निकली। मांस के टुकड़ों के देखकर वह खुश हुई पर उन्हें उठाने की प्रक्रिया में दोनों टुकड़े पास आ गये और एक-दूसरे से जुड़ते ही उन्होंने बालक का रूप ले लिया। आश्चर्यचकित राक्षसी के मन में बच्चे को देखकर दया उपजी और उसे खाने के बजाय राजा को भेंट स्वरूप दे दिया। राजा ने खुश होकर उस बालक को रानियों को दे दिया। यही बालक आगे चलकर जरासन्ध बना जिसमें अकूत शक्ति तो थी किन्तु उसका शरीर दो टुकड़ों के जुड़ने से बना होने के कारण उसके शरीर को दो टुकड़ों में चीरा जा सकता था। भारत की आलोचना की वाकोपवाक् परम्परा भी उपनिवेशी हस्तक्षेप से कई हिस्सों में

बँट गयी थी। ये टुकड़े जुड़े पर एक न हो पाये। ज्यादा से ज्यादा वे एक-दूसरे के नज़दीक आ पाये। इस परिप्रेक्ष्य में भारतीय दर्शन विचार परम्परा की तरह भारतीय आलोचना परम्परा को राक्षसी की 'करुणा' की आवश्यकता है जो जरासन्ध की देह की भाँति टुकड़ों में बँटी आलोचना परम्परा के टुकड़ों को एक साथ जोड़ सके। यहाँ देह के मात्र टुकड़ों को मिलाने की शारीरिक या भौतिक समस्या नहीं है बल्कि वास्तविक दूरी का भी मुद्दा है। (78) परम्परा के इन टुकड़ों को जोड़ना स्वरक्षा में सक्षम मातृसर्जनात्मक राक्षसी की शक्ति से ही सम्भव है। लम्बे समय तक इस जोड़ के अभाव में हो सकता है कि दोनों टुकड़े ही सूख जायें।

राजगोपालाचारी ने अपने संक्षिप्त 'महाभारत' में इस वर्णन के अन्त में लिखा, 'यह इस रसप्रद कहानी में एक बड़ा सत्य छिपा है : दो टुकड़ों के भागों के एक साथ जुड़ने के बावजूद भी वे फिर भी कमज़ोर बने रहते हैं जिससे उनमें विभाजित होने की प्रवृत्ति होती है।' (राजगोपालाचारी 878) और यही बात उसकी मृत्यु का कारण भी बनी। भीम के साथ जरासन्ध का तेरह दिन तक मल्ल युद्ध चला चौदहवें दिन जरासन्ध में थकान के चिह्न दिखाई दिये तभी कृष्ण के इशारे पर भीम ने उसे उठाकर ज़मीन पर पटकते हुए उसके शरीर के टुकड़े कर दिये। पर एक साथ फेंके जाने के कारण वे फिर जुड़ गये। तभी कृष्ण ने घास का तिनका उठाकर उसे दो भागों में फाड़ा और उन्हें विपरीत दिशाओं में फेंक दिया। संकेत समझकर भीम ने इस बार जरासन्ध को दो टुकड़ों में चीरकर विपरीत दिशाओं में फेंका और इस बार जरासन्ध का अन्त हुआ। ('महाभारत', 1976 : 24-25) जरासन्ध के शरीर की तरह समकालीन भारतीय आलोचना की देह दो भिन्न परम्पराओं भारतीय और पाश्चात्य के जुड़ाव से बनी है। पर यह जोड़ कमज़ोर है। ये दोनों एक साथ तो है पर एक नहीं। भारतीय आलोचना परम्परा के बारे में भी यह सच है। उपनिवेशी प्रभाव में वह अपने मुख्य स्रोत दर्शन, भाषा व चिन्तन से कट गयी। उसके लिए नयी शिक्षा व्यवस्था में केन्द्रीयता व सम्मान की जगह न रही। दर्शन, व्याकरण तथा न्याय जो इसकी नींव के पत्थर थे उनसे भी आलोचक विमुख हो गये और उन्हें समझने की क्षमता कम होती चली गयी। भारत की आलोचना परम्परा शिथिल हुई और आलोचकीय ऊर्जा देशी, विदेशी, देशज तथा सार्वभौमिक पश्चिमी तथा भारतीय लोक तथा शास्त्र के खानों में सिमट कमज़ोर हो गयी है।

जरासन्ध की उपमा भारतीय आलोचना परम्परा की सन्धि भ्रंश या वियोजन को समझने के लिए अप्रासंगिक नहीं है। उसे समझने में भी मदद कर सकती है। ध्यातव्य है कि भारतीय परम्परा की सभी ज्ञान विधाओं में वैसा भ्रंश या बिखराव नहीं आया जैसा कि आलोचना-सिद्धान्त के व्यवहार में। उदाहरण के लिए संगीत या नृत्य के क्षेत्र में यूरोपीय परम्पराओं से उनका संवाद तो हुआ पर वे न तो बिखरीं या टूटीं और न ही नकारात्मक रूप से प्रभावित हुईं।

भारतीय शिक्षा व्यवस्था में उपनिवेशी हस्तक्षेप भारतीय आलोचना परम्परा की सन्धि विरूपण तथा विकेन्द्रीयता का बड़ा कारण रहा। गाँधीजी के शब्दों में कहें तो अंग्रेज़ी उपनिवेशवाद ने भारतीय शिक्षा रूपी खूबसूरत पेड़ को काटकर सबसे बड़ा अपराध किया। दयालु राक्षसी की उपमा की भारतीय आलोचना परम्परा को ज़रूरत तो है किन्तु किसी अन्य की करुणा के स्थान पर संश्लेषण शक्ति की अधिक ज़रूरत है जिससे दोनों एक-दूसरे से श्रेष्ठ तत्त्व लेकर पुष्ट हो सके और परस्पर प्रकाशवान हो अपनी अस्मिता खोए बगैर संवाद की स्थिति में रहें। पर संश्लेषण शक्ति आये कहाँ से? संश्लेषण शक्ति की नींव दर्शन, भाषा चिन्तन तथा कल्पनाशीलता के योग तथा मनन पर रखी होती है। भारतीय आलोचना परम्परा और ग्रीक आलोचना परम्परा अपने शीर्ष पर तब थी जब उनकी नींव दर्शन और पराभौतिक ज्ञान विधाओं की मज़बूत नींव पर खड़ी थी। उनके श्रेष्ठ आलोचक या तो स्वयं दार्शनिक थे या दर्शन तथा व्याकरण परम्पराओं के ज्ञाता। उपनिवेशकाल में इनकी केन्द्रीयता का ह्रास हुआ और भारतीय दर्शन परम्परा भी 19वीं शताब्दी में कमज़ोर पड़ गयी। चूँकि भारतीय बौद्धिक मानस लघुताग्रन्थि से ग्रस्त था इस वजह से वह पश्चिमी आलोचना परम्परा के साथ अन्योन्य संवाद का सकारात्मक प्रेरक के रूप में उपयोग न कर सका। दरअसल यह संवाद भी न था क्योंकि संवाद की पूर्व शर्त समधरातलता होती है। समधरातलता का अभाव गिरजाघर, मन्दिर और बाज़ार में भी मिलता है जहाँ पुजारी या राजनेता या तो उपदेश या भाषण देते हैं, दुकानदार अपना भाव थोपता है पर संवाद नहीं होता। आलोचना की अपनी राजनीति तथा अर्थशास्त्र तो होता है पर धर्म या राजनीति के आदर्श आलोचना के आदर्श नहीं माने जा सकते। आलोचना-कर्म का मुख्य उद्देश्य ही व्यावसायिक संस्थानों की वर्चस्ववादी प्रवृत्तियों पर सवाल लगाना होता है।

पश्चिम ने भारतीय बौद्धिक परम्परा से विशेषकर दर्शन तथा व्याकरण से साक्षात्कार कर उसका अपने हित में लाभ उठाया। उदाहरण के लिए 1880 के दशक में फ्रेडरिक मेक्समूलर जैसे विद्वान इंडियन सिविल सर्विस के युवा अधिकारियों को भाषण देते हुए अस्मिभूत संस्कृत साहित्यकाल के वेदों और उपनिषदों और महाकाव्यों के अनुवादों द्वारा उनके ज्ञान के बारे में गुणगान कर रहे थे तब वे वास्तव में विलियम जोन्स जैसे भारत प्राच्य विद्या के पश्चिमी विद्वानों की घटती नस्ल पर मर्सिया पढ़ रहे थे जिसे इन व्याख्यानों के लिखित रूप 'इण्डिया : व्हाट कैन इट टीच अस?' नामक पुस्तक के उपपाठों में देखा जा सकता है। दूसरी ओर फर्दिनांद द सस्युर 20वीं सदी के पहले दशक में संस्कृत के भाषा सम्बन्धी विचार से प्रेरणा ले पश्चिमी भाषाशास्त्रीय चिन्तन को 'डाइक्रोनिक' (ऐतिहासिक) से 'सिन्क्रोनिक' (समकालिकता) की ओर मोड़ देकर नयी दिशा दे रहे थे।

वैसे तो अठारहवीं सदी में भारत में राजनीतिक ह्रास शुरू हो गया था पर 19वीं

शताब्दी में भारत का राजनीतिक, सांस्कृतिक और बौद्धिक पतन चरमोत्कर्ष पर था। कहना पड़ेगा कि इसी सदी में एक ओर तो मुग़ल सत्ता अपनी आखिरी साँसें ले रही थी तो उर्दू के दो महानतम कवियों मीर और ग़ालिब कविता को अप्रतिम ऊँचाइयों तक ले जा रहे थे। भारतीय भाषाओं जैसे हिन्दी, गुजराती, मराठी, मलयालम, उर्दू, तथा बंगाली, कन्नड़ आदि का आधुनिक काल इसी सदी में शुरू हुआ। इसका कारण यह है कि साहित्य तथा रचनाशीलता संकट और संक्रान्तिकाल में अधःपतन का प्रतिरोध करती हुई अधिक ऊर्जा से आगे बढ़ती है और नवीन रूपों में प्रकट होती है। आलोचना-सिद्धान्त के क्षेत्र में ऐसा नहीं होता क्योंकि उसकी मूल प्रवृत्ति अनुगामी होती है इस कारण उसका इन्तज़ार करना पड़ता है। एक ही स्थिति में रचना और सिद्धान्त के बीच अन्तराल कम होता है और वह है जब रचनाकार स्वयं आलोचक हो या फिर आलोचक चिन्तक और विवेकी हो और अपने समकालीन समाज और साहित्य के पतन का प्रतिरोध करते हुए यदि एक क़दम आगे न चले तो साथ या एक-दो क़दम से ज्यादा पीछे भी न चले। दुर्भाग्यवश 19वीं सदी में सिद्धान्त निर्माण में यह सम्भव न हो सका क्योंकि समाज के सांस्कृतिक-राजनीतिक पतन व आर्थिक शोषण के लिए उत्तरदायी कुरीतियों को दूर करने के लिए आगे आये लेखक, कई भूमिकाएँ समाजसुधारक, पत्रकार, राजनीतिक व सांस्कृतिक कार्यकर्ता आदि एक साथ निभा रहे थे। उनके पास न तो सिद्धान्तीकरण के लिए समय था और न ही उसके लिए आवश्यक सतत चिन्तन की ऊर्जा।

इसी काल में अंग्रेज़ी के माध्यम से पश्चिमी आलोचना भारतीय आलोचना परम्परा में आकर मिली पर यह परिचय, पद्धतिहीन तुलना और कुछ अनुवादों से आगे न बढ़ सकी। इसके लिए 20वीं सदी में हिन्दी में रामचन्द्र शुक्ल का इन्तज़ार करना पड़ा और गुजराती में रामनारायण विश्वनाथ पाठक का। अधिकांश आलोचक उपनिवेशी मानसिकता के प्रभाव से आतंकित और हीन भावना से ग्रस्त थे और प्रभाव का सार्थक उपयोग उस प्रकार न कर सके जैसे कि पश्चिमी मनीषा ने भारतीय विचारों का किया। उदाहरण के लिए भाषाचिन्तन में सस्युर ने संस्कृत परम्परा के प्रभाव का सदुपयोग किया तो कला व साहित्य के क्षेत्र में 19वीं सदी में जर्मन कवि व नाटककार गेटे ने संस्कृत नाट्य परम्परा विशेषकर कालिदास के 'अभिज्ञान शाकुन्तलम्' नाटक के प्रभाव को अपनी नाट्य रचनाओं में उपयोग कर जर्मन रंगमंच तथा नाट्य परम्परा को नयी दिशा दी थी। परिणामस्वरूप भारतीय ज्ञान और विशेषकर आलोचना परम्परा ज़िन्दा तो रही पर वह शिक्षा व्यवस्था की मुख्य धारा के अन्दर कम और उससे बाहर ज्यादा। 20वीं सदी के भारतीय आलोचकों ने इस स्थिति पर सवाल उठाते हुए उसका विश्लेषण किया और साहित्य-इतिहास का आईना तैयार कर विभिन्न युगों में परम्परा के नवीनीकरण और आधुनिकीकरण की प्रक्रियाओं को दिखाया। 20वीं सदी के अन्त तक आलोचना परम्परा का मूल्यांकन

करते हुए कुछ विद्वानों ने इस परम्परा में भ्रंश के पतन की बात को नहीं स्वीकारा, तो कुछ को भारतीय परम्परा में टूटन, वियोजन और पतन के अलावा कुछ नहीं दिखाई दिया।[3] हिन्दी में रामचन्द्र शुक्ल ने एक ओर 'हिन्दी साहित्य का इतिहास' लिख हिन्दी साहित्य की परम्परा और परिवर्तन के तत्त्वों की चर्चा की तो दूसरी ओर रस-मीमांसा में रस की पाश्चात्य मनोविज्ञान के सन्दर्भ में नयी व्याख्या की। पर ऐसी कोशिशें अपवाद ही रहीं। जरासन्ध की देह के टुकड़ों की तरह परम्पराओं का मिलना तो हुआ पर उनकी नियति भी जरासन्ध की तरह ही रही।

भारतीय आलोचना परम्परा में उपनिवेशकाल में आये विरूपण के प्रभाव को क्षेमेन्द्र की रचना 'वेताल पंचबिंशति' की एक कथा से समझा जा सकता है। यह कथा एक लड़की और उसके दो मित्रों की है। लड़की की शादी हो जाती है किन्तु वह सुख से नहीं रहती। विवाह के बाद जोड़ा अपने अविवाहित मित्र के साथ वधू के माँ-बाप से मिलने निकलता है। रास्ते में काली माँ का मन्दिर आता है। पति मन्दिर में दर्शन के लिए जाता है। मन्दिर में भावावेश में आकर वहाँ पड़ी पूजा की तलवार से अपना सिर काटकर देवी को समर्पित कर देता है। अविवाहित मित्र उसे खोजता हुआ मन्दिर पहुँचता है और अपने मित्र को ख़ून से लथपथ पाकर वह भी मन्दिर में आत्म-बलिदान कर देता है। यह सब देखकर वधू पास के पेड़ से लटककर जान देने की तैयारी करती है किन्तु देवी माँ की आवाज़ उसे रोकती है और दोनों मित्रों को फिर जीवित करने का वचन देती है जिसके लिए कटे पड़े सिरों को धड़ों पर रखने के लिए उससे कहती है। आश्चर्य और उत्सुकता के कारण वह भूल कर बैठती है और अपने पति का सिर मित्र के धड़ पर और उसके मित्र का सिर अपने पति के धड़ पर रख देती है। दोनों जीवित हो जाते हैं। इस पर वेताल राजा से सवाल पूछता है कि उस वधू का सही पति किसे माना जाये?

कथा में संकेत किया गया है कि शरीर में सिर की स्थिति सर्वोच्च होती है अतः सही पति वह व्यक्ति होगा जिसके धड़ पर उसके पति का सिर है। स्रोत कथा से हटते हुए जर्मन उपन्यासकार टॉमस मान ने इस कथा को पुनर्व्याख्यायित किया है। मान की कथा में श्रीदमन आत्मा तथा नन्द प्रकृति का प्रतिनिधि है। तीतर जैसी आँखोंवाली सुवर्णा सीता जीवन का सर्जनात्मक सिद्धान्त है। वह साक्षात् माया है जो कि सिरों की अदला-बदली से एक तरह खुश है। इस सीता का विवाह सुन्दर युवक श्रीदमन से हुआ है जो कि बुद्धिशाली ब्राह्मण व्यापारी है किन्तु उसने अपने शरीर को अपने सिर का मात्र परिशिष्ट समझ रखा है। श्रीदमन से विवाह के बावजूद वह अन्तर्मन में ग्वाले नन्द को चाहती है जो श्याम रंगवाले कृष्ण का व्यक्त रूप लगता है। मन्दिर की घटना के कारण उसे अपना इच्छित पति अर्थात् नन्द का शरीर और श्रीदमन का सिर मिल जाता है। टॉमस मान की कथा यहाँ पूरी नहीं होती बल्कि आगे बढ़ती हुई दोनों की अन्धक या समाधि नामक सन्तान की कथा बनती है

जो कि उसके पिता और पिता के मित्र के गुणों का संयुक्त रूप है। अन्धक अपने पिता श्रीदमन की आत्मा, नन्द का शरीर और उसकी माँ सीता के स्त्रीत्व या प्रजनन क्षमता का संश्लेषण नहीं है। अन्धक की दृष्टि कमज़ोर है किन्तु वह बिल्कुल अपंग नहीं है। वह शरीर से बहुत कुछ कर नहीं सकता इसलिए वह मन की चीज़ों के प्रति कलात्मक दृष्टिकोण विकसित कर लेता है। कालान्तर में उसका मूल नाम समाधि भुला दिया जाता है और उसे नये नाम अन्धक से जाना जाता है। चूँकि उसने व्याकरण, नक्षत्र विज्ञान, चिन्तन तथा वाक्कला में महारत हासिल कर ली है अतः बीस बरस की आयु में बनारस के राजा के दरबार में पाठक का दर्ज़ा पाता है। उसे दो-तीन क़दम से आगे नहीं दिखाई देता किन्तु वह कीमती वस्त्रों में भव्य महल की अटारी पर रेशमी छतरी के नीचे बैठ राजकुमार को अपनी मधुर वाणी से पवित्र और वर्जित ग्रन्थों का पाठ सुना व्यवस्था के वैभव की छाँव में जीता है।[4]

कथा-सूत्रों से भारतीय आलोचना परम्परा की विरूपताओं और विडम्बनाओं को कुछ हद तक एक लाक्षणिक रूपक की तरह देखा जा सकता है। भारत के लम्बे इतिहास में उपनिवेशवाद स्वाभाविक था या दुर्घटना, इस पर बहस हो सकती है पर यह एक हक़ीक़त थी जिसका नकारात्मक प्रभाव आलोचना परम्परा पर भी पड़ा। श्रीदमन भारतीय आलोचना परम्परा तथा नन्द पश्चिमी आलोचना परम्परा का रूपक है। श्रीदमन तथा नन्द के तन और मन के मिलन की तरह दोनों परम्पराओं का मिलन एक दुर्घटना का परिणाम है। उपनिवेशित भारतीय मन की तरह सीता आत्मा तथा प्रकृति की दोनों परम्पराओं के प्रति आकर्षित है। काली देवी शक्ति के सिद्धान्त की प्रतिनिधि है जिसमें मरे लोगों की तरह परम्पराओं को पुनर्जीवित करने की क्षमता है बशर्ते मृत परम्पराएँ या समाज और उनके वाहक सामने समर्पण कर दें। पर हुआ ऐसा कि निर्णायक क्षणों में उपनिवेशित भारतीय चित्त भटक गया और दोनों परम्पराओं के कटे सिर और शरीर लगाये तो, पर विपरीत जगह। परिणामस्वरूप उत्तर-उपनिवेशवादी पीढ़ी के आलोचना-कर्म में दोनों परम्पराओं के सर्वश्रेष्ठ तत्त्व न आ सके और व्यवहार में दुचित्तापन या एकतरफापन दिखाई दिया। उपनिवेशित चित्त की तरह उसने अपने उपनिवेशवादी स्वामी का अन्धानुकरण चालू रखा। जैसा कि स्वाभाविक था इस असन्तुलन के परिणामस्वरूप अन्धकों की विचित्र पीढ़ी सामने आयी। यह नयी पीढ़ी अपने निकृष्टतम स्तर में अपनी आलोचकक्षमता में अन्धक नाम के अनुरूप लगभग अन्धी थी और अपने सर्वोत्कृष्ट रूप में वह अन्धक के मूल नाम समाधि के नजदीक थी जिसमें सकारात्मक तत्त्वों के सुयोग से कभी-कभी उच्च चित्तदशा प्राप्त की जाती है। किन्तु यह उच्चचित्त स्थिति उन लोगों को दिखाई नहीं देती जो केवल समाधि के नये नाम अन्धक के बाहरी रूप तक सीमित रह एकपक्षीय निर्णय ले लेते हैं। व्यवहार में अन्धक को उसकी चतुराई विकलांगता के बावजूद राजदरबार में स्थान अर्जित करने में मददगार बनती है। पर आलोचना या

किसी भी ज्ञान परम्परा की योग्यता राजदरबार में पैठ बनाने में नहीं पर चीज़ों के आरपार देखने की क्षमता में होती है। जिसे दो क़दम दूर दिखाई न देता हो वह आरपार क्या देखेगा? अन्धक की तरह भारतीय आलोचना परम्परा ने भी अपनी विवेक दृष्टि और उसके पैनेपन को खो दिया है। वह पूरी तरह दृष्टिहीन नहीं है उसे थोड़ा दिखाई देता है पर नाटक पूरे का पूरे देखने का करता है। वह यूनानी मिथकीय पात्र टायरसियस की तरह पूरा अन्धा भी नहीं है। शारीरिक रूप से अन्धे होने के बावजूद भूत और भविष्य देखने की टायरसियस में विलक्षण क्षमता थी पर भारतीय आलोचना से क्षमता ग़ायब है।

भारतीय आलोचना परम्परा पर उपनिवेशवाद का जो असर पड़ा उससे वह उसके रंगढंग, वाक्पटुता और सब कलाबाजियाँ सीख गयी और सत्ता के केन्द्रों में अपने लिए जगह बनाने में सफल हुई। चूँकि केन्द्र खुद पढ़ नहीं सकता अतः उसे पढ़ने तथा अपने बारे में लिखाने के लिए लेखकों की एक फ़ौज तैयार करनी होती है। परिणामस्वरूप सत्ता अपने संचालन के लिए बौद्धिक परजीवियों की पीढ़ी पर निर्भर करती है और वह ही उसका सुख भोगते हैं। आलोचना की स्थिति भी कमोबेश ऐसी होती है। विडम्बना यह है कि यही अन्धक आलोचक पीढ़ी काशी के राजकुमार की तरह नयी पीढ़ी को तैयार करने की ज़िम्मेदारी उठाने के बहाने अपने सुख भोगने की व्यवस्था बनाने तथा चालू रखने के जतन में लगी रहती हैं। इस प्रक्रिया में बौद्धिक परजीवी गिरोह जन्मते हैं और फलते-फूलते हैं। उत्तर-उपनिवेशकालीन भारतीय आलोचना अन्धकों की आलोचना है जिसमें अन्धकत्व की प्रचुरता है और लोचकत्व की नगण्यता।

## IV

ऐसी स्थिति में 'भारत में आलोचना-सिद्धान्त क्या कर रहा है?' इस सवाल की जगह पूछना चाहिए, 'भारत में आलोचना-सिद्धान्त का उपयोग कैसे करें? या उनका क्या करें?' इसके लिए हमें अपने आलोचना के टूल बॉक्स को खँगाल कर उसे व्यवस्थित करना होगा और अलग-अलग भारतीय भाषाओं में उपलब्ध आलोचना विमर्शों का तुलनात्मक अध्ययन करते हुए फ्रेमवर्क या प्रारूपों की संरचना करनी होगी।

आलोचना के कुछ मुख्य प्रारूपों की चर्चा आगे की गयी है।

### बहस का प्रारूप

सिद्धान्त वस्तुतः तन्त्र निर्माण पर आधारित होता है। इसके लिए तर्क पद्धति तथा उसके प्रारूप (फ्रेमवर्क) की संरचना करनी होती है। इसके लिए पूर्ववर्ती प्रारूप को समझना और उनकी मीमांसा करनी होती है जिसके स्वीकार या अस्वीकार के बाद

नये विवेचन के साथ नये प्रारूप को प्रस्तावित करना होता है। इसमें पूर्ववर्ती प्रारूप को निरस्त करते हुए प्रति-संरचना बनानी होती है जिसमें सिद्धान्तकार को पूर्व सिद्धान्त के प्रति न केवल अपना प्रतिभाव बल्कि अपना उत्तरदायित्व भी निभाना पड़ता है।

आलोचना की विधा में प्रारूप की संरचना के लिए बहस या तर्क की पद्धति ज़रूरी होती है जो व्यक्ति की किसी भी परम्परा की समझ के साथ उसकी दार्शनिक कल्पनाशीलता तथा सैद्धान्तिक सूत्रीकरण की क्षमताओं पर निर्भर करता है। आलोचना का इतिहास बताता है आलोचना-सिद्धान्त, सूत्रीकरण उन्हीं युगों में हुआ जब दर्शन, न्याय तथा आलोचना का सुयोग हुआ। सुयोग के युग में विवेचन के नये धरातल तैयार हुए तथा प्रारूप के विकल्प प्रस्तुत किये गये। आनन्दवर्द्धन तथा अभिनवगुप्त ने ध्वनि-सिद्धान्त की स्थापना की, पर उससे पहले उन्होंने रस और अलंकार सम्प्रदाय के प्रारूप को समझा और उनका विवेचन किया और स्फोट सिद्धान्त के वैकल्पिक प्रारूप का उपयोग किया। उनकी प्रामाणिकता इसमें थी कि अपने वैकल्पिक प्रारूप की स्थापना के बाद उन्हें लगा कि रस और ध्वनि अन्योन्याश्रित है। ध्वनि यदि प्रक्रिया या यात्रा है तो रस अन्तिम प्रभाव या मंज़िल। रसहीन ध्वनि बेमानी है। इसे स्वीकार करते हुए उन्होंने तर्क तथा विवेचन के प्रारूप का संश्लेषण कर रसध्वनि की सत्ता स्वीकार की। इतना ही नहीं रस सम्प्रदाय में भी शान्त रस को जोड़ा और 'महाभारत' के विवेचन की नयी भूमिका तैयार की। भारत और विश्व में जब दो क्षमताएँ विकसित हुईं तो काव्यशास्त्र और आलोचना की नयी शाखाएँ विकसित हुईं। संस्कृत में यह सिलसिला लम्बे समय तक अधिक समृद्ध ढंग से चला। 17वीं शताब्दी में नव्यन्याय के काशी, मिथिला तथा पश्चिम बंगाल के नवदीप (वर्तमान नवादा) में केन्द्र बने। संस्कृतविद् नव्यन्यायशास्त्री कवीन्द्र सरस्वती (जिन्होंने दाराशिकोह के उपनिषदों की फ़ारसी में अनुवाद की योजना में मुख्य भूमिका निभाई थी) के समानान्तर और साथ-साथ ही संस्कृत काव्यशास्त्र फला-फूला। भारतीय ज्ञान व्यवस्था तथा उसके क्रम में व्याकरण को महत्त्वपूर्ण स्थान मिला था क्योंकि एक वैयाकरणी या भाषावैज्ञानिक को ही शब्द की सही प्रकृति, सत्ता और उसके नये अर्थ निर्माण करने की क्षमता की समझ थी। सही भी था क्योंकि शब्द ही जगत को संरचित करने के ईंट और गारे थे। उसी के बाद ही शब्द के माध्यम से बनी इमारत या जगत की मीमांसा हो सकती थी। शब्द के बग़ैर जगत का अस्तित्व या विकल्प संरचना असम्भव थी। इसीलिए वैयाकरणी एवं दार्शनिक भर्तृहरि ने 'वाक्यपदीय' की पहली कारिका को ''अनादिनिधनम् ब्रह्मशब्दतत्त्व यद्क्षरम'' कह अक्षर को ब्रह्म तथा अनादि-अनिधन बताते हुए शब्द ब्रह्म की संज्ञा दी। इस शब्द की चर्चा व्याकरण व दर्शन के सघन अध्ययन से सम्भव थी। विडम्बना यह रही कि इस अध्यवसाय व परम्परा से हम विमुख हो गये। 19वीं सदी के आते-आते भारत

में व्याकरण और दर्शनशास्त्रों के चिन्तन मनन तथा उनकी केन्द्रीयता का ह्रास हुआ। हम उस पश्चिमी भाषाविज्ञान के पिछलग्गू बन गये जिसकी शुरुआत बीसवीं सदी में संस्कृत के अध्यापक और अथर्ववेद में सम्बन्ध कारक पर शोध करने वाले फर्डिनन्ड द सस्युर से हुई थी। उससे पहले भाषा सम्बन्धी सूक्ष्म दृष्टि पर विचार तो मिल जाते हैं पर भाषावैज्ञानिक चिन्तन की पुनर्नवा परम्परा नहीं। कहने का अर्थ यह है कि तर्क पद्धति तथा उनके प्रारूप की सजगता तथा नये प्रारूप रचने की क्षमता के अभाव में भारतीय आलोचना का गुणात्मक विकास सम्भव नहीं है।

## विवेचन का प्रारूप

सिद्धान्त मूर्त से अमूर्त की ओर प्रयाण है। यह अमूर्त सिद्धान्त विविध मूर्त रूपों की रीढ़ की हड्डी की तरह होता है जैसे ठंडा, गर्म, भाप, बर्फ़, रंगीन आदि पानी के अनेक रूप हो सकते है पर रसायन विज्ञान में उन सब रूपों का अन्तर्निष्ठ सिद्धान्त एचटुओ है। आलोचना में सिद्धान्त, वाद और उनके तथाकथित ज्ञान से विवेचन कहीं अधिक ज्यादा महत्त्वपूर्ण होता है जो रचना की तहों, सिलाई तथा बुनावट को परत-दर-परत खोलता है। सिद्धान्त या वाद का थोथा ज्ञान विवेकशील आलोचक नहीं बल्कि तोते पैदा करता है। सिद्धान्त या ज्ञान की सही परीक्षा तब होती है जब उनका ज्ञाता उन्हें समझकर साधन की तरह प्रयोग करते हुए कृति की पर्तें खोलता है और उसे अर्थवती बनाता है। इसके लिए उसे तर्क के विवेचन के प्रारूप या तन्त्र निर्माण की ज़रूरत होती है। प्रारूप की संरचना तो राग की तरह होती है जिस पर कोई भी गीत बनाया जा सकता है। लेकिन मात्र विवेचन के प्रारूप निर्माण से भी विवेचन नहीं होता। कृति तो स्वयं में ही एक विवेचन होती है अतः उसके विवेचन तर्क के तन्त्र को समझ और भाषा के माध्यम से अर्थ को व्यक्त करने की क्षमता को आलोचक उजागर करता है। आलोचक को विवेचन के साथ-साथ कृति में विवेचन के प्रारूप की मीमांसा करनी होती है। इस प्रक्रिया में आलोचक या तो विवेचन तथा उसके प्रारूप से पूर्ण सहमत होता है या फिर आंशिक या बिल्कुल भी नहीं। इन सब के पीछे उपलब्ध प्रारूपों तथा विवेचनों से असन्तोष उत्प्रेरक का काम करता है। सहमति अर्थों को नया तर्क प्रदान कर उन्हें आगे बढ़ाती है और नयी समझ पैदा करती है। आंशिक सहमति विवेचन के प्रारूप को पूरा करती है और पूर्ण असहमति नये वैकल्पिक प्रारूप को जन्म देती है। यह तभी सम्भव है जब आलोचक में स्वयं दार्शनिक कल्पनाशीलता तथा सिद्धान्त प्रतिपादन की प्रतिभा हो। इस स्थिति में दोनों अर्थात् रचनाकार तथा आलोचक एक धरातल पर खड़े सहधर्मी व सहकर्मी होते हैं।

पश्चिम में भी अध्ययन तथा विवेचन के पूर्व विवेचन के प्रारूपों की मीमांसा कर नये प्रारूप की तलाश में उनके सामने कई सवाल खड़े किये। उदाहरण के लिए

हेगेल ने इतिहास के पूर्व प्रारूपों को परखते हुए उसके अध्ययन का नया प्रारूप दिया। उन्होंने इतिहास की ज्ञान व्यवस्था का बिल्कुल नया वैकल्पिक प्रारूप शून्य से खड़ा नहीं किया किन्तु इतिहास के देखने-परखने का नजरिया बिल्कुल बदल दिया। उन्होंने कहा कि फिनोमिना (वस्तु, घटना, लोगों तथा समाजों) को उन विशिष्ट ऐतिहासिक सन्दर्भों में समझा जा सकता है जिनसे उनकी निर्मित हुई और वे उनका अभिन्न अंग बन गयी है। साथ ही उन्होंने फिनोमिनन को दर्शन के साथ जोड़कर देखा जो 'डायलेक्टिक' के सिद्धान्त या व्यवस्था पर आधारित था और तर्क इतिहास और फिनोमिनन के स्तर पर कार्य करता है। जिसकी अभिव्यक्ति चेतना के रूपों में होती है।

हेगेल का योगदान यह था कि उन्होंने फिनोमिनन या घटना को देखने तथा उनके विकल्प की रचना को प्रस्तावित किया। उनसे पहले भी दुनिया देखने-समझने के विकल्प थे। रेने डेकार्ट ने बुद्धि (रीजन) पर भार दिया था। ज्हॉन लॉक तथा डेविड ह्यूम ने डेकार्ट की स्थापनाओं के सामने प्रश्न खड़े किये और अनुभव के सन्दर्भ में दुनिया को समझने का नया विकल्प दिया। थॉमस हाब्स भी इस विमर्श से जुड़े और पदार्थ (मैटर) को केन्द्रीयता दी। हेगेल ने इन सभी विकल्पों को ऐतिहासिक परिप्रेक्ष्य में रखते हुए 'डाइलेक्टि' को इतिहास से गुजरते हुए देखा और सभी के सामने सवाल किये। कार्ल मार्क्स ने हेगेल की पद्धति को अपनाया और उसे वर्ग संघर्ष के रूप में द्वन्द्वात्मक भौतिकवाद व व्यावहारिक जीवन से जोड़ा। इस प्रकार नये वैकल्पिक विवेचन के प्रारूप के कारण मार्क्सवाद ने केवल राजनीतिक, आर्थिक और सामाजिक सिद्धान्त की स्थापना ही नहीं की बल्कि मानव अस्तित्व के क्षेत्रों में व्यावहारिक महत्त्व की भूमिका अर्जित की। आज भी मानवता के शोषण के विरुद्ध संघर्ष तथा समाज का आदर्श उनके विवेचन के प्रारूप में शामिल है। इस प्रकार विवेचन के वैकल्पिक प्रारूप आलोचना परम्परा के आधुनिकीकरण का कारण बनते हैं। आधुनिकता के अनेक अर्थों में एक अर्थ और कुछ नहीं बल्कि 'नया' बौद्धिक तथा सांस्कृतिक तर्क है। यह नया तर्क पुराने तर्क के सामने सवाल खड़े कर उसे विस्थापित कर नया वैकल्पिक तर्क स्थापित करता है इसका अर्थ यह है कि हर समाज अपनी आवश्यकता और समय के अनुरूप आधुनिकीकरण करता है। पश्चिम में आधुनिकतावाद, उपनिवेशवाद के तर्क के सामने उत्तर-आधुनिकतावाद तथा उत्तर-उपनिवेशवाद का जन्म विवेचन के प्रारूप की संरचना प्रक्रिया से हुआ। विवेचन के प्रारूप को प्रश्नांकित कर नये प्रारूपों की रचना की क्षमता के अभाव में भारतीय आलोचना परम्परा में ऊर्जा कहाँ से आती?

## सरोकारों का प्रारूप

आलोचना-सिद्धान्त और साहित्य विवेचन के अध्ययन के लिए साहित्य विमर्शों के सरोकारों की पड़ताल ज़रूरी है। साहित्यिक रचना में साहित्यिकता के अलावा उसके

सर्जक के सरोकार हैं कि नहीं और यदि हैं तो वे किस प्रकार प्रकट हुए हैं? हर सार्थक आलोचक ऐसे सवाल उठाकर उनका जवाब तलाशता है और अपने प्रारूप तैयार कर उसके आईने में रचना या साहित्य परम्परा को परखने की कोशिश करता है। जिसे स्थूल रूप में विचारधारा कहा जाता है जो ज़रूरी है। पर जब वह ज्यों की त्यों प्रकट होती है तो भद्दी और भोंडी लगती है और प्रोपेगण्डा का रूप धारण कर लेती है। पर जब वह साहित्यिक समतुल्यों का रूप धारण कर उनकी ओर इंगित करती है तब कला तथा विचारधारा का सुयोग होता है इसका अच्छा उदाहरण फ़ैज़ अहमद 'फ़ैज़' की कविता है। उनकी कविता अपने में शोषण, तानाशाही, अत्याचार के विरुद्ध विद्रोह के बवंडर छुपाए हुए है। ''वो बात जिसका फ़साने में कोई ज़िक्र न था। बस वही बात उनको बहुत नागवार गुज़री है।'' इसका प्रेम या रोमांस से सीधा लेना-देना नहीं है बल्कि उस तानाशाही फितरत से है जिसने कवि की आवाज़ ही ख़त्म करने के लिए सरकार ने उनकी तथाकथित देशद्रोही गतिविधियों के लिए जाँच बिठाई थी पर जाँच में वे आरोप बेसिरपैर पाये गये। रिपोर्ट में तानाशाही व्यवस्था वह कुछ न पा सकी जो वह चाहती थी। यह रिपोर्ट वह फ़साना थी जिसमें दमनकारी सरकार की मनचाही बात का ज़िक्र न होने से उसे नागवार गुज़रा था। उनके कविता संग्रह 'सर-ए-वादी-ए-सीना' में उसके 'इन्तिसाब' (समर्पण) में विचारधारा की कलात्मक अभिव्यक्ति को देखा जा सकता है। तथा 'वयब्का वजह-ए-रब्वका' (और अन्त में केवल वही शेष रहेगा) में 'हम देखेंगे' में व्यवस्था के विरुद्ध स्वर को बुलन्द किया है पर कला के पक्ष का बलिदान दिये बगैर।

सरोकारों के प्रारूप तथा उन्हें परखने के तरीके हर आलोचक के साथ बदलते हैं। चूँकि साहित्यकार और उसकी हर रचना विशिष्ट होती है अतः कोई एक प्रारूप सबके लिए लागू हो यह ज़रूरी नहीं। प्रेमचन्द की चर्चा करते हुए नामवर सिंह ने अपने लेख 'व्यापकता और गहराई' में उनके साहित्य तथा उसके सरोकारों की समझ के लिए 'व्यापकता' तथा 'गहराई' के मापदण्ड पेश किये हैं। यह प्रारूप प्रेमचन्द के साहित्य में पहले ही से मौजूद था। नामवर सिंह ने उसे पहचाना और उसे प्रारूप का स्पष्ट जामा पहनाया जिससे प्रेमचन्द के साथ-साथ हिन्दी साहित्य या अन्य साहित्य को भी परखा जा सकता है। एक अच्छे साहित्य में दोनों का होना ज़रूरी है। वाल्मीकि की 'रामायण', वेदव्यास के 'महाभारत', कबीर के पदों और तुलसी के 'रामचरितमानस' में व्यापकता और गहराई देखी जा सकती है। इन दो शब्दों या मापदण्डों से आलोचक एक लेखक की रचना में व्याप्त अनुभव की बाध्यता तथा आन्तरिकता के सहअस्तित्व के साथ उसकी सर्जनशीलता को सँभालने की क्षमता को जाँचता है। भारतीय अंग्रेज़ी उपन्यासकार विक्रम सेठ के उपन्यासों को देखते हैं तो पाते हैं कि उनके उपन्यास 'द गोल्डन गेट' में गहराई है व्यापकता नहीं। उसके सीमित सरोकार हैं, बस दो क़दम चल पाते हैं और दायरा पूरा। और 'द स्यूटेबल

ब्वॉय' में व्यापकता है पर गहराई नहीं। घुटनों से ज्यादा पानी है ही नहीं। इसके विपरीत हम कबीर के दरिया में डूबते ही चले जाते हैं। व्यापकता के स्तर पर भी आत्मा, समाज और ब्रह्माण्ड सब समा जाते हैं।

इस प्रारूप को अन्य स्तर पर देखें तो पाते हैं कि साहित्य या कला सत्तामूलक अस्तित्व विचार की दृष्टि से स्थिर मालूम पड़ते हैं पर हक़ीक़त में वे हमेशा क्षैतिज तथा ऊर्ध्व रूप से गत्यात्मक होते हैं। साहित्य की इस क्षैतिज तथा ऊर्ध्व गत्यात्मकता के सहअस्तित्व से ऊर्जा पैदा होती है जिससे साहित्य का प्रभाव क्षेत्र निश्चित होता है। सरोकारों के प्रारूप से ही रचनाकार तथा आलोचक अस्तित्व में आते हैं। जब लेखक सरोकारों का प्रारूप बदलता है तो परम्परा पुनःपरिभाषित हो जाती है। रचना की क्षैतिज तथा ऊर्ध्व गति की युगपतता (सिमलटेनियटी) के वलय से किसी रचना का जीवनकाल निर्धारित होता है क्योंकि वाचक समुदाय इसी युगपतता की स्थिति की व्याख्या कर उसकी ऊर्जा को फैलाता है। रचना के इन तत्त्वों को कालक्रम में कभी-कभी प्रारूप की समझ न होने या अन्य कारणों से उदासीनता का सामना करना पड़ता है जैसे कबीर के साथ हुआ। पर वह ऊर्जा देर-सबेर पहचानी ज़रूर जाती है और समय के तत्त्व—क्षण तथा अनन्त की भाँति रचना के क्षणिक तथा अनन्त सरोकार जो विषयवस्तु या उसकी अभिव्यक्ति की रीति में प्रकट होते हैं। और रचना की लोक या शास्त्र में स्वीकृति निर्धारित करते हैं। इसका प्रमाण फ़ैज़ की कविता है जिसके सरोकारों के क्षैतिज विस्तार 'इन्तिसाब' जैसी कविता में मज़दूर, ताँगेवाले, किसान, औरत तथा विद्यार्थी आदि सब शामिल हैं तो कक्षा पक्ष के क्षेत्र में ग़ज़ल या नज़्म के शास्त्रज्ञ उनके कायल हैं और लोक के ओठों पर ग़ालिब के बाद उर्दू में शायद उन्हीं के अशआर सबसे ज़्यादा सजे हुए हैं। उनकी 'हम देखेंगे' नज़्म क्षणिकता तथा अनन्तता सरोकारों की ऊर्ध्वता तथा क्षैतजिकता का संगम है जिसकी ऊर्जा समय की चादर या पीढ़ियों के आलस या उदासीनता से छिपाई नहीं जा सकती।

सरोकारों के प्रारूप के सम्बन्ध में प्रेमचन्द की बात करनी ज़रूरी है। उनके कथा विश्व में कहानी, घटनाओं तथा चरित्रों के मूर्त व्यवहार के पीछे शोषण तथा अत्याचार के विरोध तथा सच्ची आज़ादी की दुनिया की कल्पना को यथार्थ में बदलने की कोशिश है। उनके सरोकार उनके पूर्ववर्तियों से भिन्न थे जो अमीरों, सेठों, राजा, नवाबों से हटकर गरीब-किसान-मजदूर और असहाय औरतों से सम्बन्धित थे जो इस विशिष्ट वर्ग से शोषित-पीड़ित थे। नतीजतन उन्होंने हुश्न का मयार तो बदला ही पर सरलता की भी वकालत की। उन्होंने कोठों तथा नायिका के नखशिख वर्णन को साहित्य की विषयवस्तु के अनुपयुक्त माना और लिखा कि हमें सुन्दरता की कसौटी बदलनी होगी और हमें निश्चय ही विलासिता की मीनारों से उतर कर उस बच्चों वाली रूपवती का चित्र खींचना होगा जो बच्चे को मेड़ पर सुलाकर पसीना-पसीना हो रही है।

मानदण्डों को बदलने की बातें तो खूब होती हैं पर सफलता कम मिली है। उदाहरण के लिए भारतीय दलित-विमर्श ने बुद्ध तथा अम्बेडकर के चिन्तन तथा सरोकारों के प्रारूप का उपयोग अपने विमर्श की संरचना के लिए किया और सौन्दर्यशास्त्र भी गढ़ा। स्त्री-विमर्श ने पश्चिमी प्रारूप का प्रयोग किया और धीरे-धीरे अपनी सांस्कृतिक तथा सामाजिक स्थिति तथा अनुभव के आधार पर अपने सरोकारों के प्रारूप को विकसित कर उन्हें साहित्य या आलोचना के माध्यम से प्रकट किया। इन सरोकारों के प्रारूपों की अनुपस्थिति या निर्माण के बगैर उनके विमर्श की सार्थकता तथा स्वीकृति प्रभावित हो सकती थी।

## मूल्यों का प्रारूप

साहित्य की साहित्यिकता अपनी ओर खींचने की क्षमता में निहित होती है। संस्कृत काव्यशास्त्रियों ने इसे चमत्कार या वक्रोक्ति के सिद्धान्त में देखा तो बीसवीं सदी में रूसी रूपवादियों ने विपरिचितीकरण (डीफेमिलियराइजेशन) में। यहाँ ध्यान रखने की बात है कि साहित्य की साहित्यिकता अन्तर्साहित्यिकता की चेतना के अभाव में सीमित तथा पृथककारी अवधारणा लगती है।[5] साहित्यिकता की तलाश की जाती है पर आलोचना का आलोचकत्व क्या है तथा उसकी स्थिति कैसी होती है? यह प्रश्न अक्सर नहीं पूछा जाता है। आलोचना का आलोचकत्व संस्कृत के उसके मूल शब्द 'लोचन' लोचकत्व या देखने की क्षमता में निहित होता है जिसमें वह साहित्य वस्तुओं और घटनाओं को देखती-परखती है और आरपार देखती है। पर खुद के देखने को भी देखती है, अल्बेर कामू के 'बौद्धिक' की भूमिका निभाती है जो अपनी नज़र की पहरेदारी करता है।[6] ग्रीक मूल 'क्रिटिकोज' में भी आलोचकत्व का एक पक्ष छिपा है जिसमें घटना, वस्तु, साहित्य तथा विमर्श पर आलोचनात्मक निर्णय लेना पड़ता है। वैसे तो मूल्य निर्णय सदैव विवादास्पद होते हैं पर उनसे आलोचना बच नहीं सकती। इतना ज़रूर है कि निर्णय की प्रक्रिया, उसके प्रारूप तथा प्रमाण और तर्क से समर्थन की शर्त पर आलोचक को मूल्य निर्णय लेने की स्वतन्त्रता मिलती है।

साहित्य के मूल्य और कुछ नहीं बल्कि जीवन के मूल्य होते हैं। जीवनमूल्य अर्थात् जीवन की सम्पूर्णता, विविध रंगों, सुखों-दुखों, उतार-चढ़ाव को व्यक्त करने की समर्थता, जीवन को सँभालने की योग्यता का विकास तथा उसमें पुनर्जीवन की आस्था। ये जीवन के मूल्य और कुछ नहीं बल्कि मानव मूल्य होते हैं। ये मूल्य विश्वबन्धुत्व के हो सकते हैं या फिर बुद्ध के सत्य, प्रेम और करुणा हो सकते हैं। साहित्य मूल्यों के प्रारूप हर लेखक को अपने ढंग से विकसित करने पड़ते हैं। हमारे समय में व्यापत उत्पीड़न, शोषण तथा मिलीभगत की संस्कृति तथा गरीब एवं अमीर की बढ़ती खाई आदि साहित्यमूल्यों की पड़ताल एक सवाल पूछ कर की जा सकती

है कि साहित्य आखिरकार किसके साथ खड़ा है? खड़ा है भी कि नहीं? क्या वह बेसहारों, पीड़ितों तथा स्वरवंचितों के साथ खड़ा है या कि उनके शोषणकर्ताओं के साथ? महर्षि वाल्मीकि आदिकवि इसलिए नहीं थे कि उन्होंने पहली छन्दबद्ध रचना की। काव्यत्व किसी-न-किसी रूप में वेदों तथा उपनिषदों में उनसे पहले ही उपलब्ध था। उन्हें आदिकवि की उपाधि इसलिए मिली क्योंकि उनकी पहली रचना किसी सत्ताधीश की प्रशस्ति न होकर श्राप के रूप में निकली। सच्चा साहित्य श्राप ही होगा क्योंकि सत्ता की शोषण वृत्ति की आलोचना में ही उसका मूल्य है। अत्याचारी के विरुद्ध बाल्मीकि कोरे ऋषि न होकर महात्मा थे इसलिए अन्य प्राणी आत्माओं का दुःख उनकी अनुभूति में आना स्वाभाविक था। हर ऋषि कवि हो यह ज़रूरी नहीं क्योंकि केवल महात्मा ऋषि कवि हो सकता है। जिसमें दर्शन के साथ वर्णन तथा वर्तन की क्षमता हो पर कवि वाल्मीकि के सामने चुनाव की दुविधा थी कि नित्यकर्म पूजा को किया जाये या एक पक्षी के दुख के साथ सहानुभूति प्रकट की जाये? दुविधा यह भी थी किसके साथ खड़ा हुआ जाये : शिकार के साथ या शिकारी के साथ? एक ओर सत्ता थी दूसरी ओर शोषित। कवि ने कमज़ोर शोषित पक्षी के साथ खड़ा होना स्वीकारा। शोक श्लोक में फूटा और ऋषि कवि हो गया। यही बात आलोचना-सिद्धान्त तथा व्यवहार पर लागू होती है। आलोचना का लोचकत्व इसमें है कि अपने कर्म से ऐसे प्रारूप विकसित करे जो सत्ता की शक्ति की चिन्ता न करते हुए कमज़ोर के साथ खड़े मूल्यों के आधार पर साहित्य की पड़ताल करे। मूल्यों के प्रारूप के बगैर आलोचना-कर्म दिशा और अर्थहीन हो जाता है।

उत्तर-संरचनावाद ने 'महासत्य' के सम्मुख सवाल खड़े कर अन्य सत्यों का अस्तित्व स्वीकार कर उन्हें चर्चा के केन्द्र में लाकर ऐतिहासिक काम किया। उन्होंने तथाकथित महासत्य का उत्क्षेदन (सब्वर्जन) किया और अन्यों के मूल्यों की सत्ता स्वीकारी। उन्हें चर्चा के केन्द्र में लाकर ऐतिहासिक काम किया। पर मात्र उत्क्षेदन से काम नहीं चलता। उससे आगे चलकर साहित्य या आलोचना से मूल्यों के साथ खड़ा होने की अपेक्षा की जाती है।

उपर्युक्त प्रारूपों को घटाया-बढ़ाया जा सकता है पर प्रारूप तैयार किये बगैर परम्परा को न तो आगे बढ़ाया जा सकता है और न ही उसे अन्य परम्पराओं से तुलना कर उनसे अपनी परम्परा को समृद्ध किया जा सकता है। ध्यान रखने की बात है कि सभी प्रारूप समयांकित होते हैं, हालाँकि उनके मूल तत्त्व अपरिवर्तित रहते हैं। प्रारूप को विकसित करके या उसका अनुसरण कर निकाले गये निर्णय भी हमेशा सही नहीं होते। निष्कर्ष तो अक्सर गलत सिद्ध ही होते हैं। आलोचना की मूल प्रकृति ही निष्कर्षों की वैधता तथा सार्वभौमिकता को चुनौती देना होता है। निष्कर्षों तक पहुँचने की प्रक्रिया और प्रारूप अधिक और रुचिकर होते हैं क्योंकि निष्कर्ष मंज़िलों से होते हैं जो यात्री के लिए यात्रा की समाप्ति पर विशेष महत्त्व

नहीं रखते। रास्ते की प्रक्रिया का महत्त्व आने वाले यात्री के लिए होता है। क्योंकि उस रास्ते पर चलकर या उसके बारे में जानकर वह प्रारूप को तो परखता ही है पर साथ ही यह भी बताता है कि कहाँ पर प्रारूप तथा यात्रा की प्रक्रिया सही या गलत रही और क्यों? उदाहरण के लिए अरस्तू ने अपनी पुस्तक 'पोइटिक्स' में महाकाव्य की त्रासदी से तुलना करते हुए उनकी समानताओं, असमानताओं की चर्चा की और इस निष्कर्ष पर पहुँचे कि महाकाव्य त्रासदी से श्रेष्ठतर होता है। इस निष्कर्ष पर आने से पूर्व उन्होंने अपना प्रारूप बनाया और तुलनात्मक अध्ययन पद्धति का अनुसरण किया। सतही तौर पर अतिउत्साही छिद्रान्वेषी कह सकते हैं कि अरस्तू ने महाकाव्य तथा त्रासदी का अध्ययन कर अतुलनीयों की तुलना करने की भूल की। किन्तु यह तर्क लम्बे समय तक टिकता नहीं क्योंकि दोनों के बीच एक मुख्य साम्य यह है कि दोनों जीवन में अक्सर पाये जाने वाले मनुष्य से बेहतर मनुष्य या नायक के क्रियाकलापों की कल्पनाशील अनुकृति प्रस्तुत करते हैं। फिर भी यह बात दरकिनार नहीं की जा सकती कि अरस्तू ने इस निर्णय पर पहुँचने से यह तर्क दिया कि त्रासदी महाकाव्य से श्रेष्ठतर इसलिए होती है क्योंकि इसमें महाकाव्य के चार कल्पनाशील गुणों की तुलना में दो अधिक गुण अर्थात् 'गीत' और 'दृश्य' होते है। विडम्बना यह थी कि त्रासदी के भागों की चर्चा करते हुए उन्होंने इन्हें सबसे कम महत्त्वपूर्ण माना था। पर अरस्तू अपने समय की 'सोफिस्टो' की परम्परा से अप्रभावित न रह सके जिसमें अपनी बात को मनवाने के लिए तर्कयुद्ध में किसी भी पद्धति का प्रयोग जायज था। इसके बावजूद सच यह है कि अरस्तू के निर्णय से आप असहमत हो सकते हैं पर प्रारूप या प्रक्रिया से नहीं। मात्रात्मक परिबलों के आधार पर ही सही पर इस प्रारूप के द्वारा अरस्तू ने तुलनात्मक अध्ययन के प्रारूप की स्थापना की।

प्रारूपों का अतिक्रमण उनकी नियति होती है। सभी प्रारूपों का निर्माण किसी पूर्व स्थिति प्रारूप के विकल्प के रूप में किया जाता है पर कोई भी सत्ववान आलोचक अन्य के या अपने प्रारूप का क़ैदी बनकर नहीं रह सकता। आलोचना के क्षेत्र में विद्वत्ता, तर्कक्षमता या सैद्धान्तिक सूत्रबद्धता से ज्यादा महत्त्वपूर्ण उसकी समावेशकता होती है जो उनका परिष्कार करती है। इसी प्रक्रिया से आलोचना-कर्म को वैधता मिलती है। वर्तमान भारतीय आलोचना का दुर्भाग्य है इन प्रारूपों की अनुपस्थिति, उनके प्रति प्रयासों का अभाव।

आलोचना के मूल्य आलोच्य के प्रति प्रतिभाव तथा उत्तरदायित्व के निर्वाह में निहित होते हैं सम्पूर्णता में देखने की क्षमता, अपनी दृष्टि पर पहरेदारी तथा उत्तरदायित्व को निबाहते हुए विवेचन और निर्णय आलोचना के मूल्य हैं। आलोचना का सम्बन्ध शब्दों के प्रजातन्त्र से है जिसमें किसी को भी भाग लेने की आज़ादी है। लेखक को मिली इस आज़ादी का सम्मान आलोचक से अपेक्षित है पर उसकी हर

बात का अन्धा समर्थन नहीं। लेखक या आलोचक जब आत्मालोचना से विमुख हो जाते हैं तो वे भी वर्चस्ववादी बन जाते हैं। आलोचना का आलोचकत्व अपने कर्म द्वारा ऐसे प्रारूप विकसित करने में निहित है जो अपनी या अन्य की सत्ता की चिन्ता न कर दुर्बल व्यक्ति, समाज या मूल्य के आधार पर साहित्य और आलोचना को परखे। आलोचना का मूल्य इस कर्तव्य निर्वाह में है कि यदि कुछ झूठ वह रचनाकार को मिली आज़ादी के नाम पर या आलोचक की वर्चस्ववादिता के नाम पर प्रचलित होकर सत्य की तरह स्थापित होने की कोशिश करें तो स्थापित न होने दे।

## V

भारतीय आलोचना परम्परा में आये बदलाव या विरूपण के जिम्मेदार तत्त्वों का मात्र विश्लेषण अच्छी अकादमिक कवायद हो सकती है किन्तु यदि वह आत्मसुधार करने में असफल रहे तो वह बौद्धिक पक्षाघात का रूप भी ले सकती है। सवाल होता है कि भारत में आलोचना-सिद्धान्त कर क्या रहा है? पश्चिम में तो आलोचना-सिद्धान्त एक उद्योग है और भारत समेत शेष विश्व उसका उपभोक्ता बाज़ार। इस उद्योग ने आज बौद्धिक आतंकवाद का रूप ले लिया है। विचार के अर्थशास्त्र और राजनीति द्वारा पश्चिम शेष विश्व में सिद्धान्त के उत्पादन, उपभोग और पूर्ति की प्रक्रियाओं का नियन्त्रण करता है क्योंकि सिद्धान्त (की किताबों) का बाज़ार पश्चिम में कम, बाहर ज्यादा व्यापक है। भारत जैसे देशों के अकादमिकों में इसके उपभोक्ता या ग्राहक बनने की लालसा रहती है और फिर उनसे प्राप्त जानकारी—पश्चिमी मुहावरों, शब्दावलियों, और जार्गन कूट या भाषा का उपयोग सेमिनार में या कक्षा में बैठे विद्यार्थियों या नये उपभोक्ताओं को आतंकित करने के लिए होता है। सिद्धान्त ज्ञान बघारते हुए जो जितना ज्यादा आतंक फैला सके वह उतना ही बड़ा आलोचक या विद्वान बन जाता है और इस आतंक के दर्शक उससे दूर न भागते हुए खुद भी इसी होड़ में शामिल होने की कोशिश करते हैं। सकारात्मक रूप में सिद्धान्त के प्रशंसक या बिचौलिए अपवाद रूप में वर्तमान साहित्य की एवं उसकी आलोचना में सिद्धान्त बोध द्वारा योगदान करते हैं। कुछ दूसरे ऐसे भी होते हैं जो सैद्धान्तिक फिदायीन बनने के लिए अतिरिक्त प्रयास करते हैं। उन्हें जब भी मौक़ा मिलता है वे खुद की बौद्धिक आत्महत्या कर आसपास खड़े या देखनेवालों के बीच फट जाते हैं। थोड़े विशिष्ट अपवादों को छोड़ स्वातन्त्र्योत्तर भारतीय आलोचना पश्चिम की अनुचरी, अनुसारक और अमौलिक (डेरीवेटिव) उपजीवी हो गयी है।

पिछले तीन दशकों में भारतीय आलोचना-विमर्श में साहित्यिक पाठ के अध्ययन के अलावा तीन मुख्य आलोचना-विमर्श दिखाई दिये : देशीवाद, दलित सौन्दर्यशास्त्र एवं स्त्री-विमर्श आलोचना-सिद्धान्त। देशीवादी आलोचना-सिद्धान्त में देशज अनुभव

और उसके आधार पर लिखे गये साहित्य से निसृत सिद्धान्तों को तरजीह दी गयी।[7] ठीक भी था क्योंकि आलोचना परम्परा या सिद्धान्त अगर किसी देशीय, स्थानीय परम्पराओं की या अनुभवों की नींव पर आधारित न हो तो उसमें प्रामाणिकता नहीं आ सकती है और न ही 'गहराई' या 'व्यापकता'।[8] विश्व के सपाटीकरण तथा सार्वभौमिकता के दावों के बीच यह सच उभरता है कि कोई भी नया विमर्श कभी भी मूल्यस्वतन्त्र क्षेत्र में न तो जन्मता है और न ही मूल्यों से अछूता रहता है। इसी प्रकार सार्वभौमिक आलोचनात्मक प्रतिमान जैसी बात मात्र मिथक है। केवल पाठ के गहन अध्ययन और अन्य पाठ या साहित्य के साथ समानता और असमानताओं के तुलनात्मक अध्ययन से ही किसी रचना की श्रेष्ठता के प्रतिमान निकलते हैं क्योंकि किसी भी एक रचना की महत्ता को मापने के लिए दूसरी रचना ही उसका प्रतिमान हो सकती है। देशीवाद उत्तर-आधुनिकतावाद या उत्तर-उपनिवेशवाद जैसे वादों के विकल्पों के बारे में सोचने का आग्रह रखता है। साथ ही देशी मानदण्डों से इन विमर्शों को जाँचने का काम करता है पर भालचन्द्र नेमाडे को छोड़कर देशीवाद के लगभग सभी अनुयायी अन्तर्राष्ट्रवादी हो गये। उनके विदेश या मेट्रो में रहकर अन्तरराष्ट्रीय होने की इच्छा स्थान या स्थिति बदली मानसिकता पर रोशनी डालती है। स्थान के बदलाव के साथ इन्सान बदल जाता है। बकौल 'फ़ैज़' "बदल जाता है इन्सा जब मकां उसका बदलता है।" (फ़ैज़) पर हक़ीक़त यह है कि इन्सान स्थान परिवर्तन की इच्छा के साथ ही बदल जाता है। न बदल पाने की नियति में वह जहाँ है वहाँ का भी नहीं रह पाता। परिणामस्वरूप देशीवाद का चरित्र ही बदल गया। अन्तर्राष्ट्रवादियों तथा भूमण्डलीकरण के समर्थकों के आरोपों के चलते आज देशीवाद अछूत की श्रेणी में आ गया है। अतः जो कुछ उम्मीद है वह दलित काव्यशास्त्र या सौन्दर्यशास्त्र से है क्योंकि इन्होंने कम से कम परम्परागत सौन्दर्यशास्त्र और उसकी स्थापनाओं को विस्थापित कर अपनी नयी परिभाषा दी है और अपने नये प्रतिमानों की स्थापना की। इसके अलावा भारतीय आलोचना-विमर्श में सब कुछ उत्तर-आधुनिकतावादी तथा उत्तर-उपनिवेशवाद के रंग में सना हुआ है। और पर-आधुनिकतावाद (ऑल्टरमोडर्निज्म) ने उत्तर-आधुनिकतावाद की जगह ले ली है।[9] उत्तर-उपनिवेशवाद भी अपना दूसरा चरण पूरा करने की कगार पर है फिर हम इन वादों के पुराने राग को आलाप रहे हैं। विडम्बना यह है कि अभी हम न इधर के हैं न उधर के। भारतीय आलोचना अपनी परम्परा की नींव पर खड़े होकर न तो अपने आलोचना बोध से रचनाशीलता का नया विवेचन कर पा रही है, और न ही पश्चिमी आलोचना की ऊर्जा और अध्ययन पद्धति के दृढ़ आग्रह को अपनाकर हम अपनी परम्परा को नयी दिशा दे पा रहे हैं।

विडम्बना है कि हम पश्चिमी आलोचना के विकास से भी सीख नहीं ले रहे हैं। पाश्चात्य आलोचना ने सिद्धान्त के साथ कृतिपाठ के गहन अध्ययन पर भी

ध्यान जगाया। जबकि हमारे यहाँ लक्षणामूलक आलोचना के स्थान पर लक्षणात्मक (सिम्पोमेटिक) आलोचना फलफूल रही है। नतीजतन अर्थ की बहुलता, भाषा की आत्म-विषयकता, आत्म-वाचकता या अन्तर्मुखता, अन्तर्कृतिनिष्ठता तथा 'खुले अन्त' जैसा कोई भी लक्षण किसी भी कृति में दिखाई देता है तो उसे उत्तर-आधुनिक करार दे दिया जाता है। किसी कृति को उत्तर-आधुनिक और उत्तर-औपनिवेशिक घोषित कर आलोचक चमत्कारी पुरुष होने का घमण्ड करते हैं। समकालीन आलोचना के क्षेत्र में यह सब कुछ एलोपैथी जैसा है जिसमें लक्षणों के आधार पर मरीज को दवा दी जाती है फिर चाहे सर्दी, जुकाम, बुखार या कोई भी संक्रमण हो, दिया एण्टीबायोटिक ही जाता है। हाँ, उसकी मात्रा तथा शक्ति घट-बढ़ सकती है। कोई भी पाठ हो उन्हें किसी-न-किसी पश्चिमी वाद जैसे उत्तर-आधुनिकता या उत्तर-उपनिवेशवाद के खाँचे में बिठाने की कोशिश की जाती है। आलोचना के क्षेत्र में व्याप्त समस्याओं की केवल चर्चा से बहुत कुछ नहीं होने वाला। ज़रूरत है कि इन समस्याओं को हम स्वयं संरचित करें ताकि उनका उत्तर खोजने की प्रक्रिया में थोड़ी आज़ादी रहे। मानना पड़ेगा कि हमारा आलोचना विमर्श एकांगी और एकतरफा है और उसका तीन मुख्य तत्त्वों से अर्थात् संस्कृत और तमिल में उपलब्ध क्लासिकी परम्परा, पाश्चात्य परम्परा और आधुनिक भारतीय भाषाओं की समकालीन, सृजनात्मक एवं आलोचनात्मक परम्परा रचनाशीलताओं से जीवन्त सम्बन्ध नहीं है। देखा जाये तो भारतीय भाषाओं के लब्ध प्रतिष्ठ-आलोचक न केवल अपनी कृति की बल्कि उनके समय में मौजूद परम्पराओं से संवाद की स्थिति में थे। विडम्बना यह है कि भारतीय भाषा साहित्यों की आलोचना में जो श्रेष्ठ हैं वे अनूदित न होने के कारण हमारे बौद्धिक तथा सैद्धान्तिक एवं आलोचनात्मक फ्रेमवर्कों से बाहर हैं। परिणामस्वरूप इस खाली जगह को पाश्चात्य आलोचना भर रही है? इसलिए ज़रूरी हो जाता है कि वर्तमान प्रतिमानों की पड़ताल करते हुए उन्हें एक नये फ्रेमवर्क में देखा जाये।

## VI

भारतीय आलोचना परिदृश्य देखने से भारत में आलोचना की छवि पश्चिमी आलोचना की पराश्रित, उपजीवी तथा अमौलिक छवि उभरती है। इस छवि के केन्द्र में पश्चिमी आलोचना है तथा भारत में आलोचना-सिद्धान्त और व्यवहार उसकी जूठन पर जी रहे हैं। विडम्बना यह है कि कुछ अपवादों को छोड़ दें तो आलोचकों का एक बड़ा वर्ग ऐसा है जो जूठन के कौरों को स्वर्गिक मिष्ठान समझकर खा रहा है और उनका यशगान करता रहता है। ऐसा कर वह धन्यता तथा गर्व महसूस करता है। पर इस दुर्दशा के लिए पश्चिमी आलोचना कम भारतीय आलोचकों की सैद्धान्तिक निर्माण अक्षमता तथा व्यवहार में भेड़वृत्ति ज्यादा ज़िम्मेदार है। विडम्बना यह है अधिकांशतः

भारतीय आलोचक पश्चिमी आलोचना के मौसमी मुर्गे (वेदरकॉक) बनने में अपना सौभाग्य समझते हैं। ऐसा नहीं है कि भारतीय भाषाओं में श्रेष्ठ आलोचक हुए नहीं या नहीं हैं। भारतीय भाषाई सर्जनात्मक आलोचना अपनी ही भाषा तक सीमित होने के कारण न तो चर्चा में आती है और पश्चिमी आलोचना की तुलना में उनकी चर्चा करने में हमारे आलोचक भी गौरव की बात नहीं मानते। परिणाम यह होता है कि हिन्दी जैसी भारतीय भाषा के आलोचक को पश्चिमी आलोचकों के दो-चार नाम और कुछ फैशनेबल जुमलों से तो कुछ परिचय होता भी है पर तमिल, मलयालम, गुजराती एवं मराठी की आलोचना परम्पराओं की पहचान या समझ की तो उन्हें दूर तक कोई भनक तक नहीं होती। इस व्यूह से निकलने का एक ही रास्ता है : ज्ञानात्मक उपनिवेशवाद से मुक्ति लिए देशज ज्ञानात्मक कोटियों की विवेकपूर्ण ढंग से पुनर्स्थापना।

सवाल होता है कि देशज क्यों? वह इसलिए क्योंकि भारत न केवल विश्व की प्राचीन सभ्यताओं में एक है बल्कि इसके पास कम से कम 3500 साल का भोगा हुआ सांस्कृतिक अनुभव है जिसमें अन्य सभ्यताओं तथा समाजों के सार्थक तत्त्वों का समावेश हुआ और इसने काव्यशास्त्र समेत लगभग सभी ज्ञान क्षेत्रों में अपना योगदान दिया। काव्यशास्त्र की इतनी लम्बी परम्परा है जिसके सामने अंग्रेज़ी आलोचना इतिहास और स्थापनाओं की दृष्टि से कहीं नहीं ठहरती। पर चूँकि पश्चिमी (यूरोप तथा अमेरिका की) आलोचना अंग्रेज़ी के माध्यम से उतरती है अतः वह सब अंग्रेज़ी आलोचना की अनुकृति लगती है। उपनिवेशवादी पश्चिम के मोह और अन्धानुकरण के कारण सही अर्थ में हमारे पश्चिम यानी खाड़ी के देशों की अरबी तथा फारसी आलोचना परम्पराओं का कोई नाम भी नहीं लेता। विडम्बना यह है कि उपनिवेशवादी अरस्तू की 'पोइटिक्स' पर टीका लिखने वाले इब्न रुश्द का नाम हमारे आलोचना विमर्श से नदारद है।[10] दक्षिण एशियाई विशेषकर चीनी और जापानी साहित्य तथा सौन्दर्यशास्त्र की चर्चा तो शुरू हुई है पर आलोचना परम्परा अभी भी नदारद है।

भारतीय भाषाओं की आलोचना की नकारात्मक छवि उस पश्चिम अर्थात् अंग्रेज़ी ग्रस्त मानसिकता की उपज है जो कि भारतीय भाषाओं में हुई आलोचना से न तो वाक़िफ़ है और न ही होना चाहती है। इस छवि से अर्थ यह नहीं निकाला जाना चाहिए कि भारतीय भाषाओं की आलोचना की स्थिति बहुत गयी-बीती है। हक़ीक़त यह है कि यदि हम तुलनात्मक दृष्टि से देखें तो हिन्दी, तमिल, बांग्ला, कन्नड़, मराठी, गुजराती और पंजाबी आदि भारतीय भाषाओं के श्रेष्ठ आलोचकों की रचनाएँ किसी भी विश्व आलोचना परम्परा की श्रेष्ठ आलोचना से हेठी नहीं साबित होगी। समस्या यह है कि ये आलोचना-विमर्श अंग्रेज़ी में उपलब्ध नहीं है और जो कुछ उपलब्ध भी है वह सूचनात्मक या परिचयात्मक है, भारतीय भाषाओं के आलोचकों के मूल लेख या रचना भाषाओं या अंग्रेज़ी में अनूदित नहीं हुए हैं।

अतः जिन्हें भारतीय भाषाएँ नहीं आतीं, वे आलोचना परम्पराओं से भी अनभिज्ञ हैं। सम्भव है कि गुजराती एवं अन्य भाषाओं के श्रेष्ठ विद्वानों ने रामचन्द्र शुक्ल, हजारी प्रसाद द्विवेदी, गजानन माधव मुक्तिबोध, रामविलास शर्मा या नामवर सिंह का नाम सुना हो तथा उनके कुछ विचारों से वाक़िफ़ हो पर उनसे कितनों ने मूल पुस्तक या लेख पढ़े होंगे इसका अनुमान लगाकर बहुत आशान्वित होने की आवश्यकता नहीं है। इसके विपरीत हिन्दी के विरले ही विद्वान होंगे जिन्होंने आचार्य शुक्ल के समकालीन और उसी ऊँचाई के गुजराती आलोचक रामनारायण विश्वनाथ पाठक का नाम सुना होगा। यदि नाम सुना भी हो, तो इतना तो निश्चित है कि शायद ही किसी ने उनका कोई मूल लेख पढ़ा हो। यह उदासीनता किसी भी भारतीय भाषा की आलोचना के ख़िलाफ़ षड्यन्त्र लगती है जिसमें खुद उन भाषाओं के लोग भी शामिल हैं जिन्हें अपनी परम्परा के श्रेष्ठ तत्त्वों को दूसरों तक पहुँचाने की न तो आवश्यकता लगती है और न ही अनुवाद कर तुलनात्मक आलोचना की नींव खड़ा करने की। वरना ऐसा क्या है कि रोलां बार्थ, जाक देरिदा तथा मिशेल फूको आदि गैरअंग्रेज़ी पश्चिमी आलोचकों के नाम तथा काम की तो खबर मिल जाती है पर भारतीय भाषाओं की आलोचना की ख़बर नहीं होती?

भारतीय आलोचना परम्पराओं के अवलोकन से एक बात और साफ़ हो जाती है कि कोई भी समर्थ भारतीय आलोचक एक भाषाई नहीं था और न ही एक आलोचना परम्परा तक सीमित। गुजराती के रा. वि. पाठक, उमाशंकर जोशी, सुरेश जोशी, चन्द्रकान्त टोपीवाला या सितांशु यशश्चन्द्र या हिन्दी के रामचन्द्र शुक्ल, हजारी प्रसाद द्विवेदी, रामविलास शर्मा या नामवर सिंह संस्कृत आलोचना परम्परा से सुपरिचित रहे हैं। वे अपनी भाषा में मूलबद्ध रहे हैं तथा अंग्रेज़ी व अन्य भारतीय भाषाओं तक उनकी पहुँच भी। वर्तमान भारतीय आलोचना की खराब स्थिति के पीछे इस प्रतिरूप में आयी क्षति मुख्य कारण है। भारतीय आलोचना को विश्व आलोचना में यदि अपनी जगह बनानी है तो अनुवाद द्वारा हर भारतीय भाषा की आलोचना के सत्ववान, मूललेखों तथा रचनाओं का अनुवाद कम से कम हिन्दी तथा अंग्रेज़ी में जल्द करना होगा और उसका विश्व आलोचना परम्पराओं से तुलनात्मक अध्ययन करना पड़ेगा तभी भारतीय आलोचना परम्परा की सूक्ष्म समझ खड़ी होगी और नये आलोचकीय ढाँचे का निर्माण सम्भव होगा।

## टिप्पणियाँ

1. विस्तृत चर्चा के लिए इस पुस्तक में देखें, '21वीं सदी में कर्म'।
2. बीसवीं सदी में आर्थर मिलर के नाटक 'डेथ ऑफ ए सेल्समेन' के मुख्य पात्र विली लोमेन में भी यह खोज दिखाई देती है जैसा कि उसका नाम है वह लोमेन (लो+मेन) अर्थात् छोटा आदमी है और उसकी खोज भी वैसी है क्योंकि वह अपनी नौकरी के आखिरी दिनों में

न्यूयॉर्क में तबादला चाहता है और अपने दो लड़कों को जीवन में 'सेटल' करना चाहता है। पर समाज, ऑफिस के अधिकारियों तथा अपने बेटों के व्यवहार से उसका मोहभंग होता है और वह सड़क के किनारे पेड़ से अपनी कार टकरा देता है ताकि उसकी मौत के बाद उसके बीमें की राशि उसके बेटों को मिल सके और वे खुद अपने पैरों पर खड़े हो सकें।

3. भारतीय आलोचना परम्परा में भ्रंश के अध्ययन के लिए गणेश देवी कृत, *आफ्टर एम्नीशिया,* हैदराबाद, ऑरियण्ट 1992, तथा उसके सातत्य के अध्ययन के लिए कपिल कपूर कृत *लिटरेरी थ्योरी : इण्डियन कन्सेपच्युल फ्रेमवर्क'* (1998) देखें।
4. वेताल की कथा का एक संस्करण सोमदेव के 'कथासरित्सागर' में उपलब्ध है। इस कथा संरचना का उपयोग जर्मन लेखक टॉमस मान ने अपने लघु उपन्यास 'डाय वर्टोशेन कॉफ' अर्थात् 'ट्रांसपोज्ड हेड्स' में किया है। कहना न होगा कि टॉमस मान की यह कथा हायनरिक जिमर की आखिरी किताब 'द किंग एण्ड द कोर्प्स' के पाठ पर आधारित थी और हायनरिक जिमर ने इस कथा का सूत्र जोसेफ केम्पबेल के 'वर्किंग नोट्स' में पाया था। टॉमस मान ने अपनी लाक्षणिक भाषा में अपना उपन्यास जिमर को समर्पित करते हुए लिखा था, 'प्रसिद्ध भारतवेत्ता हायनरिक जिमर के लिए सधन्यवाद'।
5. देशीवाद की चर्चा के लिए इस पुस्तक में देखें, 'उत्तर-आधुनिकतावाद और भारत'।
6. विस्तृत चर्चा के लिए देखें नामवर सिंह, 'व्यापकता और गहराई', *इतिहास और आलोचना,* दिल्ली : राजकमल, प्रकाशन पृ. 9-19
7. चर्चा के लिए कृपया देखें, उत्तर-आधुनिकतावाद की मृत्यु और पर-आधुनिकतावाद।
8. अन्तर्साहित्यिकता की चर्चा के लिए देखें, 'भारत में अन्तर्साहित्यिकता : कुछ प्रस्थान बिन्दु', *समकालीन भारतीय साहित्य,* 2013
9. चर्चा के लिए देखें, अवधेश कुमार सिंह, 'अल्बेर कामू; विद्रोही बौद्धिक, *आजकल,* दिसम्बर, 2013
10. अरबी दार्शनिक इब्न तुफेयल तथा अल फराबी के नाम हमारे कानों से अपरिचित हैं। अल फराबी की अरबी में लिखी किताब का 12वीं सदी में लैटिन में दो बार अनुवाद हुआ। यह किताब अब अंग्रेज़ी में 'केटलोग ऑफ साइन्सिज़' के रूप में उपलब्ध है। उसने अरस्तू के 'रिटोरिक' तथा 'पोइटिक्स' को समझाते हुए 'आरगेनन' में अपनी टिप्पणी लिखी। इब्न रुश्द, जिन्हें एवरेस (1126-1198) के नाम से भी जाना जाता है, का उनके मित्र इब्न तुफ्यल ने अलमोहद के शहज़ादे से 1153 में परिचय कराया था। कहते हैं कि राजकुमार ने उनसे पूछा कि दार्शनिक दुनिया को समय में सृजित मानते हैं या अनन्त? इस प्रश्न तथा उस पर हुई चर्चा ने इब्न रुश्द को ग्रीक दर्शन पर टीका लिखने के लिए प्रेरित किया। फिर उन्होंने अरस्तू की 'पोइटिक्स' पर टीका लिखी जिसका 1256 में स्पेन के टोलेडो शहर में रहने वाले भिक्षु हरमेनस ने लैटिन में अनुवाद किया था। यह कृति 1481 में छपी थी जो कि यूरोपीय पुनर्जागरण काल में 'पोइटिक्स' की पहली मुद्रित कृति थी। अरस्तू की मौत के बाद 'पोइटिक्स' की मूल प्रति तो नदारद हो गयी थी। केवल अरस्तू के शिष्य थीओफ्रेस्टस तथा अन्य बिचौलियों के विचारों में उसके कुछ रेशे बचे थे। केवल एक हस्तप्रति यूरोप के पास थी। मध्यकालीन पश्चिम को 'पोइटिक्स' के अरबी के संस्करण ने प्रभावित किया जो कि सातवीं सदी में उपलब्ध प्रति पर आधारित था। रुश्द की टीका से निसृत विचारों से अरस्तू का तथा 'पोइटिक्स' का पुनर्जन्म हुआ। इब्न रुश्द का वाचक समुदाय अरबी था न कि पश्चिम। पर विचारों का भाग्य भी ऐसा

कि अरस्तू के विचार अरबी के माध्यम से लैटिन में अनुवाद होकर यूरोप पहुँचे। इब्न रुश्द की यह स्थापना कि हर कविता या तो प्रशंसा या निन्दा होती है, मूलतः 'पोइटिक्स' के चौथे अध्याय से विकसित है रुश्द का मानना था कि कविता न्याय (लॉजिक) की शाखा है तथा श्रेष्ठ काव्य रचनाओं के दो गुण होते हैं, एक अनुभव का व्यवस्थित संयोजन तथा विशिष्टता के लिए कविता को प्रकृति का अनुकरण कर केवल एक विषय उद्देश्य या अन्त पर केन्द्रित करना है और दूसरा गुण 'सुनिश्चित विशिष्टता' से आता है। ऐसी व्यवस्थित तथा सुग्रहीत रचना का पाठक या वाचक पर वांछित असर होता है। एक अर्थ में रुश्द 20वीं सदी में टी. एस. एलियट के 'ऑब्जेक्टिव कोरिलेटिव' का भी पुर्वानुमान करते हैं। शायद रुश्द पहले आलोचक थे जिन्होंने यथार्थवाद तथा सत्य की अभिव्यक्ति में स्पष्टता पर जोर दिया और पवित्र कुरान को भी अपनी टीका में शामिल किया। कैसी बिडम्बना है कि जिस इब्न रुश्द की टीका ने यूरोपीय आलोचना को प्रभावित किया उस इब्न रुश्द का नाम भी हम नहीं जानते और यदि जानते हैं तो लेते नहीं।

# 3
# उत्तर-आधुनिकतावाद और भारत

हमारा युग 'वादों' का युग है जिसमें हम अपने प्रत्ययों तथा उपसर्गों के बीच फँसे अस्तित्व को परिभाषित एवं मूल्यांकित करने के लिए 'वादों' का आश्रय लेने के लिए अभिशप्त हैं। जहाँ 'तीन मिनट' की संस्कृति में कुछ भी शाश्वत नहीं है, वहाँ किसी विशिष्ट 'वाद' की औकात ही क्या है? हमारी हर सुबह किसी-न-किसी नये वाद के आगमन का सन्देशा लाती है और द्रुत डाक (स्पीड पोस्ट), टी.वी. या अख़बारों जैसे अन्य संचार माध्यमों से 'नव्य', 'नव', 'पूर्व', या 'उत्तर' जैसी नवीन संकल्पनाओं की ख़बरें बँटती हैं। फ्रेंच में 'पोस्ट' शब्द का उच्चारण सादृश्य-शब्द 'Poste' (पोस्ते) होता है जो किसी टी.वी. स्टेशन के अर्थ को द्योतित करता है और वह समाचार माध्यमों—प्रिंट अथवा इलेक्ट्रॉनिक का एक उपयुक्त रूपक हो सकता है। विडम्बना यह है कि किसी माध्यम से प्रचारित वह 'वाद' शाम तक पुराना व जर्जर होकर क्षीण हो जाता है।

20वीं सदी में उत्तर-आधुनिकतावाद एवं उत्तर-उपनिवेशवाद जैसे 'वादों' का प्रचलन अन्य वादों या विमर्शों से अधिक रहा है। इन दो वादों का प्रचलन इतना अधिक है कि इनके समर्थक पो मो (Po-Mo) तथा पो को (Po-Co) पीढ़ी के नाम से पहचाने जाने लगे हैं।

पहली दुनिया के बाहर उत्तर-आधुनिकतावाद जैसे वाद के प्रचलन की निरन्तरता के कारणों का स्पष्टीकरण उत्तर-उपनिवेशवाद में मिल सकता है जो हमारी मौजूदा कोशिश के सन्दर्भ में उत्तर-आधुनिकतावाद एवं उत्तर-उपनिवेशवाद को एक जुए में जोते जाने को तर्कसंगति प्रदान करता है तथाकथित उत्तर-उपनिवेशवादी तीसरी दुनिया में, विशेषकर हमारे देश में, उत्तर-आधुनिकतावाद के प्रति अन्धमोह एवं उसकी अविवेचित स्वीकृति किसी भी विवेकशील मनुष्य एवं समाज के लिए हैरानी का विषय होना चाहिए। सच यह है कि संसार के अपने समस्त साज-सामान एवं माध्यमों की मदद से पश्चिम इन 'वादों' को निगलने के लिए हमें फुसलाता है तथा

फिर हलक के नीचे उतार देता है। चूँकि मैं एक तीसरी दुनिया के देश का निवासी हूँ तथा उस अनुभव का प्रत्यक्ष या परोक्ष भोगी भी, अतः मुझसे पहली दुनिया के अथवा वहाँ जमे तीसरी दुनिया के बौद्धिक बिचौलियों की तरह उत्तर-आधुनिकतावाद के प्रति प्रशंसात्मक विचारों की अपेक्षा करना व्यर्थ है।

उत्तर-आधुनिकतावाद पश्चिम की मनुष्य, विश्व एवं विश्व में उसकी स्थिति के प्रति बदली हुई समझ का नतीजा है। पश्चिम मनुष्य एवं विश्व को तीन मुख्य विमर्शों (डिस्कोर्स) के माध्यम से समझता है : प्राचीन ग्रीक तथा रोमनकाल का मेटाफिजिकल (तात्विक) विमर्श, मध्ययुगीन विश्व का थियोलॉजिकल (ईश्वरपरक) विमर्श तथा आधुनिक वैज्ञानिक एवं प्रत्यक्षवादी। उपर्युक्त तीनों विमर्श विघटन की अवस्थाओं से गुजरकर एक ऐसी अप्रत्याशित स्थिति में पहुँचे हैं जिसमें पश्चिमी दुनिया को मनुष्य की प्रकृति, दुनिया में उसकी स्थिति और उसके जीवन के अर्थ को जानने का कोई साफ़ रास्ता दिखाई नहीं दे रहा। परिणामतः पश्चिमी दुनिया दिशाहीन हो 'वास्तव' में पहली बार भटकी है, हालाँकि पश्चिम में 'खोई पीढ़ियों' की बात कई बार हो चुकी है। यह एक अनिश्चितता एवं अस्त-व्यस्तता की स्थिति है जिसका उल्लेख मैकेनटायर ने अपनी पुस्तक 'आफ्टर वर्च्यू' में किया है। वे कहते हैं कि पश्चिम में हमने न केवल अपनी नैतिकता खो दी है बल्कि हम नैतिकता की अवधारणा को भी विस्मृत कर चुके हैं। बात सही भी है कि खोने का पता तभी चल सकता है जब खोने का तथा उसकी जगह का पता हो। जब यही पता नहीं कि हम रास्ता खो गये हैं कि नहीं तो रास्ता पायेंगे यह पूर्ण बिखराव व भ्रान्ति की स्थिति है, उत्तर-आधुनिक काल की स्थिति यही है। उत्तर-आधुनिक काल में केन्द्र की अनुपस्थिति एवं संरचनाओं का विघटन भ्रान्ति या अनिश्चितता का कारण बनता है। ऐसी स्थिति में भ्रान्ति ही सर्वस्व है बल्कि यूँ कहें कि अधिकाधिक भ्रान्ति ही सर्वस्व है। उत्तर-आधुनिकतावाद इसी भ्रान्ति की प्रशस्ति है, इसी का यशोगान है। साथ ही वह हमें भी इस भ्रान्ति एवं अनिश्चितता के आनन्दोत्सव में भाग लेने का न्योता देती है।

हमारी हालत भी कोई अच्छी नहीं है, बल्कि बदतर है। क्योंकि हम इस उत्तर-आधुनिकतावाद के उपभोक्ता हैं। हम उन अवस्थाओं एवं परिस्थितियों से नहीं गुज़रे हैं जिन्हें पश्चिम ने अनुभव किया था या है। भारत में पश्चिमी ढंग के आधुनिकतावाद की बात इसलिए बेमानी लगती है क्योंकि आधुनिकतावाद आधुनिकीकरण नामक खमीर की खुशबू है या उसका मूलतत्त्व है। जब भारत में आधुनिकीकरण ही नहीं हुआ तो आधुनिकतावाद कहाँ से आया? भारतवर्ष में उद्योगीकरण की गति अत्यन्तम मन्द एवं अनियमित रही है। उत्तर-औपनिवेशिक युग में भी यह स्थिति लगभग काफी समय तक पूर्ववत् रही। हाँ, 1990 के दशक के उदारीकरण के बाद भारत विश्वबाज़ार के साथ जुड़ा और भूमण्डलीकरण की प्रक्रिया

से मण्डीकरण की ओर बढ़ा। औद्योगीकीकरण हुआ पर इतना असन्तुलित कि देश मेट्रो और कस्बों में बँट गया जिसके बीच गाँव खो गये। उपनिवेशकालीन भारत की स्थिति का क्या कहना? इस काल में देशी संरचनाओं के सुनियोजित ढंग से अव्यवस्थित करने की प्रक्रिया का गवाह रहा है। उपनिवेशकाल में औद्योगिकीकरण की जो जूठन हमारी ओर फेंकी गयी उसका मूल उद्देश्य देश के प्राकृतिक व आर्थिक संसाधनों का दोहन करते हुए उपनिवेशवाद की संरचनाओं को और सुदृढ़ करते हुए उपनिवेशी हितों को पुख्ता करना था।

यदि उत्तर-आधुनिकतावाद का सम्बन्ध आधुनिकतावाद या उत्तरवैज्ञानिक प्रत्यक्षवाद अथवा उत्तरउद्योगीकृत समाज से है तो उत्तर-आधुनिकतावाद की धारणा हमारे देश में अकल्पनीय है। यह केवल हमारा भोलापन है जो हमें यह मानने के लिए उकसाता या मजबूर करता है कि हमारे यहाँ आधुनिकतावाद आकर जा चुका है और हम उत्तर-आधुनिक काल में हैं। एक वाद के रूप में उत्तर-आधुनिकवाद हमारी जलवायु में नहीं पनपता और न ही यह हम पर फबता है बशर्ते हम अपने आपको फ़ैशनेबल दिखाने के लिए इसे न ओढ़ें। हाँ, इसके कुछ लक्षण कुछ लोगों में दिखाई देते हों तो और बात है। आधुनिकतावाद या उत्तर-आधुनिकतावाद जैसे वाद ग्रीन हाउस की उपज नहीं है बल्कि किसी विशिष्ट आर्थिक, सामाजिक, राजनीतिक घटकों एवं संस्कृति का नतीजा है, जो ऐसी परिस्थिति, मनोदशाओं अथवा धारणाओं का सृजन करते हैं जिसे उत्तर-आधुनिकतावाद के नाम से जाना जाता है। असल में उत्तर-आधुनिकतावाद औद्योगिकीकरण की प्रक्रियाओं से उपजे आधुनिकतावाद के 'ग्रानु नैरेटिव' (महान विमर्श) के विरुद्ध प्रतिक्रिया है जिसमें विमर्श की बहुलता को केन्द्रीयता प्रदान की जाती है और यदि उत्तर-आधुनिकतावाद की खासियत बहुलता है तो भारत में एकवचन केवल व्याकरण की किताबों तक सीमित है। भारत के सांस्कृतिक यथार्थ में एकवचन बहुवचन है।

विडम्बना यह है कि हमारे साहित्यिक एवं समीक्षात्मक विमर्श में उत्तर-आधुनिकतावाद का प्रयोग आज भी एक केटेगरी (कोटि), 'लेबल' या 'ब्रांड' के रूप में हो रहा है। यह पश्चिम से आयातित एक फ़ैशनेबल ट्रेंड है। यह हमारे साहित्यिक एवं समालोचनात्मक प्रयासों का आकलन करने के लिए आसानी से उपलब्ध कोटि है। थोड़े अपवादों को छोड़कर, हमारे साहित्यकारों में इस केटेगरी को पाने की एक-दूसरे से होड़ में लगी है। हिन्दी साहित्य में सुधीश पचौरी जैसे अनेक आलोचक उत्तर-आधुनिकतावाद के थोक विक्रेता हैं। अन्य भारतीय भाषाओं भी ऐसी ही स्थिति है। गुजराती के अजीत ठाकोर के लेख 'पोस्टमॉडर्न गुजराती शॉर्ट स्टोरी' में उत्तर-आधुनिकतावादी परिदृश्य का कोई स्पष्ट संकेत या चर्चा नहीं है और न ही उत्तर-आधुनिकतावाद के परिप्रेक्ष्य में गुजराती लघु कथाओं की चर्चा है। इसी श्रेणी में ई.वी. रामकृष्णन का आलेख 'गेम्स ऑफ़ फ़िक्शन : सर्च फॉर पोस्ट-मॉडर्निस्ट मोड इन

द मलयालम फ़िक्शन ऑफ़ 1990' है। हालाँकि इस आलेख का उजला पक्ष यह है कि समीक्षक ने आधुनिकतावाद से ग्रस्त या आतंकित हुए बिना उत्तर-आधुनिकतावादी ढंग की 'तलाश' पर अपना ध्यान केन्द्रित किया है। विडम्बना तो यह है कि उपर्युक्त दोनों केवल समालोचक ही नहीं बल्कि कवि-लेखक भी हैं। और यदि हमारे लेखक समीक्षक इन वादों के 'पूर्व' व 'उत्तर' आदि के हमलों का समीक्षात्मक प्रतिरोध करने में असमर्थ हैं तो निश्चित ही हमारी तथाकथित 'उत्तर-उपनिवेशवादी' स्थिति में कुछ गड़बड़ी है। भारतीय आलोचकों में नामवर सिंह जैसे अपवाद भी हैं। जिन्होंने अपने लेख 'शताब्दी का अवसान और उत्तर-आधुनिकता' (1984) में उत्तर-आधुनिकतावाद की भारतीय सन्दर्भ में विशद आलोचनात्मक समीक्षा की है। पर वहीं दूसरी ओर मनोहर श्याम जोशी अपने उपन्यास 'हरिया हरक्युलीस की हैरानी' को उत्तर-आधुनिकता की कोटि में स्थापित करने के लिए लालायित दिखते हैं जैसा कि उनके उपन्यास के आवरण पर उल्लिखित शब्दों से स्पष्ट है। उत्तर-आधुनिकतावाद जैसी कोटि का लालच उपन्यासकार को इतना सताता है कि वे खुद अपने उपन्यास को शिल्प एवं आख्यान की दृष्टि से उत्तर-आधुनिक बताते हैं। इस प्रकार वे स्वयं निर्धारित करते हैं कि उनके उपन्यास को उत्तर-आधुनिक उपन्यास के रूप में पढ़ा जाये एवं उसका मूल्यांकन तथाकथित उत्तर-आधुनिक समीक्षात्मक उपकरणों द्वारा हो। इस प्रक्रिया में वे प्रकारान्तर से भावी समीक्षात्मक व्याख्या एवं आलोचकों द्वारा उनकी कृति को उसके सही परिप्रेक्ष्य में देखने या पढ़ने की क्षमता के प्रति अपने अविश्वास का संकेत भी देते हैं। साथ ही उपन्यासकार पाठक एवं समीक्षक की भूमिका को अनुकूलित तथा नियन्त्रित करने का प्रयास करता है। अपनी इस लेखकीय सत्ता के द्वारा वह पाठक को 'अन्य' बना देता है जबकि उत्तर-आधुनिकतावाद का उद्देश्य तो 'अन्यों' को स्वीकार करना है। जोशी की लेखकीय व्याकुलता कई प्रश्नों को जन्म देती है : क्या यही उत्तर-आधुनिकतावाद का मूल व्यवहार है? क्या लेखक की तथाकथित 'मृत्यु' हुई है? लेकिन असल में कहना तो यह पड़ेगा कि लेखक दीर्घायु होकर ज्यादा खूँखार हो गया है। क्या यह उत्तर-आधुनिकतावादी होने की छटपटाहट नहीं है? क्या यह उत्तर-आधुनिकवाद या उत्तर-उपनिवेशवाद जैसे लेबल, जो पहली दुनिया से आते हैं, को पाने की व्यग्रता नहीं? क्या यह उत्तर-उपनिवेशवाद है और यदि यह उत्तर-उपनिवेशवाद है तो फिर उपनिवेशवाद क्या है? उत्तर-आधुनिकतावाद के साथ इसके सह-विमर्श उत्तर-उपनिवेशवाद की चर्चा यहाँ ज़रूरी है। पौर्वात्यवाद की चर्चा करते हुए एडवर्ड सईद का कहना है 'किसी दूरस्थ क्षेत्र पर शासन कर रहे किसी प्रबल महानगरीय केन्द्र के सिद्धान्त, व्यवहार और दृष्टिकोण का नाम साम्राज्यवाद है। उपनिवेशवाद बहुधा साम्राज्यवाद एवं दूरस्थ क्षेत्रों में उपनिवेश कायम करने का परिणाम है।' सईद की दृष्टि में साम्राज्यवाद एवं उपनिवेशवाद केवल संग्रह एवं लाभ कमाने की गतिविधियाँ नहीं हैं। उपनिवेशवादी ताकतें अपने लिए आदर्शवादी

सिद्धान्तों तथा तर्कों की संरचना करती है जिनमें यह भी शामिल होता है कि कुछ क्षेत्रों पर आधिपत्य उन क्षेत्रों के हित में होता है। ऐसे तर्कों से वे उपनिवेशवाद का औचित्य स्थापित करते हैं। यह भी सिद्ध किया जाता है कि उपनिवेशित समाज उपनिवेशी आधिपत्य तथा उससे सम्बन्धित ज्ञान के रूपों की स्वयं याचना भी करते हैं। इसलिए पश्चिमी उपनिवेशवाद उपनिवेशित समाज की सहमति का परिणाम हैं। 'सभ्य' बनाने की पश्चिम की इस परियोजना के फलस्वरूप उपनिवेशवाद पश्चिम का 19वीं सदी का सबसे बड़ा उद्योग था, परिणामस्वरूप 1914 तक लगभग पृथ्वी के 85 प्रतिशत हिस्से का उपनिवेशीकरण हो चुका था। उन उपनिवेशों की संस्कृतियों पर साम्राज्यवादी एवं उपनिवेशवादी प्रक्रियाओं का प्रभाव दुनिया के विभिन्न भागों में अलग-अलग ढंग से हुआ।

उपनिवेशवादी शक्तियाँ आज भी सक्रिय हैं हालाँकि उनके तरीके, कार्यप्रणाली और अधिक सूक्ष्म, पैने और ख़तरनाक हो गये हैं। 20वीं सदी में इसका सबसे नवीन उदाहरण ब्रिटेन के प्रधानमंत्री टोनी ब्लेयर के मित्र रॉबर्ट कूपर की 'रक्षात्मक साम्राज्यवाद' की थीसिस में मिलता है। कूपर महोदय के अनुसार तथाकथित तीसरी दुनिया के 'अलोकतान्त्रिक राष्ट्रों' अर्थात् अराजक व धीमी प्रगतिवाले देशों के लिए 20वीं सदी में उपनिवेशवाद की उतनी ही आवश्यकता है जितनी 19वीं सदी में थी। अतः विकसित श्वेत राष्ट्रों के शासकों का यह कर्तव्य है कि वे साम्राज्यवाद के नये संस्करण के द्वारा विश्व की पुनर्व्यवस्था करें। यह बात और है कि ब्रिटेन खुद को ही आर्थिक व राजनीतिक सत्ता के रूप में सँभाल नहीं पा रहा है और अमरीका की खूबसूरत स्टेपनी भर रह गया है। हैरानी की बात यह है कि विश्व का सबसे पहला उत्तरउपनिवेशी देश अमरीका आज पहले दर्ज़े का नव उपनिवेशिक देश है। जिसे हम उत्तर-आधुनिकतावाद के नाम से जानते हैं वह है उपनिवेशवाद का दर्शन। वह उत्तर-उपनिवेशवाद के नये संस्करण अर्थात् नवउपनिवेशवाद का दर्शन है जो उपभोक्तावाद और उसकी संस्कृति पर आधारित है।

मानना पड़ेगा कि उत्तर-आधुनिकतावाद पश्चिम का एक ऐसा 'दर्शन' या विमर्श है जो कम से कम सैद्धान्तिक रूप से दूसरों की सत्ता और अस्तित्व स्वीकारता है। यह विषमता तथा विभिन्न समूहों के हितों की बात करता है। दूसरों के अस्तित्व की स्वीकृति दूसरों के प्रति विनम्रता या दया में निहित होती है। उत्तर-आधुनिकतावाद का मुख्य उद्देश्य सिद्धान्ततः समूहीकरण (टोटलाइजेशन) तथा एकीकरण (होमोजनाइटी) का प्रतिरोध था पर जिस तरह पश्चिमी तन्त्र व संस्थानों ने व्यवहार में इस वाद का प्रचार-प्रसार किया है उसे देखते हुए उत्तर-आधुनिकतावाद केवल एक खोखला नारा लगता है। पूँजीवादी संस्कृति इस विमर्श का उपयोग अपने हितों के लिए करती है। उत्तर-आधुनिकतावाद मतों या विचारों को वैध मानता है क्योंकि इसके अनुसार कोई पूरी तरह सच या झूठ नहीं है। चूँकि सब सही है तो अच्छा या बुरा,

नैतिक या अनैतिक, सापेक्ष है। क्या खाया जाये, क्या न खाया जाये? क्या देखा जाये, क्या न देखा जाये सब व्यक्ति विशेष पर निर्भर करता है। इसी सापेक्षता से उत्पन्न अराजकता का लाभ उठाकर नवपूँजीवाद अपनी वस्तुओं की माँग पैदा करता है और उनके उपभोग के लिए लालायित करता है। पहले आदमी चीज़ें खरीदता था अब चीज़ें आदमी खरीदती हैं। इस प्रक्रिया में हर व्यक्ति एक बाज़ार है जो अब गाँव या शहर के बीच एक जगह न होकर हमारे शयन-कक्ष तक आ पहुँचा है। अपने तमाम साधनों, तरीकों, उपभोग की प्रणालियों तथा मीडिया से सज्जित होकर पूँजीवाद अपनी टेक्नोलॉजी अर्थात् बाज़ार द्वारा अपनी एकरूपीय सुपरवॉइस (श्रेष्ठ स्वर), भाषा एवं संस्कृति दूसरों पर थोपती है तथा सूक्ष्म ढंग से एक अनोखे नवसार्वभौमवाद को प्रस्तुत करती है।

व्यवहार में उत्तर-आधुनिकतावाद नवपूँजीवाद नामक हाथी के दिखाने के दाँतों में से एक है। यह हाथी दूसरों को रौंद डालता है पर स्वयं अदृश्य रहता है। इस कारण नवपूँजीवाद, पूँजीवाद से कहीं अधिक घातक है। यह हवा और तरंगों के साथ हमारे दिलो-दिमाग के कोने-कोने में प्रवेश कर जाता है। यह अति लुभावनी क्षण-क्षण घटनेवाली 'छोटी-छोटी क्रांतियों' के माध्यम से अन्यों को बहकाता है और महाक्रान्ति तो क्या क्रान्ति की सम्भावना को ख़त्म कर देता है। असल में जो 'उत्तर', 'नव', 'नवतर', 'सुपर' और अति, जैसे उपसर्गों के आगमन का कारण बनती है वह उत्तर-आधुनिकता का विमर्श नवपूँजीवाद की दास है क्योंकि यह नवपूँजीवाद तथा उपभोक्तावादी संस्कृति को एक सैद्धान्तिक तथा वैचारिक ढाँचा प्रदान करता है उसका रास्ता साफ़ करता है।

नवपूँजीवादी उपभोक्तावादी संस्कृति हर वस्तु को संसाधन, उत्पादकता, वस्तु एवं लाभ के पैमाने से देखती है जिससे उपभोक्ताओं के हितों की बलि चढ़ती है। इसके कारण कला एवं साहित्य का वस्तुकरण (कमोडिफिकेशन) होता है और उनका असाहित्यिक एवं अकलात्मक मानदंडों के आधार पर निर्धारण एवं मूल्यांकन प्रारम्भ हुआ है। फ्रेडरिक जेम्सन उत्तर-आधुनिकतावाद को ऐसी स्थिति के रूप में देखते हैं जिसका निर्माण साठ के दशक के उपभोक्तावादी पूँजीवाद के क्षेत्र में आयी नवीन हलचलों के कारण हुआ है। जेम्सन की उत्तर-आधुनिक एवं उत्तर-पूँजीवाद की समीक्षा के डेढ़ दशक के अन्तर्गत ही पूँजीवाद अपने घातक परिणामों को पीछे छोड़ता हुआ तेज़ी से आगे बढ़ा है। इसे तकनीकी संसाधनों के अत्याधुनिक परस्पर सहयोग से बल मिला है। नवपूँजीवाद की मिलीभगत की संस्कृति ने उत्तर-आधुनिकता तथा उत्तर-उपनिवेशवाद के खोखलेपन को उजागर कर दिया है। नव-पूँजीवाद तथाकथित उत्तर-उपनिवेशवादी समाजों की हक़ीक़त है। ये समाज नवउपनिवेशिक देशों के उत्तर-आधुनिक एवं उत्तर-उपनिवेशक विमर्श के उपभोक्ता हैं। भड़कीली उपभोक्तावादी संस्कृति से ऊर्जा तथा प्रश्रय पाकर नवपूँजीवादी देशों का नवउपनिवेशवाद अपने

स्वरूप परिवर्तन तथा औपनिवेशक इरादों को छिपाये रखने की अपनी कुशलता के बल पर ही जीवित रहता है एवं फलता-फूलता है। इस नयी व्यवस्था में 'अन्य' अपना अस्तित्व अवश्य कायम रख सकते हैं परन्तु अपने नवउपनिवेशकों की शर्तों पर उनके उपभोक्ता के रूप में कर सकते हैं। नवउपनिवेशवादी तरीकों एवं पद्धतियों के प्रतिरोध की सम्भावना यदि हो तो वह नव उपनिवेशकों एवं उनकी एजेंसियों द्वारा या तो पूर्वानुमानित कर लिया जाता है, हथिया लिया जाता है या अगवा कर लिया जाता है।

इस सन्दर्भ में मुझे उदय प्रकाश की एक लघुकथा का स्मरण हो आता है। दीपावली की रात को कुछ लड़कों ने एक कुत्ते की पूँछ में पटाखे की एक लड़ी बाँध दी और उसके एक छोर में आग लगा दी। कुत्ता भौंका, चिल्लाया, दौड़ा और अन्ततः गिर पड़ा। विनायक दत्तात्रेय जो उस समय वहाँ उपस्थित थे उन्होंने उसकी ओर हड्डी के टुकड़े फेंके। कुत्ता हड्डियाँ चबाता रहा और फटते पटाखों के भय से चीखता भी रहा। विनायक इस अनोखे दृश्य पर हँसे। जब लोगों ने उनसे हँसी का कारण पूछा तो वे बोले, 'इस कुत्ते को देखे। यह तीसरी दुनिया का सच्चा उपभोक्ता है। यह उत्तर-आधुनिक उपभोक्तावाद का दुर्दान्त उदाहरण है।' (हंस, फ़रवरी 1997)। हमें हमारी स्थिति को जानने के लिए किये गये प्रयासों के सन्दर्भ में यह किस्सा सामान्य रूप से तीसरी दुनिया में तथाकथित स्वतन्त्रता के बाद आयी उत्तर-उपनिवेशवादी खासकर हमारी स्थिति पर एक उपयुक्त टिप्पणी है। बौद्धिक स्वतन्त्रता के अभाव में उत्तर-उपनिवेशवाद का कोई विशेष अर्थ नहीं है। साथ ही खुद को निराशावादी कहलाने का जोखिम उठाते हुए मैं कहना चाहूँगा कि उत्तर-आधुनिकतावादी स्थिति एक मृग-मरीचिका है। शोषण के रूपक की तरह उपनिवेशवाद सदा विद्यमान है और रहेगा। केवल उसके रूप, रंग, स्वरूप तथा व्यवहार में परिवर्तन आता है। पर उसकी मूल प्रकृति यथावत रहती है और उपनिवेशवाद अपने नव्य, नव या नवीनतम संस्करणों के लिए मार्ग प्रशस्त करता है।

नवपूँजीवादी ताकतें उत्तर-आधुनिकतावाद के दर्शन और नवउपभोक्तावाद की संस्कृति से लैस होकर दृश्यमान उपनिवेशवाद का अत्यन्त सूक्ष्म तरीके से प्रतिस्थापन करते हुए अदृश्य नवउपनिवेशवाद का मार्ग प्रशस्त करती हैं। उपनिवेशवाद एक पर्वत की भाँति था परन्तु नवउपनिवेशवाद किसी हिमशैल जैसा है जिसका सिरा ही केवल दिखता है और वह भी केवल मुट्ठी-भर प्रज्ञावान लोगों को। जब यह हमारे ख्यातिनाम विचारकों तक को चकमा दे जाता है तो औरों की तो बात क्या? ऐसे में हमारे चिन्तकों, लेखकों एवं समीक्षकों का कार्य और अधिक दुष्कर हो जाता है। न तो इसकी उपेक्षा सम्भव है, न ही तिरस्कार। इसे केवल समझा जा सकता है तथा इसका प्रतिरोध किया जा सकता है और वैकल्पिक प्रतिरूप तैयार किया जा सकता है। उत्तर-आधुनिकतावाद का कोई निश्चित रेफरेन्स या सन्दर्भ नहीं है। ब्रेंडा

मार्शल इस बारे में ठीक ही कहती हैं कि 'हम इसकी परिभाषा शुरू करते हैं कि उत्तर-आधुनिकतावाद है... और इससे पहले कि वाक्य पूरा हो हम कठिनाई में फँस जाते हैं।' विभिन्न आलोचक इसे अलग-अलग तरीकों से लिखते हैं। कुछ बीच में हाइफन का प्रयोग करते हैं दूसरे नहीं। भूतकाल में या वर्तमान काल में एकवचन अथवा बहुवचन में भी इसका प्रयोग किया जाता है। जैसा कि टिम वुड्स ने किया है, 'उत्तर-आधुनिकतावाद क्या है/हैं/था/थे?' इसका अर्थ क्या है यह स्पष्ट नहीं है क्योंकि हेबिज ने जैसा कहा है इसे 'विभिन्न वाद-विवादों की सभी दिशाओं, विभिन्न विषयों तथा विमर्शात्मक तार्किक सीमाओं में खींचा जाता है क्योंकि विभिन्न गुट इसे अपना बनाने का प्रयास करते हैं। इस प्रकार इसका उल्लेख अनेको उद्देश्यों, प्रवृत्तियों तथा आपातकालीन स्थितियों का परिज्ञान कराने के लिए किया जाता है।' उत्तर-आधुनिकतावाद की इस स्वच्छन्द कीड़ा में 'आपको वैसा ही उत्तर-आधुनिकतावाद प्राप्त होता है जिसके आप लायक हैं' (डेविड एंटिन, 'मॉडर्निज्म एंड पोस्टमॉडर्निज्म', बाउण्ड्री 2.1.1972)। केवल एक ही स्थान है जहाँ यह पोस्टमास्टर तथा पोस्टमॉर्टम के बीच सैंडविच स्थिर बना है। और वह जगह है डिक्शनरी। यह पश्चिम से प्रेषित किया जाता है। वास्तव में पश्चिम ही इसका लेखक, प्रोसेसर, पैकेजर, पोस्ट मास्टर एवं वितरक है। हमारे द्वारा इसकी अविवेचनात्मक स्वीकृति या इसका गुणगान हमारी जीवन्त संस्कृति एवं सभ्यता के पोस्टमॉर्टम के बराबर होगा।

उत्तर-आधुनिकतावाद चाहे जो कुछ भी हो, हमारे समाज और हमारी साहित्यिक एवं समीक्षात्मक बिरादरी की इसके प्रति चाहे जो भी प्रतिक्रिया हो, यह स्वीकार करना होगा कि हम इससे या तो प्रेम कर सकते हैं या घृणा, परन्तु इसके प्रति उदासीन नहीं रह सकते क्योंकि इससे बचना अकल्पनीय है। पश्चिम ने तो आलोचना-सिद्धान्त (थ्योरी) के 'अन्त', 'मृत्यु' या उत्तरसिद्धान्त काल की बीसवीं सदी के आखिरी दशक में घोषणा तो कर दी थी पर हमारे साहित्य या आलोचना का कोई ही विमर्श हो जिसमें उत्तर-आधुनिक शब्द का छोंक न लगा हो। इसे इतना अधिक प्रचलन प्राप्त हो चुका है कि इसकी अवहेलना नहीं की जा सकती। यह हमारे साथ अब भी घटित हो रहा है। इसकी स्वीकृति के प्रति अफ़सोस करने के बजाय आवश्यकता इस बात की है कि इसकी परिस्थितियों, रणनीति तथा प्रक्रिया को समझा जाये। भारत जैसे राष्ट्रों को इसके प्रतिरोध के लिए रणनीति बनानी चाहिए तथा इसे विवेक की स्थिति में ग्रहण कर इसके प्रति प्रतिक्रिया व्यक्त करनी चाहिए। हमारा साहित्य एवं हमारी समीक्षा अपनी भूमिका का निर्वाह इसके छिपे हुए घृणित चेहरे को बेनकाब करके तथा अपनी प्रति-रणनीति के माध्यम से इसके उन पक्षों का प्रतिरोध कर सकते हैं जो हमारे देशीय एवं सामाजिक हितों के प्रतिकूल हैं। हम इसका प्रतिरोध निम्नलिखित तरीकों से कर सकते हैं—(1) उत्तर-आधुनिकता के प्रति उदासीनता का दृष्टिकोण अपनाते हुए हम शुतुरमुर्गी ढंग से इसे पूरी तरह

खारिज कर दें तथा इसके विषय में बिना विचारे अपने चारों ओर पनपने दें एवं इस प्रक्रिया में इसकी आँधी में दफन हो जायें, (2) हम इसके प्रचार, प्रचलन तथा आधिपत्य को स्वीकार करें एवं इसके प्रति समर्पण कर दें, (3) हम इसका यशोगान करें और इस प्रकार बौद्धिक एवं सांस्कृतिक आत्मघात कर बैठें, (4) हम इसका प्रोएक्टिव ढंग से सामना करें—इसे समझें तथा इसके नकारात्मक पक्षों को अस्वीकार कर इसके उपयोगी पक्षों को ग्रहण करें। (5) इसके अन्य विकल्पों के विषय में सोचें, इसे पुनः परिभाषित करें, हम अपनी परम्परा या ग्रन्थों के तहत इस विमर्श को देखें या फिर इस विमर्श के सन्दर्भ में अपनी परम्परा या ग्रन्थों को तुलनात्मक ढंग से देखें। हालाँकि इसके विमर्श में यह एक प्रकार की अप्रत्यक्ष भागीदारी होगी क्योंकि ऐसे वाद प्रतिरोध से नयी शक्ति प्राप्त करते हैं।

उत्तर-आधुनिकतावाद के उपलब्ध विकल्पों में देशीवाद (नेटिविज़्म) ही सबसे प्रभावी है। इस सन्दर्भ में देशीवाद की चर्चा के पहले इसके कुछ मुद्दों की चर्चा करना यहाँ असंगत नहीं होगा।

यह बात बेहिचक मान लेनी चाहिए कि देशीवाद राजनीति से अछूती संरचना नहीं है। अंग्रेज़ी शब्द 'नेटिव' व्युत्पत्तिमूलक दृष्टि से 'नेसी' (Nasci) तथा नेटस (Natus) से सम्बन्धित है। संयोगवश नेटिविज़्म के साथ प्रयुक्त होनेवाले समानार्थी शब्द इंडिजिनिज़्म के मूल 'जीन' का सम्बन्ध भी जन्म से है। कभी-कभी देशीवाद जो कि नेटिविज़्म का भारतीय प्रतिरूप है, भाषा पर इतना ज़्यादा ज़ोर देता है कि इस धारणा को एक भाषिक संरचना मान लिया जाता है। भाषा पर यह ज़ोर तर्कसंगत है क्योंकि भाषा का सम्बन्ध रचना, चेतना तथा रचना के आस्वाद से है। भाषा की सीमाएँ चाहे जो कुछ भी हों परन्तु यही एक ऐसा माध्यम है जिसके माध्यम से हम अपने चेतन, अवचेतन तथा अचेतन मस्तिष्क में अवस्थित काल्पनिक या वास्तविक अनुभव को व्यक्त कर सकते हैं। यदि थोड़ा और आगे बढ़ें तो भाषा के माध्यम से ही हम नये विश्वों का निर्माण और उनकी समझ पैदा करते हैं। भाषा हमारी चेतना के साथ इस प्रकार घुल-मिल जाती है जैसे कि रंग एवं कैनवास। हम ज्यों ही रंग को उखाड़ने का प्रयत्न करते हैं त्यों ही कैनवास का कुछ अंश भी निकल जाता है। इसलिए अनुभवों की अभिव्यक्ति के प्रति ईमानदारी एवं निष्ठा के लिए देशीवाद भाषा पर बल देता है जो काफ़ी हद तक औचित्यपूर्ण है।

देशीवाद तथा नेटिविज़्म कुछ मूलभूत सिद्धान्त में, साम्य अवश्य रखते हैं परन्तु दोनों को समानार्थी शब्दों के रूप में देखना हमारी विशिष्टता को गिरवी रखने के समान होगा। यद्यपि भालचन्द नेमाड़े जो इस आन्दोलन के अगुवा हैं तथा गणेश देवी एवं मकरन्द परांजपे जैसे परवर्ती आलोचक इस शब्द को अंग्रेज़ी भाषा के अर्थ में लेने में कोई असुविधा का बोध नहीं करते। देशीवाद 'घेटो' संस्कृति का गुणगान नहीं है। नेमाड़े संकीर्णता के विरुद्ध उदारता एवं विश्वजनीनता के तथाकथित दावों

के ख़िलाफ़ है। सार्वभौमिकतावाद से न तो उनका कोई विरोध है और न ही वे इसकी सीमाओं से पूर्णतया अनभिज्ञ हैं। वे अन्तर्राष्ट्रीयतावाद के अन्तर्निहित अन्तर्विरोधों से परिचित हैं। अपने सारगर्भित लेख में उन्होंने कहा है, 'सैद्धान्तिक रूप से भी देशीयता की अवधारणा के आधार के बिना अन्तर्राष्ट्रीयतावाद असम्भव है क्योंकि देशीवाद एक बहुकेन्द्रित, विश्लेषणात्मक अवधारणा है जबकि अन्तर्राष्ट्रीयतावाद एक कृत्रिम एवं परजीवी अवधारणा है।'

यद्यपि देशीवाद भाषा पर अधिकाधिक रूप से निर्भर करता है तथापि कम से कम भारत में हमें देशीवाद तथा देश के बीच किसी सम्बन्ध-विच्छेद की आवश्यकता नहीं है। तथाकथित उत्तरराष्ट्र (पोस्टनेशन) समाज में हममें से कुछ स्वतन्त्रता के बाद की स्थिति के आकलन के लिए इसे स्वीकार करते हैं। हमें यह ध्यान रखना चाहिए कि पश्चिम में राष्ट्र कुछ हित समूहों का संगठन था। पश्चिम ने इन समूहों के साथ दूसरी जातियों एवं समाजों को अपने शत्रु के रूप में देखा और फिर या तो उसका जैसे दक्षिणी अमरीका की माया तथा इनका समाजों का विनाश कर डाला या फिर अफ्रीकी, भारत आदि देशों का उपनिवेशीकरण किया। पश्चिम ने अपने यहाँ के ही अन्य समाजों एवं समुदायों का आर्थिक, सांस्कृतिक तथा बौद्धिक शोषण किया तो किया ही किन्तु उससे बाहर भी अन्य समाजों का एवं समुदायों का शोषण किया और उसकी अच्छी फसल काटी। कालान्तर में राष्ट्र की अवधारणा के कारण दो विश्वयुद्धों के रूप में दैवी प्रतिशोध उनकी प्रतीक्षा में था। तब जाकर पश्चिम ने इसे एक दुर्दान्त बुराई करार दिया। भारत में गुरुदेव रवीन्द्रनाथ जैसे कुछ मानवतावादी विद्वानों ने भी राष्ट्र रूपी बुराई का अपनी पश्चिम यात्रा के दौरान दिये गये भाषणों में विरोध किया है। उनके व्याख्यानों से स्पष्ट है कि वे उस काल की ऐतिहासिक परिस्थितियों एवं पश्चिमी अवधारणा के दबावों से ऊपर नहीं उठ पाये थे जिन्होंने एक संगठित राष्ट्र के गठन का पथ प्रशस्त किया था जिसका परिणाम विश्व युद्ध था।

देशीवाद देश से असम्बद्ध नहीं है। यह टैगोर की पश्चिम प्रभावित राष्ट्र की घोर ऐकान्तिक अवधारणा नहीं जिसमें राष्ट्र का अर्थ था एक क्षेत्र, एक धर्म, एक प्रजाति, एक भाषा, एक साहित्य तथा एक संस्कृति होती है। अन्य के लिए इसमें स्थान नहीं होता। इसके बरक्स गाँधी की राष्ट्र की समावेशक अवधारणा है जो राष्ट्र से अन्तर्राष्ट्रीयता की ओर ले जाती है। सुखी राष्ट्रवाद सुखी अन्तर्राष्ट्रवाद का रास्ता बनाता है और उनमें संघर्ष की गुंज़ाइश नहीं रहती। पश्चिमी समाज भले ही उत्तरराष्ट्रीयता की स्थिति में पहुँच गया हो परन्तु इसका अर्थ यह नहीं कि हम भी उस स्थिति के समीप आ गये हैं और हमें भी पश्चिम की नकल करते हुए राष्ट्र की अवधारणा को ठुकरा देना चाहिए। हमें निश्चित ही राष्ट्रीयता की आधुनिक पश्चिमी धारणा का तिरस्कार करना चाहिए परन्तु गाँधी की राष्ट्र की अवधारणा का नहीं। हमारे लिए राष्ट्र एक ऐसी इकाई है जिसके सहारे हम

उत्तर-आधुनिक नव-उपनिवेशवादी, नवपूँजीवादी तथा अन्धे पश्चिमीकरण जिसका अर्थ है अमरीकीकरण के आक्रमण का प्रतिरोध कर सकते हैं। देशीवाद तथा राष्ट्र की अवधारणा के बीच जो सम्बन्ध है वह देशीवाद को एक रणनीति के रूप में प्रस्तावित करता है जिसका मुख्य आग्रह अपनी अस्मिता, जातिगत विशिष्टता तथा प्रामाणिकता पर होता है, जो प्रत्यक्ष अथवा अप्रत्यक्ष नवपूँजीवादी तथा नवउपनिवेशवादी शक्तियों द्वारा सांस्कृतिक अथवा बौद्धिक हमलों का प्रतिरोध करता है और उन्हें अस्मिताओं पर तथा सीमान्त समाजों के आँकड़ों के रूप में प्रयोग होने से बचाता है। इसके अतिरिक्त हमारा नवदेशीवाद परम्परागत देशीवाद से उसी प्रकार अधिक समावेशी है जैसे गाँधी की धारणा पश्चिमी राष्ट्रवाद से अधिक समावेशी है। हमारे लिए देशीवाद दलित, स्त्रीवादी, श्रमिकों तथा कृषकों के विमर्श को बहिष्कृत नहीं करता बल्कि उन्हें स्वीकारता है, जैसे गाँधी की राष्ट्र सम्बन्धी अवधारणा अन्य राष्ट्रों को स्वीकारती है और सुखी अन्तर्राष्ट्रवाद की ओर ले जाती है।

देशीवाद आर्थिक, राजनीतिक, बौद्धिक, सांस्कृतिक एवं सामाजिक जीवन से जुड़े सभी पहलुओं को शामिल करता है। परन्तु यदि मैं केवल साहित्य पर ध्यान केन्द्रित करूँ तो यह लेखकों की तुलना में आलोचकों की चर्चा का विषय अधिक है क्योंकि कोई भी प्रतिभासम्पन्न लेखक किसी वाद की सीमाओं में लिखना नहीं चाहता। यदि कोई लेखक ऐसा करता है तो वह लेखक अपने अनुभव की तुलना में उस वाद विशिष्ट के प्रति अधिक निष्ठावान होगा। भारतीय विविधवादी समाज के एक सदस्य के रूप में मेरे लिए रोचक बात यह है कि देशीवाद मुझे उन आदर्शों, मापदंडों एवं कोटियों को स्वीकार करने की अनुमति नहीं देता जो मेरे अनुभवों द्वारा समर्थित न हों। अतएव आलोचकों एवं सृजनात्मक लेखकों का यह कर्तव्य है कि वे अपनी सृजनात्मक एवं आलोचनात्मक प्रतिभा द्वारा उनकी भूमिका के विषय में करते रहें और उसमें जो विचलित हों उनकी मिलीभगत और झूठ को आगाह करते रहें। ज्यॉर्ज वाटसन ने काफी पहले छपी अपनी किताब 'लिटरेरी क्रिटिक्स' के पहले पृष्ठ पर लिखा था कि आलोचना लोगों को झूठ बोलने से नहीं रोक सकती। आलोचना का कर्तव्य यह है कि झूठ सच की तरह स्थापित न हो जाये। देशीवादी मानदंड न बन जाये। आलोचकों को यह बात गाँठ जैसी है ताकि झूठ—पराये या उनके अपने—सच या देशीवाद को कम से कम मेरी वकालत की आवश्यकता नहीं है क्योंकि इसे इतिहास का समर्थन प्राप्त है। मैं पश्चिमी इतिहास के कुछ दृष्टान्त देना चाहूँगा। सोलहवीं शती में ब्रिटिश राष्ट्र तथा समाज के सामने सवाल था कि नवसृजित अंग्रेज़ी साहित्य, नाटक एवं कविता के विकास की दिशा क्या हो? एक ओर 'मिस्ट्री' 'मिरेकल' 'मोरेलिटी' तथा 'इंटरल्यूड' जैसे देशी नाट्य रूप थे तो दूसरी तरफ ग्रीक तथा रोमन नाटकों की समृद्ध परम्परा थी। अनेक नाटक उन दिनों इंग्लैंड के स्कूल तथा कॉलेजों के पाठ्यक्रमों में पढ़ाये जाते थे। सर फिलिप सिडनी, गैब्रियल

हारवे, स्पेंसर, बेन जॉन्सन आदि समृद्ध क्लासिकी किन्तु विदेशी परम्परा के समर्थक थे। वहीं दूसरी ओर जॉन चेक, रॉजर ऐस्केम आदि ने निजी देशी साहित्यिक रूपों की वकालत की। वे रोम के प्रशंसक तो थे परन्तु प्रेम लन्दन से करते थे। संघर्ष देशी तथा विदेशी साहित्यिक रूपों के बीच था। अंग्रेज़ी समाज ने देशी परम्परा का चुनाव किया और परिणाम सामने है। अंग्रेज़ी साहित्य के सभी विद्यार्थी इस तथ्य से परिचित हैं कि किस प्रकार 16वीं शती में देशी अंग्रेज़ी परम्परा उसके विदेशी प्रतिरूपों के बीच एक अद्‌भुत सामंजस्य का निर्वाह करते हुए आगे बढ़ी। उसी समय में विलियम शेक्सपियर ने सीधे-सीधे इस बहस में पड़े बगैर अपनी रचनाशीलता से विदेशी रूपों का प्रतिरोध करते हुए अपने 'देशी स्वच्छन्द वन्य संगीत' को अंगीकार किया और वे दुनिया के महान नाटककारों के रूप में प्रतिष्ठित हुए।

अमरीकी लोगों ने भी स्वयं को इतिहास के दुराहे पर खड़ा पाया जहाँ उन्हें देशी तथा विदेशी के बीच चुनाव करना था। अमरीका आज़ाद हुआ 1976 में। राजनीतिक आज़ादी मिली पर बौद्धिक आज़ादी बाकी थी। आर.डब्ल्यू. इमरसन ने अपना 'अमेरिकन स्कॉलर' नामक मशहूर व्याख्यान अमरीकी राजनीतिक आज़ादी लगभग 61 वर्षों बाद 31 अक्टूबर, 1837 को दिया था। इस व्याख्यान का स्वागत बौद्धिक उपनिवेशवाद से छुटकारा दिलानेवाले व्याख्यान के रूप में किया गया (लेविसन, 122)। उनकी 'अमेरिकन स्कॉलर' की तलाश नवजात अमरीकी सभ्यता के समर्थकों एवं प्रतिष्ठित ग्रीक-रोमन यूरोपियन परम्परा के बीच छिड़े विवाद का हिस्सा थी। विवाद इस बात को लेकर था कि आज़ाद देश को कौन सा मिथकशास्त्र अपनाना चाहिए। मिथक के विषय में उनकी मित्र मार्गरेट फुलर का मत था कि अमरीकी यूरोपियों के सीधे वंशज हैं अतः ग्रीक एवं रोमन मिथक उनके अपने हैं। इसलिए उनका प्रयोग वे अपने साहित्यिक सृजन में कर सकते हैं। पर इमरसन की इस मत से सहमति न थी क्योंकि वे नये देश के उसका खुद का मिथकशास्त्र चाहते थे। परन्तु मिथक के लिए अतीत की आवश्यकता होती है जो अमरीका के पास नहीं था। 1492 में खोजे गये अमरीका को ले-देकर तीन सदियों से कुछ ज्यादा साल हुए थे। पुराऐतिहासिक मिथकीय अतीत की बात तो दूर, अतीत था ही नहीं। अतीत गढ़ा भी नहीं जा सकता, यदि ऐसा होता तो अमेरिकनों ने गढ़ लिया होता। इस परेशानी से बचने के लिए इमरसन ने मिथक की नयी परिभाषा दी। उन्होंने अपने 'जर्नल' में लिखा कि मिथक वह है जिस पर अधिकाधिक लोग, अधिकाधिक अवसरों पर अधिकाधिक स्थानों में विश्वास करते हों। और इस परियोजना को आगे बढ़ाते हुए फ्रंटियर, रोड, अमेरिकन ड्रीम, अमेरिकन एडम, सक्सेस जैसे मिथकों का निर्माण किया जिनका उपन्यासकारों एवं नाटककारों ने इस प्रकार प्रयोग किया कि अमेरिकी साहित्य ने 20वीं सदी के आविर्भाव के साथ विश्व साहित्य में न केवल अपना अलग स्थान बनाया बल्कि अंग्रेज़ी साहित्य से अलग अपनी एक विशिष्ट

पहचान भी कायम की।

देशीवाद के विरुद्ध अक्सर संकीर्णतावाद या प्रान्तीयतावाद तथा पुनरुत्थानवाद की आशंका व्यक्त की जाती है। आधिपत्य थोपनेवाले प्रबल सत्ताधारी समूहों द्वारा 'दुर्बल स्वरों' के दमन तथा अनेक छोटे राष्ट्रों के उदय की आशंका सर्वथा निराधार नहीं है। यह बहुलतावादी भारतवर्ष को विघटन के कगार पर ला सकती है, विशेषतः उस समय जब अनेक उपराष्ट्रीयताओं के आपस में एक-दूसरे के ख़िलाफ़ भिड़ जाने का भय हो। जहाँ तक देशीवाद के विरुद्ध संकीर्णता के आरोप का प्रश्न है तो देशीवाद के प्रति संशयकर्ताओं के मानदंडों के अनुसार शेक्सपियर को भी संकीर्ण क्षेत्रवादी लेखक मानना होगा। अपने अनुवादकों, व्यापारियों, लुटेरों, सैन्य शक्ति एवं उसके फलस्वरूप हुए दुनिया के बड़े भू-भाग के उपनिवेशीकरण की मदद के अभाव में अंग्रेज़ी भाषा और साहित्य विश्व के अनेक भागों में पहुँचा। 'बाइबल', शेक्सपियर और मिल्टन आदि भी समाजों में अंग्रेज़ी सेना के साथ पहुँचे। अगर उपनिवेशवाद की मदद न होती तो क्या अंग्रेज़ी भाषा और साहित्य अन्तर्राष्ट्रीय भाषा और विश्व साहित्य का दर्ज़ा कभी हासिल कर पाते? अपनी समस्त साहित्यिक ख़ूबियों के बावजूद शेक्सपियर अंग्रेजी समुद्री किनारों से आगे नहीं बढ़ पाते। भारत में ही देखें तो पायेंगे कि अंग्रेज़ी उपनिवेश के साथ अंग्रेज़ी भाषा, साहित्य, शेक्सपियर और बाद में टी.एस. एलियट आये। उन्होंने एजरा पाउण्ड एलियट की कविता 'वेस्टलैण्ड' का रचनात्मक किन्तु निर्मम सम्पादन किया और लगभग दो तिहाई हिस्सा निकाल दिया। वे भारत नहीं पहुँचे। पाउण्ड की काव्य कला के एलिएट इतने कायल थे कि उन्होंने चूँ तक नहीं की। कारण था पाउण्ड अमरीकी थे पर तब अमरीकी सुपर आवर न था। अतः उन्हें अमरीकी साहित्य के भारत में 1960 के दशक तक आने तक इन्तज़ार करना पड़ा।

देशीवाद के आलोचक इसमें पुनरुत्थानवाद के बीज देखते हैं। यह स्वाभाविक है क्योंकि संकीर्ण एवं अनुदार देशीवाद पुनरुत्थान की ओर ले जा सकता है। परन्तु यह ध्यान रखने योग्य है कि 'पुनरुत्थान' अपने आप में उतना बुरा नहीं जितना पुनरुत्थानवाद है। विभिन्न प्रश्नों जैसे किसको पुनर्जीवित करना चाहिए और किसको नहीं?—आदि प्रश्नों पर विचार करने के पश्चात किया गया पुनरुत्थान न तो सदैव अनुचित है, न ही अवांछित। यह नासमझी होगी कि प्राचीन परम्पराओं को एक अनुपयोगी, व्यर्थ एवं बोझिल वस्तु मानकर बहिष्कृत कर दिया जाये। यह नवीन सृजन के लिए घातक होगा क्योंकि पुनरुत्थानवाद का भय सृजनात्मक लेखकों को परम्परा से सम्बन्ध-विच्छेद के लिए फुसलाता है। उदाहरण के लिए हमारी 20वीं सदी की अधिकांश समस्याएँ 19वीं सदी की समस्याओं से जुड़ी हुई हैं। इस कारण यह आवश्यक है कि हम पुनः सुधारकों, विचारकों, लेखकों तथा उनके द्वारा निर्मित प्रतिमानों की ओर लौटें जिनका निर्माण उन्होंने समस्याओं की जटिलता की परख

और उन्मूलन के लिए किया था। अपनी जटिल समस्याओं से निपटने के लिए, रणनीति बनाने के लिए जो कुछ हमारे लिए उपयोगी हो सकता हो उसे स्वीकार करना न ही पश्चगमन है और न ही पुनरुत्थानवाद। क्या पुनर्जीवन की सम्भावना का पता लगाने के लिए भारतीय साहित्यिक एवं समीक्षात्मक परम्पराओं की ओर लौटना पुनरुत्थान कहलाएगा? यदि ऐसा है तो यह पुनरुत्थान पश्चिमी सिद्धान्तों और वोदा के अन्धानुकरण से बेहतर होगा। क्या पश्चिमी समीक्षा ने अपनी यात्रा में नयी आलोचना के विकास के लिए 'रेटॉरिक' या अलंकारशास्त्र को पुनर्जीवित नहीं किया? अलंकारशास्त्र प्राचीन ग्रीस और रोम की निधि थी, न कि 20वीं शताब्दी की। परन्तु अलंकारशास्त्र के सही पुनरुत्थान ने नयी आलोचना को जन्म दिया। स्वामी विवेकानन्द पश्चिम से लौटने के बाद पुनरुत्थानवाद के प्रश्न (विशेषकर धार्मिक क्षेत्र में) के प्रति चिन्तित थे। उन्होंने मदुरै में अपने स्वागत भाषण में पुनरुत्थान के विभिन्न पहलुओं पर अपने विचार व्यक्त किये :

"आगे संकट और यश दोनों है : पुनरुत्थान कभी-कभी मतान्धता को जन्म देता है, कभी अतिवाद तक पहुँच जाता है। अक्सर जब यह एक विशेष सीमा के पार चला जाता है तो यह उनके भी नियन्त्रण से बाहर हो जाता है जिन्होंने इसकी शुरुआत की थी। इस कारण यह बेहतर है कि हम पहले से ख़बरदार हो जायें। हमें अपना रास्ता पुराने अन्धविश्वासोंवाली रूढ़िवादिता रूपी कुएँ तथा उस भौतिकवादी यूरोपीयवाद, निष्प्राणता तथा तथाकथित सुधारवाद के बीच से बनाना है। पश्चिमी प्रगति की नींव तक व्यापक हो गयी है—इन दोनों के विषय में सतर्क रहने की ज़रूरत है। पहली बात तो यह कि हम पश्चिमी नहीं हो सकते इसलिए उनका अनुकरण बेकार है ...दूसरी बात यह कि यह असम्भव है।" (172)

25 जनवरी, 1897 को अपने स्वागत भाषण के उत्तर में उन्होंने पश्चिमीकरण एवं निजी भारतीय देशी परम्परा के ताने-बाने के बीच फँसी उस युग की पीढ़ी को सम्बोधित किया। यह वह प्रश्न था जो उन्हें भी सता रहा था। इसका उत्तर देने के लिए उन्होंने विषय की दोबारा पड़ताल नये तर्कों की सहायता से की।

'भारतवर्ष में हमारे मार्ग में दो बाधाएँ हैं एक प्राचीन रूढ़िवाद रूपी कुएँ की तो दूसरी आधुनिक यूरोपीय सभ्यता रूपी खाई की। इन दोनों में अपना समर्थन मैं प्राचीन रूढ़िवाद को दूँगा क्योंकि रूढ़िवादी मनुष्य भले ही अज्ञानी या असभ्य कहा जाये परन्तु उसके पास आस्था होती है, उसके पास शक्ति होती है। वह अपने पैरों पर मजबूती से खड़ा है जबकि यूरोपीयकृत मनुष्य की रीढ़ ही नहीं होती। वह इधर-उधर से यों ही चुने हुए बिना आत्मसात किये अधकचरे एवं असंगत विचारों का पुंज होता है। वह अपने पैरों पर खड़ा नहीं होता और उसका दिमाग़ चकराता रहता है।'

विवेकानन्द के ख़िलाफ़ रूढ़िवादिता की वकालत करने एवं उनके द्वारा

पुनरुत्थानवादी की वकालत करने एवं पुनरुत्थानवादी हिन्दू कट्टरपंथियों के साथ स्वैच्छिक मिलीभगत होने का आरोप लगाया जा सकता है। परन्तु संशयवादियों से उनका बचाव करने के लिए उन्हें किसी भी व्यक्ति, कम से कम मेरे समर्थन की कोई आवश्यकता नहीं। वे पुनरुत्थानवाद में निहित ख़तरों के प्रति पूरी तरह सचेत थे और मतान्धता के प्रति हमें आगाह किया है। परन्तु उन्होंने यूरोपवाद को रूढ़िवाद से अधिक ख़तरनाक माना था। यह ज़रूरी नहीं कि हम उनके विचारों का अन्धा समर्थन करें या वृथा भयभीत हों अथवा अस्वीकृतिवादी हो जायें। परन्तु हमें ध्यान रखना होगा कि प्रचलित पश्चिमीकरण 'अन्य' को संरचित एवं नियन्त्रित करता है। हमें अस्तित्व व अस्मिता की रक्षा के लिए पुनरुत्थान की रणनीति का उपयोग करना होगा। ज़ाहिर है समय बदल गया है इस बदले समय में पुराने हथियार चलाने से पहले उनकी सफाई करनी होती है और उनमें लगातार सुधार करना होता है पर ऐसा करने के लिए उन्हें बाहर तो निकालना पड़ेगा। उनमें लगी जंग को साफ़ करना होगा और ज्यादा जंग खा चुकी हो तो उसका मोह त्याग उन्हें फेंकना पड़ेगा।

परम्परा में भी सब कुछ पुनरुत्थान के लायक नहीं होता है। मुख्य प्रश्न यह है : किसका पुनरुत्थान किया जाये? और किसका न किया जाये? हमारे प्रबुद्ध लेखकों ने इस विषय में कुछ सुझाव दिये हैं। अपने नाटक 'मालविकाग्निमित्र' की शुरुआत में ही कालिदास ने लिखा :

"पुराणमित्येव न साधु सर्वम्, न चापि काव्यम् निबमित्यबाध्यम।
सन्तः परीक्षान्तर मजन्ते मूढः पराप्रत्यनेव बुद्धिः।।

कि पुराना सब कुछ इसलिए श्रेयस्कर नहीं है क्योंकि वह पुराना है और हर नयी चीज़ निन्दा योग्य नहीं होती है। वे रास्ता भी बताते हैं कि बुद्धिमान लोग परीक्षा के बाद किसी चीज़ को स्वीकार करते हैं और मूर्ख दूसरों का अनुसरण करते हैं। तुलसीदासजी ने 'रामचरितमानस' में लिखा, "संग्रह, त्याग न बिनु पहचाने।" तुलसीदासजी ने हमें अपने अतीत के अभिज्ञानहीन संग्रह या बहिष्कार दोनों के प्रति आगाह किया था। बीसवीं शताब्दी में निराला ने भी कहा है :

भ्रम में जो दिया ज्ञान में दो तुम गिन गिन।
भ्रम में जो लिया ज्ञान में लो तुम गिन गिन।।

किसी नयी या बाहरी वस्तु का स्वीकार अपनी किसी वस्तु का विवेकहीन परित्याग—दोनों ही समान रूप से घातक हैं। जो कुछ भी जीर्ण-शीर्ण एवं गलित है उसका उसी प्रकार परित्याग किया जाना चाहिए जिस प्रकार एक कुशल शल्य चिकित्सक विगलित अंश को स्वस्थ अंश से अलग कर देता है। परन्तु जिसमें जीवन की सम्भावना है उसे स्वीकार कर उसका पुनरुद्धार करने में क्या हानि है? पुनरुत्थान के डर से उसके बारे में विलाप करने के बजाय हमारी परम्परा को एक व्यावहारिक, प्रगतिशील एवं सकारात्मक पुनरुत्थान की आवश्यकता है। आलोचक

नामवर सिंह का विचार है, 'हमें अज्ञान एवं ज्ञान के बीच के अन्तर को जानना होगा। हमने अपने प्राचीन काव्यशास्त्र एवं अलंकारशास्त्र का उसी तरह परित्याग कर दिया है जिस प्रकार उस लोकप्रसिद्ध अन्धे ने अपने बहुमूल्य स्वर्ण एवं हीरों को फेंककर पत्थरों को रख लिया था। दूसरी ओर पश्चिमी लोग अपने चिथड़ों से बने थैलों से सोना निकालकर काफी समय से अपने सिद्धान्तों को विकसित करने में लगे हैं। हमें भी वही करना होगा। इस अर्थ में पुनरुत्थान बुरी वस्तु नहीं है, यदि वह बुद्धिमत्ता, विचार और विवेक के साथ हो।' (173-174)। अपनी आलोचना परम्पराओं के आलोक में पश्चिमी वादों, विशेषकर उत्तर-आधुनिकतावाद या उत्तर-उपनिवेशवाद को न केवल हम अपने ढंग से समझ सकेंगे बल्कि उन्हें नया अर्थ भी दे सकेंगे।

अपनी बात समाप्त करने के लिए मैं पुनः देशीवाद की ओर लौटता हूँ। उत्तर-आधुनिकतावाद तथा उत्तर-उपनिवेशवाद जैसे वादों का योग्य विकल्प देशीवाद है। अतः उनकी परिभाषा देशीवाद को ध्यान में रखकर की जानी चाहिए। इस प्रक्रिया में देशीवाद का सम्बन्ध जड़ों से है, परन्तु यह नहीं भूलना चाहिए कि पक्षी भी अपना घोंसला जड़ में नहीं बनाते। मनुष्य भी अपना घर नींव 'में' नहीं बनाते बल्कि उस 'पर' बनाते हैं ताकि वे ऊपर आकाश देख सकें। जड़ों के प्रति प्रेम में हमें इतना अधिक नहीं बहक जाना चाहिए कि हम उन्हें गर्दन में लपेटकर अपना दम घोंट लें। यह आत्मघाती होगा। के. सच्चिदानन्दन ने अपने आलेख 'देशीवाद और उसके उभयभाव' में क्षेत्रवाद, पुनरुत्थानवाद तथा विघटन के संकट के प्रति अपनी वैध आशंकाओं का उल्लेख किया है। और यदि देशीवाद के प्रति हमारे भय एवं आशंकाएँ कायम रहती हैं तो हमें अपनी परिस्थिति एवं सन्दर्भ को ध्यान में रखते हुए उसे पुनः परिभाषित करना चाहिए। गाँधीजी ने स्वदेशी के सन्दर्भ में एक प्रकार से देशीवाद को नया आयाम दिया। हम उनकी स्वदेशी की अवधारणा में विद्यमान सकारात्मक तत्त्व को ढूँढ़ने के लिए नेमाड़े से पीछे भी जा सकते हैं, भले ही भारतेन्दु, चिपलूणकर, नर्मद या बंकिम तक जाने की क्षमता सब में न हो। गाँधीजी की स्वदेशी की अवधारणा एक रणनीति थी। यह परदेशी अथवा विदेशी के विरुद्ध एक विकल्प था। स्वतन्त्रता के पाँच दशकों के बाद कम से कम राजनीतिक दृष्टि से परदेशी या विदेशी की समस्या अब तक समाप्त हो चुकी है, यद्यपि यह अप्रत्यक्ष रूप से दूसरे स्वरों, संस्कृतियों, साहित्यों तथा समाजों को चुनौती प्रदान कर रही है। इस पर कोई दो राय नहीं कि हमें विदेशी से भी उन बातों को ग्रहण करना होगा जो हमारे लिए उपयोगी हैं। यदि हमारा देशीवाद लोगों के भय एवं आशंकाओं को दूर करने में अक्षम रहा है तो जिस तरह गाँधीजी को स्वदेशी तथा परदेशी के बीच चुनाव करना पड़ा था उसी प्रकार देशीवाद का आज हमें कुदेशीवाद तथा सुदेशीवाद, के बीच चुनाव करना होगा। और हमारा चुनाव ऐसे सुदेशीवाद के समर्थन में होना चाहिए जो एक सकारात्मक, प्रगतिशील, व्यावहारिक, समावेशी अवधारणा है। संक्षेप

में उत्तर-आधुनिकतावाद का विकल्प सुदेशीवाद है जिसका और कोई अन्य विकल्प नहीं दिखता।

यहाँ मैं देशीवाद द्वारा मात्र आत्मअनुभवजन्य मानदंडों की स्वीकृति के बारे में गुजराती के आलोचक धीरूभाई परीख की मुझे भेजी उस टिप्पणी का उल्लेख करना चाहूँगा जिसमें उन्होंने कहा था कि यदि हम किसी पश्चिमी/आधुनिकतावादी कृति का अध्ययन करें तो वह 'अध्ययन' हमारा अपना अनुभव बन जाता है। यह कथन ऊपरी तौर पर सही प्रतीत होता है परन्तु यह मानना पड़ेगा कि अध्ययन के माध्यम से प्राप्त अनुभव हमारा वास्तविक अनुभव नहीं हो सकता, हालाँकि यह हमारे अनुभव को काफ़ी हद तक समृद्ध ज़रूर करता है। पर वह 'हमारा' अनुभव नहीं होगा। यह 'अनुभव' उस व्यक्ति के अनुभव से अवश्य भिन्न होगा, जिसने उसे स्वयं भोगा है तथा उस पाठक विशेष के अनुभव का जो उस संस्कृति में पला-बढ़ा है। यह विषय नये अनुभव की अस्वीकृति से सम्बन्धित न होकर दोनों प्रकार के अनुभवों को एक मानने की भ्रान्ति से सम्बन्धित है जिसे ज्यों का त्यों स्वीकारने का मतलब है पश्चिमी 'वादों' एवं मानदंडों के स्याही का मात्र सोख्ता बन जाना। टैगोर के उदाहरण के माध्यम से मैं इस विषय की पेचीदगी पर दो मुख्य उद्देश्यों की पूर्ति के लिए विचार रखना चाहूँगा जिनका सम्बन्ध उनकी राष्ट्र तथा राष्ट्रवाद से जुड़ी चिन्ताओं से है। उनकी दृष्टि में राष्ट्र 'राजनीति तथा व्यवसाय का संगठन' था जो 'उच्च सामाजिक जीवन के सामंजस्य की कीमत' पर फलता-फूलता है तथा मानवता के लिए अभिशाप हो जाता है। (टैगोर, 53)। उनके अनुसार राष्ट्रवाद बुराई अथवा पाप की एक ऐसी निर्मम महामारी है जो वर्तमान मानव समाज की नैतिक ऊर्जा को नष्ट कर रही है। मानवतावादी टैगोर ने राष्ट्र के विविध रूपों तथा उसके समर्थकों के 'असभ्य' तरीकों की कटु आलोचना की थी। गुरुदेव के अन्दर छिपा रूमानी मानवतावाद एक व्यक्ति के आग्रह, एक विचारधारा अथवा समूह की विचारधारा के प्रति समर्पण को स्वीकार नहीं कर पाया। उनकी राष्ट्र की संकल्पना पश्चिम से प्रभावित थी। परन्तु वे अन्धे पाश्चात्यवादी भी नहीं थे। यूरोप के इतिहास में उसकी निहित सामर्थ्य एवं क्षमता के प्रति उनके मन में आदर का भाव था। परन्तु उन्होंने कहा, 'हमें भारत में यह समझ लेना चाहिए कि हम दूसरों के इतिहास को उधार नहीं ले सकते और यदि हम अपने इतिहास का गला घोंट दें तो हम आत्मघात कर बैठेंगे। जब हम ऐसी वस्तुओं को अपनाने का प्रयास करते हैं जो हमारे जीवन से सम्बन्धित नहीं हैं तो वे केवल हमारे जीवन को छिन्न-भिन्न कर डालने के ही काम आती हैं।' राष्ट्रवाद पर जापान में दिये गये व्याख्यान में उन्होंने संक्षेप में 'आधुनिकतावाद' पर अपने विचार रखे, "आधुनिकतावाद का अर्थ यूरोपीय लोगों जैसी पोशाक नहीं है और न ही वे घृणित संरचनाएँ हैं जहाँ उनकी सन्तानें अध्ययन के दौरान संस्कारित होती हैं... सच्ची आधुनिकता विचार एवं कार्य की

स्वतन्त्रता है न कि यूरोपीय स्कूल मास्टरों का अभिभावकत्व।'' क्या ये कथन दूसरों के 'अभिभावकत्व' तथा दूसरों की वस्तुओं को उधार लेने की प्रवृत्ति को अस्वीकार कर मूलतः सकारात्मक 'देशीवाद' के दृष्टिकोण की ओर संकेत नहीं करते? इस प्रश्न पर विचार करने की आवश्यकता है।

इस टिप्पणी के बाद मैं पुनः टैगोर के जीवन का एक उदाहरण देना चाहूँगा। फ्रांस के युद्ध क्षेत्रों की यात्रा के बाद उन्होंने वहाँ की पाशविक वीभत्सता की भर्त्सना अपने विशिष्ट कवि सुलभ ढंग से की। ई.जी. थॉम्पसन ने (जैसा कि उनके पुत्र ई.पी.थॉम्पसन ने टैगोर की किताब राष्ट्रवाद की 'भूमिका' में लिखा है) 'हमने क्या भोगा है?' के विषय में अपर्याप्त जानकारी के लिए टैगोर को फटकार लगाई थी। ''... किसी भी व्यक्ति को उनकी उपमाओं से प्रभावित नहीं हो जाना चाहिए विशेष रूप से उस समय जब वे हाल के संकट के विषय में बात करें।'' यह 'फटकार' हमारे मन में विविध प्रश्नों को जन्म देती है। क्या टैगोर ने 'उनकी' पीड़ा के बारे में बनाई अपनी विभावना को विशद रूप से प्रकट किया था जिसके कारण उन्हें फटकार सुननी पड़ी? क्या इसे एक अहंकारपूर्ण देशीयता के उदाहरण की संज्ञा दी जा सकती है? क्या 'अन्यीकृतों' को अन्यकर्ताओं के कष्ट के प्रति सहानुभूति प्रदर्शन करने का अधिकार भी नहीं? तो फिर थॉम्पसन को पीढ़ियों की (टैगोर के) भारत के प्रति नितान्त अपूर्ण धारणा के विषय में क्या कहा जाये?

दूसरों के वाद या विचारों को ज्यों का त्यों निगल लेने से कोई समाज आगे नहीं बढ़ता और अपने पुराने विचारों की माला जपने से। विचार किसी की बपौती नहीं होते, वे सभी मानवता की धरोहर होते हैं पर उन्हें अपने उपयोग के लिए सम्बन्धित समाज को अपनी सामूहिक ऐतिहासिक चेतना की तराजू पर तोलना पड़ता है और विवेचन विवेक के आधार पर उनके स्वीकार या अस्वीकार अंशतः या पूर्णतः का निर्णय लेना होता है। उत्तर-आधुनिकतावाद और ऐसे अन्य वादों के साथ भी ऐसे ही सलूक की ज़रूरत है। वैसे यह कोई नया ब्रह्मसत्य नहीं है। बौद्धिक दासत्व के विरुद्ध भारतीय मनीषा ने समय-समय पर चेताया है पर हम न मानें या उसे भूल जायें तो हमें बौद्धिक आत्महत्या से कौन बचा सकता है? आचार्य शुक्ल के सारगर्भित वचनों के साथ इस लेख का अन्त करना ठीक होगा :

''हमारी आप महानुभावों से यही प्रार्थना है कि आप हममें साहित्य सवंद्धिनी स्वतन्त्रता का ऐसा भाव जगा दें कि हम यूरोप में हरेक उठी हुई बात की ओर लपकना छोड़ दें, समझ-बूझकर उन्हीं बातों को ग्रहण करें जिनका कोई स्थायी मूल्य हो, जो हमारी परिस्थिति के अनुकूल हो। यूरोप की दशा तो आजकल यह हो रही है कि वहाँ जीवन के हरेक विधान से धारण करनेवाला शाश्वत निकलता जा रहा है। क्या राजनीति, क्या समाज, क्या साहित्य सब डगमगा रहे हैं। रूस के वोल्शेविकों की बात सुनिये तो वे बड़ी उपेक्षा से सारे साहित्य को ऊँचे वर्ग के लोगों

का इतिहास बताकर बढ़इयों, लोहारों और मज़दूरों के साहित्य का आसरा देखने को कहेंगे। जर्मनी की ओर दृष्टि दौड़ाइए तो वहाँ केवल नात्सी सिद्धान्तों का समर्थक ही सिर उठा सकता है। फ्रायड साहब अभी मरे हैं, इनकी समझ में स्वप्न भी हमारी अतृप्त वासनाओं के तृप्ति विधान के छाया भयरूप हैं और काव्यादि कलाएँ भी हमारी अन्त या कामवासनाओं की तृप्ति की विधान हैं। अब हमारे लिए समझने की बात यह है कि क्या हमें इन सब बातों को ज्यों का त्यों लेते हुए अपने साहित्य का निर्माण करते चलना चाहिए अथवा संसार के भिन्न-भिन्न देशों की भिन्न-भिन्न प्रवृत्तियों की समीक्षा करते हुए अपनी बाह्य और आभ्यन्तर परिस्थितियों के अनुसार उसके लिए स्वतन्त्र मार्ग निकालते रहना चाहिए।'' (चिन्तामणि-भाग-3, पृ. 276)

वोल्शेविक और नीत्शे तो नहीं रहे और न ही रहा शुक्ल जी के समय का रूस और जर्मनी; हाँ, मज़दूरों, बढ़इयों के साहित्य सम्बन्धी शुक्ल जी के विचार से पूरी तरह सहमत होना कठिन है। क्योंकि उत्पादन के लिए श्रम का साहित्य नहीं होगा तो मात्र कलावादी, और परजीवी साहित्य का बोलवाला होगा। इन सबके बावजूद 1937 में शुक्ल जी के द्वारा दिखाया गया मार्ग आलोचना-सिद्धान्त में सर्जनात्मकता और बौद्धिक स्वतन्त्रता के लिए अत्यन्त प्रासंगिक है। किसी भी विदेशीवाद का आँख मूँदकर अनुसरण करने से पहले शुक्ल जी के शब्दों को ध्यान में रखना होगा।

# 4

# उत्तर-उपनिवेशवाद : भारतीय विमर्श

उत्तर-उपनिवेशवाद सम-सामयिक साहित्यिक विमर्शों में एक बहुचर्चित और अतिवांछित वाद है। इसकी वांछनीयता में इतनी व्यापकता व शिद्दत दिखती है मानो इसके लिए 'सर्वत्र होड़-सी मची' हो (स्लेमैन 15)। इस वाद की इतनी चर्चा और अप्रत्याशित वांछनीयता जहाँ एक ओर उच्छृंखलता में परिणत होती दिखती है, वहीं दूसरी ओर बीसवीं सदी के आलोचनात्मक विमर्शों के एक बड़े धोखे या छलावे के रूप में सामने आती है। इस दृष्टि से यह वाद एक अन्य समकालीन बड़े आलोचनात्मक विभ्रम, उत्तर-आधुनिकता से टक्कर लेता दिखता है। इसके कारण जानने के लिए दूर जाने की आवश्यकता नहीं है। कई अन्य वादों की भाँति उत्तर-उपनिवेशवाद भी आयातित विमर्श है जो 'पोस्ट' (डाक) द्वारा हमारे सामने आया है। यह उस बृहद् पश्चिमी परियोजना का हिस्सा है जिसके तहत पश्चिम, शेष विश्व तथा उसके विमर्शों को मात्र आँकड़ों या 'गिनी पिग्ज़' के रूप में देखता है और अपने से इतर समाजों के मूल्यांकन में, अपनी स्थापनाओं की पुष्टि हेतु इस्तेमाल करता है। अर्थात सिद्धान्त पश्चिम के और साहित्य गैर-पश्चिमी समाजों के। विडम्बना यह है कि इन सिद्धान्तों की संरचना उन्हीं समाजों में की गयी जो उपनिवेशवाद के लिए उत्तरदायी थे। यह उत्तर-उपनिवेशवाद हमारा एजेंडा नहीं है, बल्कि हमारे ऊपर थोपा गया है या हमने उसे स्वीकार कर लिया है। हमारी अबोधता ही है कि हमने इसे कुछ विशिष्ट अपवादों को छोड़कर, हममें से अधिकांश ने बिना कोई प्रश्नचिह्न लगाये स्वीकार कर लिया है और हम इस विमर्श में उलझ भी गये हैं।

उत्तर-उपनिवेशवाद के साथ समस्या यह भी है कि इसका कोई सन्दर्भक (रेफरेंट) निश्चित नहीं हैं। हालाँकि यह ज़रूरी नहीं कि कोई सन्दर्भक स्थायी रूप से निश्चित हो ही, पर आलोचना-विमर्श यह अपेक्षा अवश्य करता है कि उत्तर-उपनिवेशवाद की मौजूदा अनिश्चित व लगभग अराजक अवधारणा की अपेक्षा थोड़ा अधिक स्थिर व निश्चित हो।

हालत यह है कि हर आलोचक के लिए उत्तर-उपनिवेशवाद का अर्थ अलग है। यहाँ तक कि अलग-अलग आलोचक इसे अलग-अलग ढंग से लिखते हैं। उदाहरण के लिए विजय मिश्र और बाब हौज इसे 'हाइफन' (संयोजक चिह्न) के साथ लिखते हैं। वे संयोजक का औचित्य बताते हुए लिखते हैं कि यदि इसे हटा दिया जाये तो इस शब्द का प्रयोग 'सत्ता की साम्राज्यवादी संरचनाओं के आरोपण द्वारा सांस्कृतिक प्रभुत्व की सुव्यवस्थित प्रक्रिया से अंकित दासता के साहित्य में सदैव उपस्थित प्रवृत्ति' के रूप में किया जायेगा (मिश्र व हौज : 284)। पीटर चाइल्ड्स और आर. जे. पेट्रिक विलियम्स इस मत से सहमति रखते हैं। (1997)। कुछ अन्य आलोचक इसे संयोजक चिह्न के बगैर लिखते हैं। बिल एशक्रोट, गैरेथ ग्रिफिथ एवं हेलेन टिफिन के अनुसार उत्तर-उपनिवेशवाद की परिधि में उपनिवेशीकरण के आरम्भ से आज तक साम्राज्यवादी प्रक्रिया से प्रभावित सभी संस्कृतियाँ आ जाती हैं। ऐसा इसलिए है कि यूरोपीय साम्राज्यवादी आक्रमणों द्वारा शुरू की गयी समूची ऐतिहासिक प्रक्रिया के दौरान पूर्वाधिपत्य की निरन्तरता के सूत्र पाये जाते हैं। स्लेमैन उत्तर-उपनिवेशवाद की परिभाषा को और उलझा देते हैं। उनका कहना है : 'हालाँकि उत्तर-औपनिवेशिक की परिभाषाएँ भिन्न-भिन्न हैं, परन्तु मेरे विचार से यह उपनिवेशवाद का शिकार रहे राष्ट्रों में स्वातन्त्र्योत्तर की अवधि के इतिहास का पर्याय नहीं हैं। अपितु इसका आरम्भ, औपनिवेशिक सत्ता द्वारा, उपनिवेशित राष्ट्र की आत्मा व शरीर पर अपनी छाप अंकित करने के साथ-साथ, उसके प्रतिरोध में उपजी 'प्रति अथवा उत्तर' औपनिवेशिक संस्कृति के जन्म के साथ ही हो जाता है। यह प्रति-औपनिवेशिक प्रवृत्ति नव्यउपनिवेशवादी अन्तर्राष्ट्रीय सम्बन्धों के अधुनातन रंगमंच तक एक गुह्य परम्परा के रूप में जारी रहती है।'

यह प्रतिस्थापना उत्तर-उपनिवेशवाद को राजनीतिक स्वतन्त्रता से अलग कर देती है। इसके अनुसार भारत में उत्तर-उपनिवेशवाद की शुरुआत 15 अगस्त 1947 को स्वतन्त्रता प्राप्ति के बाद से नहीं होती। अपितु इससे बहुत पहले उस समय से हो जाती है जब से भारत में उपनिवेशवाद, उसके तौर-तरीकों, उसकी विचारधाराओं, उसके दर्शन और उसके परिणामों का प्रतिरोध करने के लिए अपने वैचारिक विमर्शों व आचरणों की संकल्पना एवं संरचना प्रारम्भ की गयी थी। इस अवधारणा के अन्तर्गत उत्तर-उपनिवेशवाद को एक निश्चित ऐतिहासिक तिथि के साथ जोड़ना कठिन हो जाता है, क्योंकि इसके अनुसार उत्तर-उपनिवेशवाद के उद्गम चिह्न 19वीं सदी में समाज सुधारक, इतिहासकार, नाटककार, पत्रकार, आदि अनेक भूमिकाएँ एक साथ निभाते हुए विभिन्न भारतीय लेखकों के प्रतिरोधात्मक विमर्शों में मिलने लगते हैं। ऐसे लेखकों में हिन्दी में भारतेन्दु हरिश्चन्द्र, गुजराती में नर्मद व दलपत, मराठी में विष्णुशास्त्री चिपलूणकर तथा बांग्ला में बंकिमचन्द्र चट्टोपाध्याय आदि का विशेष उल्लेख किया जा सकता है। इसी प्रकार बीसवीं सदी में अनेक स्वतन्त्रता-सेनानियों

के लेखों व वक्तव्यों ने भी प्रतिरोधात्मक संस्कारों को जगाने व बढ़ाने का कार्य किया था। इस सन्दर्भ में महात्मा गाँधी के 'हिन्द स्वराज' को भारतीय उत्तर-उपनिवेशवाद का विधिवत घोषणापत्र माना जा सकता है।

उत्तर-उपनिवेशवाद की परिभाषा की समस्या में एक नया आयाम जोड़ते हुए गायत्री स्पिवाक 'उत्तर-उपनिवेशवाद' शब्द को 'बोगस' करार देते हुए उसके स्थान पर 'उत्तर-उपनिवेशिकता' शब्द का प्रयोग करती हैं। हालाँकि ऐसा करते समय वे इन दोनों शब्दों के बीच कोई सुस्पष्ट विभाजक रेखा नहीं खींच पातीं। (स्पिवाक, 1991 : 224)। थोड़ा आगे चलकर उनका मन्तव्य कुछ-कुछ स्पष्ट होता है, जब वे कहती हैं कि 'उत्तर-उपनिवेशवाद' में सारी मेट्रो राजनीतिक परिभाषाएँ ध्वस्त की जाती हैं। उनके अनुसार 'उत्तर-उपनिवेशवाद' का सामान्य उद्धरण 'साइटेशन', पुनरभिलेखन 'रिइन्सक्रिप्शन' तथा ऐतिहासिकता का पुनः पुनरावर्तन, 'पुनर्प्रयाण', 'रिरूटिंग' 'उत्तर-उपनिवेशवाद' की सामान्य पद्धति के अंग होते हैं। एन्थोनी अप्पिया थोड़ा अनुदार रुख अपनाते हुए उत्तर-उपनिवेशवाद को 'कम्परेडोर इंटेलिजेंशिया' का नाम देते हैं, जिससे उनका तात्पर्य पश्चिमी शैली व मानसिकतावाले लेखकों व विचारकों के अपेक्षा उस छोटे से समूह से है, जो वैश्विक पूँजीवाद की परिधि पर सांस्कृतिक उपादानों/उत्पादनों के व्यवसाय में बिचौलियों का कार्य कर रहे हैं। (348)। इस तर्क को एक कदम बढ़ाते हुए इस समूह में विमर्शकारों को 'नवपौर्वात्यवादी' 'न्यूओरियंटलिस्ट' भी कहा जा सकता है। पौर्वात्यवाद पूर्व के बारे में पाश्चात्य विद्वानों द्वारा विरचित ज्ञान विमर्श था जबकि नवपौर्वात्यवाद पूर्व के बारे में पश्चिम में अवस्थित पूर्व के लोगों द्वारा पश्चिम के लोगों के उपभोग व उपयोग के लिए विचरित ज्ञान विमर्श है।

चाहे 'उत्तर-उपनिवेशवाद' को बीच में हाइफन के साथ लिखा जाये या बिना हाइफन के, चाहे यह एक स्थिर अवधारणा हो या अस्थिर, चाहे उसे वास्तविक माना जाये या 'बोगस' भ्रमजाल, सत्य यह है कि यह हमारे अकादमिक संसार में खूब प्रचलित है और वास्तव में यह उपनिवेशवाद का ही नैरन्तर्य, उसी का एक अवतार या उस नवउपनिवेशवाद का दूसरा नाम है, जिसकी संस्कृति अतिशय भोगवाद है तथा दर्शन (यदि हम दर्शन शब्द का प्रयोग शिथिलता से करें तो) उत्तर-आधुनिकता। यह प्रचलन में है और इसने हमारे आलोचनात्मक-साहित्यिक विमर्शों में अपना एक स्थायी स्थान बना लिया है। अब मुख्य प्रश्न यह है : 'हम इसका सामना कैसे करें'? या उससे भी पहले कि 'क्या हम इसका सामना कर भी सकते हैं या नहीं?' तेज़ी से बदलते व सिकुड़ते विश्व में न तो यह सम्भव है और न ही करणीय कि हम अपने चारों ओर अपने साथ घटनेवाली परिस्थितियों से विमुख होकर अपने को, अपने ही अन्दर समेटकर, उससे बच जायें। उत्तर-उपनिवेशवाद अभी भी हम पर और हमारे आसपास घटित हो रहा है। इसका पछतावा करने के बजाय ज़रूरी

है कि हम इसकी शर्तों, रणनीतियों तथा कार्यप्रणाली को समझें। इच्छा मात्र से हम इसको न तो हटा सकते है और न ही मिटा सकते हैं। हम इसका सामना कर सकते हैं और अपनी जवाबी रणनीतियों द्वारा इसमें से जो कुछ भी हमारे हितों के विपरीत है, उसका प्रतिरोध कर सकते हैं। हम इसका सामना कुछ निम्नलिखित तरीकों से कर सकते हैं :

1. हम इसे नकार दें और इस पर ध्यान दिये बिना इसे अपने चारों ओर फलने-फूलने दें और अन्त में इसका शिकार बन जायें तथा स्वयं नष्ट हो जायें।
2. हम इसके चलन और इसका वर्चस्व स्वीकार कर लें और इसके सम्मुख आत्मसमर्पण कर दें।
3. हम भी औरों की तरह इसके जलसे में सम्मिलित होकर उत्सव मनाने लग जायें और बौद्धिक व सांस्कृतिक आत्महत्या कर लें।
4. हम इसे सजग, सक्रिय विवेक भाव से ग्रहण करें, इसे समझें, और इसमें जो ठीक है उसे लें और जो हमारे समाज के लिए ठीक नहीं है उन नकारात्मक तत्त्वों का प्रतिरोध करें और सकारात्मक तत्त्वों को व्यावहारिक दृष्टिकोण से स्वीकारें।
5. हम अपनी परम्पराओं में भी तथाकथित 'महासत्यों' के विरुद्ध नवीन सत्य की स्थापना करने वाली परम्पराओं को खँगालें और उनके आधार पर उत्तर-उपनिवेशवाद जैसे अन्य विमर्शों को पुनर्परिभाषित करें या अपने अनुभव तथा ग्रन्थों के सहारे इसके बारे में अपने सिद्धान्त या प्रतिरूप (मॉडल) विकसित करें। इससे हमारी देशज परम्पराओं तथा पाठों की तथा इस वाद की सीमाएँ उजागर होंगी। प्रकारान्तर से यह उत्तर-उपनिवेशवाद में हमारी सोची-समझी भागीदारी होगी। हालाँकि इसके राजनीतिक सन्दर्भ व अभिगम भी हो सकते हैं, फिर भी सभी उत्तर-उपनिवेश समाजों को यह करना चाहिए। ऐसा करके ही वे उत्तर-उपनिवेशवाद के इस इकहरेपन का प्रतिरोध कर सकते हैं जो समस्त वैश्विक इतिहास को मात्र एकपक्षीय यूरोपीय काल के इर्द-गिर्द पुनर्केन्द्रित करता है। ऐसा करके ही वे पश्चिम की उस महायोजना या उत्तर-उपनिवेशिक परिस्थितियों की उस वैश्विक उपस्थिति का विरोध कर सकते हैं जो उपनिवेशों की स्थानिक बहुलता तथा उत्तर-उपनिवेशवादी सिद्धान्तों एवं उपनिवेशवाद विरोधी सिद्धान्तों व संघर्षों के सम्भाव्य बहुआयामी वैचारिक व राजनीतिक पहलुओं की अनदेखी करता है।

उत्तर-उपनिवेशवाद के राजनीतिक, सामाजिक व आर्थिक पहलुओं के उपेक्षित पक्ष पर विचार करने से उत्तर-उपनिवेशवाद की परियोजना और उसका एजेंडा

पश्चिम के हाथ निकल जाता है। इस नयी स्थिति में पश्चिम को न्यायाधीश की कुर्सी से उतरना पड़ता है और उसे कठघरे में अपराधी की भाँति खड़ा होना पड़ सकता है। इसी कारण से उत्तर-उपनिवेशवाद की पश्चिम-प्रेरित चर्चा में इस पहलू को जान-बूझकर दूर रखा गया है।

उत्तर-उपनिवेशवाद के सिद्धान्त की पुनःपरिभाषा या उसके देशज मॉडल की संरचना की बात कहने में तो आसान है परन्तु करने में उतनी ही कठिन। अपनी स्वयं की स्थापना को दृष्टि में रखते हुए मैंने महाकवि कालिदास के नाटक 'अभिज्ञान शाकुन्तलम्' के माध्यम से उत्तर-उपनिवेशवाद के भारतीय सिद्धान्त प्रतिरूप (मॉडल) की संरचना का प्रयास किया है। इस प्रयास में 'अभिज्ञान शाकुन्तलम्' के पाठ को विलियम शेक्सपियर के नाटक 'द टेम्पेस्ट' के बरअक्स रखकर देखा गया है।

'अभिज्ञान शाकुन्तलम्' कालिदास की सर्जनात्मक प्रतिभा का शीर्ष है। यह कथन साधारण लग सकता है परन्तु फिर भी यह हमारे कृपालु विदेशी विद्वानों की बहुधा उद्धृत प्रशस्तियों से कहीं कम ख़तरनाक है, जैसे, 'मैं तुम्हारा नाम लेता हूँ, ऐ शकुन्तले! और तुम्हारे नामोल्लेख मात्र से ही सब कुछ व्यक्त हो जाता है'–(गेटे) या हमारे यशस्वी 'कवि' भारत के शेक्सपियर कालिदास (सर विलियम जोन्स) या भारत के शेक्सपियर (सर मोनिकर विलियम्स) आदि विदेशी विद्वानों की अभिभावकत्वपूर्ण ये प्रशस्तियाँ हमें आज भी इस हद तक आह्लादित कर देती हैं कि हम इनके निहित गूढ़ार्थों (जो वास्तव में इनसे निश्छल नहीं है) को अनदेखा कर देते हैं। एक तो जोन्स व विलियम्स जैसे महानुभाव दो अतुलनीयों की तुलना करते हैं और फिर दोनों के बीच समानता या असमानता के बिन्दुओं की भी विशद चर्चा नहीं करते। नाटक, नाट्यशास्त्र तथा नाटककार को छोड़कर कालिदास व शेक्सपियर के बीच बहुत समानताएँ नहीं हैं। दूसरी, यह तुलना अवचेतन स्तर पर ही सही, उपनिवेशक द्वारा अपने मापदंडों पर उपनिवेशित समाज की रचनाशीलता को नापने की प्रवृत्ति का एक और उदाहरण है। ध्यान देने योग्य बात यह है कि यदि कालिदास और शेक्सपियर की तुलना की गयी है तो किसी विदेशी विद्वान ने इतने वर्षों में शेक्सपियर को इंग्लैंड का कालिदास क्यों नहीं कहा?

कालिदास की उपलब्धि यह है कि उन्होंने 'महाभारत' की एक निहायत शुष्क, निर्जीव, गैररूमानी कहानी में जीवन, प्रेम तथा कविता के प्राण फूँक दिये। कवि-नाटककार ने एक लगभग अधम कामाचार की कथा को प्रेम और कविता के उदात्त आदर्शों में परिणत कर दिया। कालिदास को एक पत्थर मिला जिसे उन्होंने अपनी प्रतिभा की छैनी से तराशकर शुद्ध हीरा बना दिया। आश्चर्य की बात नहीं कि कालिदास की कविता, उसके चरित्र-चित्रण, कथानक, भाषा और शैली, प्रकृति और विश्वदर्शन की ओर तमाम देशी-विदेशी आलोचकों का ध्यान गया और उन्हें प्रशंसा प्राप्त हुई। इन सब पहलुओं के बजाय कुछ अविचारित सीमान्तों पर ध्यान

देते हुए उत्तर-आधुनिकवाद और 'अभिज्ञान शाकुन्तलम्' को सिद्धान्त तथा व्यवहार के स्तर पर नये पाठ की सम्भावनाओं तथा सीमाओं का पता है।

'अभिज्ञान शाकुन्तलम्' के प्रत्येक अंश से बहुस्तरीय अर्थछवियों वाले छोटे-बड़े झरने व सोते बहते हैं, जो उसके समृद्ध अर्थबहुल भंडार का प्रमुख स्रोत हैं। पाठ के सतही अध्ययन से आगे, थोड़ा गहरे उतरने पर पता चलता है कि नाटक की संरचना प्राकृत-संस्कृत, धनी-निर्धन, देशज-अभिजात, ग्राम-नगर, स्त्री-पुरुष, आखेटक-आखेट, आश्रम-राजमहल, और ग्राम्य-आरण्यक जैसे द्विपक्षी विषय युग्मों पर आधारित है। जैसे ही इन द्विपक्षी युग्मों की विरोधी स्थितियाँ स्पष्ट होती हैं, वैसे ही नाटक विविध दृष्टिकोणों से अपनी नयी-नयी व्याख्याओं के द्वार खोल देता है।

यदि 'अभिज्ञान शाकुन्तलम्' को उसकी कथा के स्रोत ग्रन्थ 'महाभारत' के 'शकुन्तलोपाख्यान' में दुष्यन्त के प्रसंग की रोशनी में देखा जाये तो नाटक में काफी सारे अन्तराल तथा भ्रंश दिखते हैं जो दोनों कृतियों के महत्त्वपूर्ण अन्तरों को प्रकाशित करते हैं। महाभारत की मूल कथा के उन कुछ अंशों को छोड़कर जहाँ महाकवि वेदव्यास दुष्यन्त के चरित्र दोषों को अनदेखा करने का प्रयास करते हैं, वे अपनी कुरूप वास्तविकताओं का अनगाये बयान हैं। 'शकुन्तलोपाख्यान' में दुष्यन्त जिन कारणों से शकुन्तला को अस्वीकार करता है वे कतई विश्वसनीय नहीं है। शकुन्तला से उसका प्रणय-प्रस्ताव, मिलन और फिर उसका अस्वीकार, उसे ऐसे लम्पट व्यभिचारी की छवि देते हैं जो अपनी कामुकता को छिपाने की असफल कोशिश करता है।

कालिदास ने कई अवसरों पर दुष्यन्त को 'नूतन पुष्प पराग के लोभ में पड़े भ्रमर' की तरह चित्रित किया है। (अंक 5 : श्लोक 1 व 19)। जानबूझकर शकुन्तला को स्वीकार करने के प्रति उसकी अनिच्छा उसके प्रेम को निम्न कोटि की विषयासक्ति या लम्पटता का दर्ज़ा देती है। कल्पना करना भी मुश्किल लगता है कि अन्य कितनी ही शकुन्तलाओं की दशा के बारे में जिन्हें इस कामुक राजा ने अपनी राजशक्ति के बल पर तथा वाक्कौशल से लुभाया होगा और फिर उनका शोषण कर उन्हें उनके भाग्य पर छोड़ दिया होगा। कितने ही विश्वामित्रों, पिताओं को अपनी शकुन्तला जैसी बेटियों की नियति का पता लगाने की फुर्सत ही कहाँ होगी? कितनी शकुन्तलाओं की मेनका जैसी माँओं में अपनी बेटियों की चिन्ता करने की क्षमता थी? इस दृष्टि से इंगित होता है कि दोष व्यक्ति दुष्यन्त के चरित्र में ही है। यदि वह शकुन्तला जैसी सुन्दरी को भूल सकता है या भूलने का नाटक कर सकता है तो उसने न जाने और कितनी शकुन्तलाओं का शोषण कर उन्हें त्याग दिया होगा।

वेदव्यास ने दुष्यन्त के पापों को ढँकने की जो कोशिश की है उसकी तुलना में कालिदास ने इसी उद्देश्य के लिए दुर्वासा के शाप व मछुआरे की कहानी से उसके समाधान के रूप में अति-प्राकृतिक (सुपरनेचुरल) तत्त्वों का कहीं अधिक प्रभावशाली उपयोग किया है।

वेदव्यास कवि-इतिहासकार थे और दूर के ही सही, पर थे तो दुष्यन्त के रिश्तेदार ही। वे स्वयं उसी वंश के थे जिसकी वे कथा लिख रहे थे। अतः सत्ता के केन्द्र के दबावों और उससे उनकी निकटता के कारण उनकी विवशता थी कि वे या तो राजसी त्रुटियों के ऐसे उदाहरणों को एकदम निकाल दें या यदि यह सम्भव न हो तो अति-प्राकृतिक (सुपरनेचुरल) तत्त्वों जैसे श्राप या आकाशवाणी का प्रयोग कर उसकी गम्भीरता को कम करने का प्रयास करें। कालिदास की परिस्थितियाँ व विवशताएँ वेदव्यास से भिन्न थीं। वे एक कवि-नाटककार की भूमिका में थे और इससे उन्हें मूलकथा में परिवर्तनों की अधिक गुंज़ाइश मिली हुई थी। दूसरे कालिदास दुष्यन्त को कुरुवंश के संस्थापक के रूप में नहीं देखते थे। उनको तो एक ऐसे धीरोदात्त नायक की आवश्यकता थी जो शकुन्तला के लिए उपयुक्त प्रेमी व पति तथा उसके पुत्र भरत के पिता की भूमिका निभा सके। इस दिशा में उन्हें पर्याप्त सफलता भी मिली क्योंकि कालिदास का दुष्यन्त, वेदव्यास के दुष्यन्त की तुलना में कहीं अधिक स्वीकार्य चरित्र के रूप में सामने आता है। फिर भी, कालिदास का दुष्यन्त भी शकुन्तला की वेदना व कीमत पर ही फलता-फूलता है। इसका कारण सम्भवतः युगीन परिस्थितियों की आक्टोपसी बाँहों की वह जकड़ थी, जिससे कालिदास जैसा कवि कभी बाहर नहीं निकल पाया, विशेषकर उन प्रसंगों में जहाँ स्त्रियों को पुरुषों के समकक्ष रखने की बात आयी। कालिदास ने नाटक में पर्याप्त 'अन्ध स्थान' (ब्लाइंड स्पॉट्स) छोड़े हैं, जिनसे दुष्यन्त (पुरुष) के वास्तविक चेहरे तथा स्त्री की स्थिति की झलक दिखाई देती है इसके लिए हमें कृति तथा उसके हाशियों के पास जाना होगा।

अच्छा होगा कि हम नाटक की दहलीज पर खड़े होकर इसके पाठ का आनन्द लें। सीधे केन्द्रीय कथावस्तु की पड़ताल करने के बजाय यदि हम हाशियों पर उपस्थित कुछ तथ्यों, जैसे शीर्षक आदि पर ध्यान केन्द्रित करें तो हम लेखक के मन्तव्यों व दबावों तथा उन स्रोतों व शक्तियों के निकट पहुँच सकेंगे जिनसे इस रचना की सृष्टि हुई है।

'महाभारत' की शकुन्तला में 'अभिज्ञान शाकुन्तलम्' की शकुन्तला तक आते-आते काफी परिवर्तन हो चुके हैं। 'अभिज्ञान शाकुन्तलम्' की शकुन्तला एक भिन्न युग की नारी है जो अपनी युगीन परिस्थितियों व दृष्टिकोणों से संपृक्त है। यदि चरित्र की केन्द्रीयता नापने का पैमाना बनाएँ तो 'महाभारत' में शकुन्तला ही प्रमुख पात्र है क्योंकि 'आदि पर्व' के खंड एक में इस कथा का उपशीर्षक 'शकुन्तलोपाख्यान' यानी 'शकुन्तला की कथा' दिया गया है। कालिदास ने भी अपने नाटक के शीर्षक में शकुन्तला के नाम का प्रयोग किया है किन्तु 'अभिज्ञान शाकुन्तलम्' शीर्षक में शकुन्तला नहीं, अपितु उसका अभिज्ञान, उसकी पहचान, केन्द्रीय स्थान ग्रहण कर लेती है। पर पहचान की प्रक्रिया में पहचाना जानेवाला नहीं अपितु पहचाननेवाला

व्यक्ति अधिक महत्त्वपूर्ण हो जाता है। पहचाना जानेवाला तो पहचाननेवाले की मेहरबानी का याचक होता है इस प्रकार नाटक के शीर्षक से ही पता चल जाता है कि कालिदास का अभिगम दुष्यन्त को कृति के केन्द्र में लाना था और इसलिए उन्होंने अपनी कल्पनाशक्ति व रचना-ऊर्जा से दुष्यन्त के चरि़त्र को उदार बनाने की कोशिश की।

महाकाव्य में शकुन्तला की साक्षात 'श्री', 'सुमधुरभाषिणी कन्या', 'त्रुटिहीन शरीरवाली', 'सौन्दर्य की सम्पूर्णता', आदि शब्दों द्वारा शकुन्तला के शरीर और गुणों की प्रशंसा की गयी है। वेदव्यास की शकुन्तला महाभारतकालीन युग के सौन्दर्य के तत्त्वों का आदर्श प्रतिमान है। वह सरल, सीधी-सादी तथा भोली आश्रमकन्या है। यद्यपि प्रारम्भ में थोड़ी सभ्य प्रतीत होती है पर जब दुष्यन्त उसे स्वीकारता नहीं है तब वह भयरहित, कठोर किन्तु सच कहनेवाली स्वाग्रही नारी के रूप में सामने आती है जो भावुकता और आसक्ति से दूर है। अपने मन में बिना किसी पापशंका के वह दुष्यन्त को अपने जन्म की कथा कहती है और एक व्यवहारकुशल स्त्री और संरक्षक माँ की तरह, गन्धर्व विवाह के लिए तैयार होने से पहले अपनी सन्तान के भविष्य के लिए शर्त रखती है। वह दुष्यन्त के प्रेमाग्रह के सम्मुख समर्पण करने से पूर्व वह भूल नहीं करती जो मीर साहब ने की थी :

मीर साहिब ही चूके ए वादअहद।
वर्ना देना था दिल कसम लेकर।।

जब राजा अपने दरबार में शकुन्तला को पहचानने से मना कर देता है तो वेदव्यास की शकुन्तला बिना घबराए हुए उसका सामना करती है, गुस्से से उसकी आँखें लाल हो जाती हैं, उसके ओंठ काँपने लगते हैं और राजा को अपनी आंखों के कोनों से ऐसी नज़रों से देखती है मानो कि उसे जला देगी। अपने पुत्र के लिए न्याय माँगती हुई उसे 'साधारण व्यक्ति की तरह झूठ बोलने' के लिए प्रताड़ना देती है। वह कहती है : 'तुम मुझे भरी सभा में इस प्रकार क्यों अनादर की नज़र से देखते हो? क्या मैं सामान्य स्त्री हूँ? मैं बियाबान में नहीं चिल्ला रही हूँ। तुम मुझे सुनते क्यों नहीं हो'? 'दुष्यन्त! मेरा जन्म तुमसे उच्च है'। यह शकुन्तला आत्मविश्वास का साक्षात् अवतार है। राजा के अस्वीकार के बाद भी अपने पुत्र के भविष्य के बारे में वह आश्वस्त है। वह दुष्यन्त से कहती है : 'तुम्हारे जैसे व्यक्ति के साथ मेरा सम्बन्ध सम्भव ही नहीं है। ऐ दुष्यन्त तुम्हारे बिना भी मेरा पुत्र पर्वताधिराज हिमालय से सुशोभित चतुष्कोणीय पृथ्वी के चारों लोकों पर शासन करेगा।'

व्यास की शकुन्तला के विरुद्ध कालिदास की शकुन्तला आज्ञाकारिणी, अप्रतिम सुन्दर, प्रियतमा, विक्रमादित्य (या जिस किसी भी राजा के दरबार में कालिदास रहे होंगे) के दरबार की गणिका की तरह लज्जावान है। वह शर्मीली, संकोची, समर्पणशील, आत्मविश्वासहीन, किन्तु एक निष्ठावान पत्नी और प्रेममयी माँ है। 'महाभारत' की

शकुन्तला की स्थिति 'अभिज्ञान शाकुन्तलम्' में आने तक खराब हो जाती है। यह समाज में औरत की स्थिति में आये परिवर्तन की परिचायक है, जिसमें स्त्री पुरुष के अधीनस्थ हो गयी थी। वेदव्यास की शकुन्तला मातृसत्तात्मक समाज की तुलना में पितृसत्तात्मक परम्परा ने कालिदास की शकुन्तला को वेदव्यास की शकुन्तला की तुलना में अधिक अनुकूल पाया। इस परम्परा की स्वीकृति भारतीय समाज में स्त्री की स्थिति व स्तर में आयी गिरावट का संकेत है जिसका दोनों कृतियों की तुलना से पता चलता है।

कालिदास ने अपने नाटक में स्त्री की स्थिति में आये परिवर्तन से सम्बन्धित कई प्रमाण छोड़े हैं। नाटक में बिम्ब-प्रयोगों के भी अध्ययन से स्त्री की अधीनस्थता के प्रमाण मिलते हैं। पत्नी को बेल (लता) और पति को उसे सहारा देनेवाला वृक्ष कहा गया है (अंक 1 : 20)। अनसूया और प्रियंवदा के वार्तालाप में भी पत्नी की तुलना लता, विशाखा नक्षत्र, नदी से तथा पति (पुरुष) की तुलना वृक्ष, चन्द्रमा और समुद्र से की गयी है। (3 : 11 : 18) कश्यप शकुन्तला को अपने प्रसिद्ध उपदेश में बताते हैं कि पत्नी को अपने पति के विरुद्ध जाने की अनुमति नहीं है चाहे वह पति अपनी पत्नी को पीड़ित ही क्यों न करता हो। (अंक 4, श्लोक 18)। जब राजदरबार में दुष्यन्त शकुन्तला को अस्वीकार कर देता है तो शारंगरव शकुन्तला को दुष्यन्त की दया पर छोड़ते हुए कहता है, 'यहाँ पर तुम्हारी पत्नी है उसे स्वीकारें या त्यागें क्योंकि पति का पत्नी के ऊपर सर्वाधिकार है।' (अंक 5, श्लोक 26)

इसके बाद गर्भिणी शकुन्तला को छोड़कर शारंगरव चल देते हैं। शकुन्तला को रोता देख गौतमी शारंग से कहती है, 'एक बेचारी कन्या अपने पति से त्यक्त होने पर क्या कर सकती है?', ऐसा सुन शारंगरव मुड़कर उससे सक्रोध कहता है, 'किं पुरोभागे स्वातन्त्र्यम् वलम्बसे' (उच्छृंखल स्त्री, क्या तू स्वतन्त्रता चाहती है? : अंक : 5 : 27)। वह पुनः कहता है : 'यदि तुम वैसी ही हो, जैसा कि राजा ने कहा है तो परिवार की मर्यादा का उल्लंघन करनेवाली तुम जैसी कन्या से तुम्हारे पिता का क्या सम्बन्ध है? दूसरी ओर यदि तुम अपने व्रत में शुद्ध व पवित्र हो तो पति के परिवार में दासता भी तुम्हारे लिए पर्याप्त है।' (अंक 2 : 8)

इस दृश्य से कालिदास के युग में स्त्री की पुरुष के अधीन स्थिति का पता चलता है। स्त्री/पत्नी पुरुष/पति की सम्पत्ति थी—उस पर स्वामित्व की लिए और अनुकूलता के अनुसार उसे स्वीकार करने तथा त्यागने की स्वतन्त्रता पुरुष को थी। पति या पिता द्वारा त्याग की स्थिति में उसे उसके अपने परिचित सम्बन्धी भी शरण देने के लिए तैयार न होते थे। पुरुष (पति) का निर्णय अन्तिम होता था। इसके बावजूद शकुन्तला के कण्व के शिष्यों का व्यवहार उनके लिए अशोभनीय है, एक लिहाज से दुष्यन्त के व्यवहार से भी अधिक अनुचित, क्योंकि वे गर्भिणी शकुन्तला को ऐसी स्थिति में अकेला छोड़ देते हैं जब कोई अपरिचित भी एक स्त्री को उस दयनीय

स्थिति में नहीं छोड़ेगा। दुष्यन्त को एक बार क्षमा भी किया जा सकता है क्योंकि वह लोक मर्यादाओं की रक्षा और पालन करनेवाला राजा होने के साथ-साथ 'गृहस्थ' है पर ऋषि-शिष्यों को नहीं क्योंकि ये आश्रमवासी संन्यासी लोकाचार के नियमों को चुनौती देने में सर्वथा सक्षम थे। यहाँ पर नाटककार ने भी स्त्री के प्रति अमानवीय व्यवहार की निन्दा या उसके प्रति अपना असन्तोष व्यक्त करने का अवसर गँवाया है। इसका अर्थ यह भी नहीं कि स्त्री के प्रति इस प्रकार के अमानवीय व्यवहार या पुरुष के अधीनस्थ स्थिति को कालिदास की संस्तुति प्राप्त थी। पर इतना निश्चित है कि स्त्री-पुरुष के युग्म-समूह के बीच विरचित इस कृति से कालिदास के समय में स्त्री की पुरुष पर आर्थिक व सामाजिक निर्भरता का पता चलता है।

नाटक से यह भी पता चलता है कि कालिदास के समय में बहुपत्नी प्रथा, जो कि स्त्री की पुरुष पर निर्भरता का एक और पैमाना है, भी प्रचलित थी। दुष्यन्त के प्रासाद में कई रानियाँ थीं जिनमें राजा का स्नेहभाजन बनने के लिए आपस में संघर्ष रहता था। हंसपादिका बहुत चतुराई से अपने पति द्वारा उसके उपभोग फिर त्याग की आलोचना करती है कि उसका उपभोग करने के बाद राजा उसे भूलकर नयी रानी वसुमती के प्रेम में डूब गया है (अंक 5, श्लोक 1)। दुष्यन्त स्वयं इस बात को इससे पहले स्वीकार कर चुका है कि उसके कई पत्नियाँ थीं (अंक 3, श्लोक 17)। शकुन्तला को कश्यप का यह उपदेश कि 'अपनी उपपत्नियों के साथ प्रिय मित्र का सा व्यवहार करना' (अंक 4, श्लोक 18) इस बात का परिचायक है कि आश्रमवासी ऋषि को भी समाज में व्याप्त बहुपत्नी प्रथा का ज्ञान था। अगले अंक में नाटककार ने दुष्यन्त के चरित्र को उदारता प्रदान करने के लिए धनमित्र की उपकथा का वर्णन किया है। धनमित्र नामक समुद्री जहाज़ के व्यापारी की दुर्घटना में मृत्यु होने पर मन्त्री आकर कहता है : 'सन्तानहीन व्यक्ति बेचारा अभागा होता है, उसकी सम्पत्ति राजकोष में जाती है'। इस कथन पर राजा कहता है चूँकि धनमित्र के पास खूब सम्पत्ति थी अतः उसकी सन्तान उसकी उत्तराधिकारी बनेगी। (अंक 6,23)। इसका अर्थ यह है कि गर्भस्थ शिशु पिता की सम्पत्ति का उत्तराधिकारी हो सकता है किन्तु उसकी माँ या विधवा स्त्री नहीं। यदि कालिदास अपने नायक से विधवा के पक्ष में सम्पत्ति के स्वामित्व का निर्णय दिलाते तो शायद यह एक आदर्श स्थिति होती। परन्तु कालिदास ने अपने चरित्रों को समकालीनता प्रदान करते हुए उनसे अपने युग के अनुरूप व्यवहार कराया और इस प्रक्रिया में युगीन पूर्वग्रहों से ऊपर उठने का एक अवसर गँवा दिया। शकुन्तला या दूसरे अर्थों में कहें तो स्त्री के लिए शुभ शब्द तो कहे पर वास्तविकता में पुरुष की तुलना में निचला स्तर प्रदान किया। पर कालिदास के पक्ष में इतना जोड़ना ज़रूरी है कि उन्होंने स्त्री का चित्रण यथार्थवादी ढंग से किया जैसा कि उस समय उन्होंने देखा होगा। उस समय के बारे में इतिहास की धुन्ध के कारण इतना कहा जा सकता है कि नाटककार ने स्त्री की

ऐसी स्थिति के बारे में नाटक में भले ही स्पष्ट रूप से असन्तोष न प्रकट किया हो परन्तु कृति के सघन पर्दे में उसने इतनी पर्याप्त दरारें या छेद छोड़े हैं जिनसे स्त्रियों की अधीनस्थ स्थिति और शोषण के बारे में एक संकेत अवश्य मिल जाता है।

अच्छे रचनाकार युग्मों या जोड़ों में सोचा करते हैं। कालिदास ने भी अपने नाटक की संकल्पना तथा संरचना विभिन्न लिंगों, वर्गों, विचारों तथा अलग-अलग संसारों के जोड़ों के रूप में की है। जहाँ एक ओर दुष्यन्त और शकुन्तला का विषम युग्म बनाया और दो विभिन्न विश्वों को एक साथ सँजोया, वहीं उसे एक अलग ही दुनिया कण्व (प्रेमशील ऋषि पिता) और गौतमी (मातृ सुलभ नारी) के जोड़े के समक्ष रखा। फिर कण्व और गौतमी की तुलना मारीच और अदिति के अलौकिक जोड़े से की। राजप्रासाद में जहाँ शकुन्तला की तुलना दो रानियों, हंसपादिका तथा वसुमती से की तो वहीं आश्रम में उसकी तुलना उसकी दो लगभग विपरीत स्वभाववाली सखियों—अनसूया (गम्भीर एवं समझदार) तथा प्रियंवदा (जीवन्त एवं विनोदप्रिय) से की गयी है। आश्रम में अनसूया और प्रियंवदा के सम्मुख दो पुरुष शिष्यों शार्ङ्गरव (गर्वयुक्त, भयहीन) और शारद्वत (मितभाषी और शान्त) को रखा। दुष्यन्त और उसके विदूषक माधव्य का एक अन्य नया युग्म बनाया।

(स्त्री और पुरुष के युग्म-विषमों के अलावा नाटक में कुछ अन्य युग्म जैसे प्रकृति और संस्कृति, ग्राम्य-आरण्यक, जंगल और शहर, महल-आश्रम, शिकार-शिकारी आदि हैं।) नाटक में मानव-समाज के छोरों का प्रतिनिधित्व करने वाले ग्राम्य और आरण्यक विश्वों के बीच दो विषम पृष्ठभूमियों में नाटक विस्तार पाता है। प्रकृति (जंगल, बियाबान, अव्यवस्था) में संस्कृति (दरबार, प्रासाद, व्यवस्था) के नियम लागू नहीं होते। अतः दो व्यवस्थाएँ, जीवन-पद्धतियाँ और दर्शन एक-दूसरे के आमने-सामने रखी गयी हैं जिनके बीच विनिमय या आदान-प्रदान शिकार के लिए आये दुष्यन्त के आगमन या फिर शिकार के अन्य उपपरिणाम शकुन्तला के गर्भिणी होने तथा उसके राजदरबार में जाने के रूप में होता है। वन में व्यवस्था का कोई सुगठित ढाँचा नहीं है, वहाँ प्रकृति के विविध रूपों का राज चलता है—कहीं खून से सने दाँत व पंजे तो कहीं जल, फल, फूल आदि के रूप में छलकती उसकी दया।

नाटक के कथानक की संरचना के अध्ययन से यह द्वैधता स्पष्ट हो जाती है। अंक 1 से 4 तक प्राकृतिक विश्व का चित्रण है। शकुन्तला को देखने के बाद दुष्यन्त उद्यान लताओं और वनलताओं, तथा राजमहल की सुन्दरियों तथा वनसुन्दरी के बहाने दो विश्वों के बीच की विभाजक रेखा को स्पष्ट करता है। बाद के अंक में नाटककार एक अलग संस्कृति के संसार से परिचय कराता है। हस्तिनापुर का यह संसार प्रेम, कामुकता, नैतिक विपथगमन और षड्यन्त्रों की लपटों से घिरा हुआ है। इसके ठीक विपरीत प्रकृति की मुक्तहस्त उदारता और उसके सान्निध्य में सामंजस्य से रह रहे लोगों/व्यक्तियों का संसार है (अंक 4, श्लोक 10-11)। अन्तिम अंक 7

में नाटककार एक बार फिर सत्ता संघर्ष, राजदरबार की दमघोंटू और विकृति की दुनिया से दूर (और कण्व के आश्रम से भी भिन्न) अप्रतिम आनन्द अलौकिक विश्व की ओर ले जाता है परन्तु नाटक का युग्मों के आधार पर हमारा अध्ययन कण्व के आश्रम के कारण समस्या से घिर जाता है। आश्रम को लौकिक (संस्कृति) और अलौकिक में से किसी भी एक श्रेणी में रखना मुश्किल हो जाता है। आश्रम प्रकृति के मध्य और उसके सान्निध्य में स्थित है पर शहरी जीवन से या उसकी पहुँच से एकदम दूर भी नहीं है। यह शहर, दरबार और संस्कृति से उसी तरह सम्बद्ध और असम्बद्ध है जिस प्रकार संन्यास गृहस्थ से सम्बद्ध है। इन तीनों—नगर (संस्कृति), आश्रम (प्रकृति के साथ सामंजस्य का जीवन), और देवताओं के विश्व (अलौकिक)-के ऊपर अमरता का स्वर्गिक विश्व है। नाटक की उत्कृष्टता इसमें है कि वह एक ओर प्रकृति और संस्कृति के युग्मों की संरचना पर उन्हें विकसित करता है और साथ ही साथ उन्हें उलझाते हुए उच्छेदित भी करता है। एक तरह से नाटक विरोधी-युग्म आधारित पश्चिमी समाजशास्त्रीय अध्ययन पद्धति की सीमाओं को उजागर करता है।

दो अलग जगहों पर स्थित प्रकृति और संस्कृति के युग्मों के सिरों को नाटक में जोड़नेवाला मूलभाव (मोटिफ) शिकार है। 'महाभारत' के शकुन्तला के उपाख्यान तथा कालिदास के नाटक दोनों में शिकार के द्वारा संस्कृति प्रकृति पर अतिक्रमण करती है। महाकाव्य में शिकार का वर्णन नाटक से अधिक विस्तृत और सजीव है। यह अतिक्रमण वास्तव में प्रकृति के विरुद्ध संस्कृति का आक्रमण है। संस्कृति की शक्ति का नेतृत्व दुष्यन्त करता है और उसका शिकार बनते हैं वन, वन्यप्राणी और शकुन्तला।

शिकार में केवल दो पक्ष शामिल होते है—शिकार और शिकारी। शिकार में पारंगत दुष्यन्त के अभियान ने जंगल के वातावरण को आतंक से भर दिया। वेदव्यास ने शिकार में प्रयुक्त हथियारों का वर्णन करते हुए लिखा कि किस प्रकार राजा ने बाघों के परिवारों तथा मृगों की बड़ी संख्या में शिकार किया (1:63:10 व 15)। कालिदास ने भी शिकार का वर्णन किया है और विदूषक के द्वारा राजा के 'शिकार के व्यसन' की व्यंग्यालोचना भी कराई। राजा का सेनापति विदूषक से शिकार को पाप मानते हुए राजा को शिकार न करने के लिए कहता है। वन्य जगत के बारे में दृष्टिकोण में आये परिवर्तन का परिचय कालिदास ने अपने सीमान्त चरित्रों, विदूषक और सेनापति, द्वारा शिकार की निन्दा या उससे असहमति प्रकट कर बताया है। वेदव्यास में शिकार वर्णन तो है पर उसके बारे में कोई स्पष्ट राय नहीं दी है।

कालिदास के नाटक में शिकार और प्रकृति के बारे में आये सकारात्मक परिवर्तन के बावजूद शिकार वन और वन्य जीवों के लिए किसी भी अर्थ में महाकाव्य की तुलना में कम भयंकर नहीं है। दुष्यन्त वन में वन्य प्राणियों के शिकारी की तरह आता है और कण्व के आश्रम में उसका इस रूप में प्रवेश शिकार को एक नया

आयाम देता है नगर और उसके तौर-तरीकों का प्रतिनिधित्व दुष्यन्त और उसकी सेना करते हैं, उनके आगे वन, वन्यजीवन और आश्रम सभी असहाय तथा असुरक्षित हैं। नगर और उसके नागरिकों की काली छाया वन और वनवासियों पर पड़ती है। शकुन्तला (जिसका अर्थ पक्षी होता है क्योंकि जन्म के बाद मेनका द्वारा उसके परित्याग के बाद पक्षियों ने उसकी सुरक्षा की थी) नगर की संस्कृति के प्रकृति पर आक्रमण और इस प्रक्रिया में उस पर लगे घाव का मूर्त बिम्ब हैं। कण्व के आश्रम का वैखानस नामक शिष्य दुष्यन्त को मृग का शिकार करने से रोकता हुआ कहता है : 'अरे नहीं-नहीं, इस कोमल शरीरवाले मृग पर, फूलों के ढेर पर आग की भाँति बाण मत चलाइए। कहाँ इस बेचारे मृग का अत्यन्त कमज़ोर जीवन और कहाँ तीक्ष्ण और अत्यन्त शक्तिशाली प्रहार करनेवाले तुम्हारे बाण? अतः अपने सुरक्षित बाण को रोको। तुम्हारे शस्त्र पीड़ितों की रक्षा के लिए हैं, भोले-भाले प्राणियों पर प्रहार करने के लिए नहीं।' (अंक 1, श्लोक 10 व 11)।

इस वक्तव्य में मृग के साथ शकुन्तला और उसके जैसे समाज व जातियाँ सब शामिल हैं। विडम्बना की बात यह है कि मृग तो बच जाता है पर शकुन्तला नहीं। सुकुमार भोली शकुन्तला नगर और उसके चतुर व सम्मोहक तौर-तरीकों से स्वयं को बचा न सकी, यद्यपि उसकी स्थिति के लिए वह स्वयं भी पूर्णतः ग़ैरज़िम्मेदार नहीं है। यहाँ नाटक के पाठ के अतिवाचन का दुस्साहस करते हुए शकुन्तला को एक उपनिवेशित समाज का प्रतीक माना जा सकता है।

साम्राज्यवाद का अर्थ 'एक दूरस्थ सीमा प्रदेश पर शासन कर रहे प्रबल मेट्रोपोलिस के व्यवहार, सिद्धान्त और दृष्टिकोण से है। उपनिवेशवाद सदैव साम्राज्यवाद का परिणाम होता है, वह सीमा प्रदेश पर कॉलोनी या अधिवास का आरोपण है' (सईद, 1993 : 3)। पीटर चाइल्ड्स और पेट्रिक विलियम्स इसे एक देश के समुदायों को दूसरे देश में जाकर रहने के रूप में देखते हैं (227)। साम्राज्यवाद के राजनीतिक, विधिक और सैनिक नियन्त्रण के संरक्षण में व्यापार और वाणिज्य का विस्तार और प्रसार होता है। उपनिवेशवाद किसी अन्य भौगोलिक और राजनीतिक सीमा प्रदेश को हथियाने के साथ उसके शासन और संस्कृति में व्यवस्थित हस्तक्षेप के साथ उसका शोषण करता है। उपनिवेशवाद और साम्राज्यवाद मात्र हथियाने, संचयन और शोषण की क्रियाएँ नहीं हैं। वे ऐसे नियोजित सैद्धान्तिक प्रतिपादनों से शक्ति तथा समर्थन प्राप्त करते हैं जिनके अनुसार उपनिवेशित समाज खुद समझ-बूझकर, अपने ऊपर औपनिवेशिक प्रभुत्व की ज़रूरत महसूस करते हुए उसकी याचना करते हैं। ऐसे विमर्शों की संरचना से उपनिवेशवादी शक्तियाँ उपनिवेशों में अपनी उपस्थिति की वैधता और औचित्य ठहराती हैं। उपनिवेशवाद के आगमन, उसकी उपस्थिति और संवर्धन के लिए रचे विमर्श या ज्ञान का नाम पौर्वात्यववाद या प्राच्यवाद है जो काफ़ी हद तक उपनिवेशवादी शक्तियों के हाथ का औजार या चाकर बन जाता है।

यदि हम उपनिवेशवाद की उपर्युक्त परिभाषा विमर्श को स्वीकार करने को तैयार हों, तो उपनिवेशक और उपनिवेशित युग्मों के उस परिप्रेक्ष्य में 'अभिज्ञान शाकुन्तलम्' नाटक के अध्ययन की नयी सम्भावना पैदा होती है। यह बात और है कि ऐसे अध्ययन को अतिवाचन (ओवररीडिंग) की श्रेणी में रखने का लालच कुछ आलोचकों में पैदा हो जैसा कि पहले संकेत किया गया है। दुष्यन्त का आखेट-अभियान प्रकृति पर आक्रमण है। शकुन्तला की छवि, महाकाव्य व नाटक दोनों में नगर व मेट्रो (राजधानी) द्वारा दूरस्थ सीमा प्रदेशों को नियंत्रित व शोषित करने की कथा है। यह संचयन, हथियाने और शोषण का सीधा उदाहरण न हो पर आन्तरिक उपनिवेशवाद या बृहद् अर्थ में उपनिवेशवाद के प्रतिमान का एक रूप अवश्य है।

उपनिवेशवाद में उपनिवेशित और उपनिवेशक, दोनों पक्षों के भोलेपन और सहजता का लोप/नाश शामिल होता है। नगर, प्रासाद और दरबार में दुष्यन्त अपना भोलापन व निर्दोषिता को खो चुका था। आश्रम में उसका आगमन शकुन्तला के भोलेपन के विनाश की उद्घोषणा करता है। यद्यपि प्रकृति और संस्कृति, स्त्री-पुरुष, उपनिवेशित और उपनिवेशक के बीच की युग्म-विषमता को कालिदास ने काफ़ी हद तक हल्का कर दिया है, फिर भी एक स्तर पर शकुन्तला उपनिवेशित समाज के लघुबिम्ब की तरह उभरती है। एक अर्थ में शकुन्तला उपनिवेशित और दुष्यन्त उपनिवेशक के रूप में हमारे सामने हैं। दुष्यन्त एक उपनिवेशक की भाँति शकुन्तला, उसके भोलेपन, उसके संसाधनों का शोषण करता है और फिर भूल जाता है। नाटक अंक दो, श्लोक 10 में उसे 'भोक्तार' या भोग करने वाला बताया गया है। उसके द्वारा शकुन्तला के उपनिवेशीकरण, शोषण और फिर तिरस्कार को बहुपत्नीवाद, सामाजिक स्वीकृति तथा अति-प्राकृतिक (सुपरनेचुरल) जैसे संस्कृति-जन्य विमर्शों द्वारा वैधानिकता प्रदान की जाती है।

उपनिवेशीकरण का प्रभाव केवल राजनीतिक ही नहीं बल्कि मनोवैज्ञानिक तथा सांस्कृतिक भी होता है जिससे वह स्मृतिभ्रंश का कारण बनता है। स्मृतिभ्रंश से पहचान या आत्म-अभिज्ञान का लोप होता है जो आत्मविश्वास को विनाश के कगार पर ले जाकर पराभव की स्थिति में ला खड़ा करता है। लेकिन स्मृतिभ्रंश या लोप की बात कालिदास के नाटक के अध्ययन को और अधिक जटिल पर रचनात्मक ढंग से बहुअर्थी आयाम प्रदान करती है। यदि उपनिवेश के कारण स्मृति लोप तथा सामाजिक व सांस्कृतिक विचलन होता है तो उसका शिकार उपनिवेशित शकुन्तला को होना चाहिए पर नाटक में दुष्यन्त की स्मृति का लोप होता है। शकुन्तला उससे बच तो जाती है पर उसका नुक़सान तो उसे उठाना पड़ता है। शकुन्तला का स्मृतिभ्रंश इसलिए नहीं होता क्योंकि वह अपनी प्रकृति, परम्पराओं, मूल्यों की धरोहर में बद्ध मूल है। उसकी जड़ें उसे उसका आत्मविश्वास, अभिज्ञान बनाये रखने में मदद करती हैं और इसी कारण कम से कम महाकाव्य में वह राजा को चुनौती और शब्दों से

प्रताड़ना देती है। महाकाव्य से उतरकर कालिदास के नाटक में आते-आते उसकी जड़ों की दृढ़ता थोड़ी शिथिल हो जाती है। नाटक में आत्मविश्वास के ह्रास के कारण वह अपने महाकाव्यात्मक रूप की भाँति आत्मबलपूर्वक अपनी रक्षा नहीं कर पाती। नाटक में तो वह बस इतना कह पाती है : 'कथमनेन कितवेन विप्रलम्बभास्मि।' (मैं किस प्रकार इस ठग के द्वारा छली गयी हूँ)। अंक 5 : 27। इस बिन्दु को थोड़ा आगे ले जाते हुए यह कहा जा सकता है कि भारत देश के समाज की तरह अन्य जिन समाजों को दुर्भाग्यवश उपनिवेशवाद सहना पड़ा उनमें से केवल वही समाज उपनिवेशवादी प्रक्रियाओं, तौर-तरीकों का सामना कर सके जो अपनी संस्कृति, मूल्यों और परम्पराओं में मूलबद्ध थे।

भारत यदि उपनिवेशीकरण की प्रक्रिया को सह सका तो इसका एक कारण, उसके द्वारा अपनी बौद्धिक एवं सांस्कृतिक स्मृति को काफ़ी हद तक न खोना था। उसकी आत्म-स्मृति में दरारें अवश्य पड़ीं, पर पूरी की पूरी स्मृति का लोप या भ्रंश नहीं हुआ। इसके ठीक दूसरी ओर अन्य, जैसे अफ्रीकी समाज स्वयं को उपनिवेशवादी आँधी के आगे टिका नहीं सके। शायद इसलिए क्योंकि या तो वे आपस में भारतीय समाज से भी अधिक विभाजित थे या भारतीय समाज व्यवस्था में आन्तरिक उपनिवेशवाद और स्वयं के अनेक विरोधाभासों के बावजूद टिकने की क्षमता अधिक थी, या भारतीय सांस्कृतिक परम्पराएँ उपनिवेशवादी पद्धतियों और तरीकों को आत्मसात या अपने ढंग से उपनिवेशकों के तौर तरीकों का सामना करने की क्षमता से ज्यादा सुसज्जित थीं। यह भी हो सकता है कि विदेशी उपनिवेशक शुरू में यहाँ आये उनमें से अधिकांश, विशेषकर वे जो आयरलैण्ड और स्कॉटलैंड के थे, भारतीय संस्कृति, दर्शन और चिन्तन की परम्पराओं के प्रति सहानुभूति रखते थे और कुछ हद तक उससे अभिभूत भी हो गये थे। इसलिए उपनिवेशवादी शक्तियों ने भारत में निचले स्तर पर सामाजिक संस्थाओं को उस तरह नहीं उखाड़ फेंका जैसा कि उन्होंने अफ्रीका या दक्षिण अमरीका में किया था। अंग्रेज़ीवादी या एंग्लिसिस्ट या अंग्रेज़ीवादी काल के बाद इसमें बदलाव आया। फिर भी शोषण की प्रक्रिया में सहूलियतें पैदा करने वाली सभी देशी संस्थाओं को जस का तस रखा और सामन्तशाही, नवाबशाही और ज़मींदारी का उपयोग आर्थिक शोशण के लिए किया। अपनी तथाकथित प्रबोधन परियोजना के ऊँचे दावों के विपरीत वे इतने स्वार्थी थे कि देश के एक ही सीमित क्षेत्र में उन्होंने अनेक प्रकार की शासन-व्यवस्थाओं को तब तक नहीं छेड़ा जब तक वे उनके वित्तीय संसाधनों के व्यवस्थित शोषण की राह में बाधक नहीं बनीं। अफ्रीकी उपनिवेशों में ऐसा नहीं हुआ। अफ्रीकी उपन्यासकारों जैसे चिनुआ अचेबे और न्गूगी वा' थियोन्गो आदि ने अपनी रचनाओं में उपनिवेशवादी प्रक्रियाओं की गहन समीक्षा करने की कोशिश की है। अचेबे के उपन्यास 'थिंग्स फॉल अपार्ट' में औपनिवेशीकरण के प्रथम चरण में ईसाई मिशनरियों का आगमन, दूसरे

में धर्मान्तरण व देशी कबीलों का राजनीतिक पतन, तीसरे में स्थानीय प्रशासनिक, राजनीतिक, सामाजिक, सांस्कृतिक व्यवस्थाओं का सुव्यवस्थित ढंग से ध्वंस और अन्त में उपनिवेशवादी आर्थिक व व्यापार-व्यवस्था की स्थापना की विस्तृत पड़ताल की गयी है। औपनिवेशीकरण के कारण 'थिंग्स फॉल अपार्ट' के नायक ओकान्वों के देश, समाज, समुदाय, परिवार और आत्मा के केन्द्र का ह्रास होता है और ये सभी चीज़ें उसकी आँखों के आगे टूटकर बिखर जाती हैं। अन्त में ओकान्वों की आत्महत्या उपनिवेशी व्यवस्था द्वारा हत्या है जिसके लिए उपनिवेशवादी व्यवस्था ज़िम्मेदार है, साथ ही उसके परिवार, समुदाय, समाज व देश की निराशा, बिखराव व व्यवस्था की हत्या का मूर्त बिम्ब है। यह इस बात की ओर भी संकेत करता है कि उपनिवेशकाल में राजनीतिक, सामाजिक, सांस्कृतिक और आर्थिक शोषण के साथ-साथ भावनात्मक शोषण भी होता है जो समाज को सांस्कृतिक हत्या या आत्महत्या के लिए प्रेरित करता है और उसे अंजाम देता है। उपर्युक्त चर्चा से एक बात और स्पष्ट हो जाती है कि उपनिवेशवाद या उत्तर-उपनिवेशवाद का कोई एक सार्वभौमिक या एक रूपक सिद्धान्त नहीं हो सकता है क्योंकि उपनिवेशवाद का मूल प्रेरक तत्त्व शोषण था पर उपनिवेशवादी प्रक्रियाएँ और प्रतिमान विभिन्न देशों व महाद्वीपों में स्थानीय परिस्थितियों के अनुसार अलग-अलग ढंग से क्रियान्वित रहीं। परिणामस्वरूप भिन्न स्थानों पर उनका प्रतिरोध करने के प्रतिमान और विमर्श भी भिन्न-भिन्न थे, अतः उत्तर-उपनिवेशवाद का भी कोई एक सिद्धान्त प्रतिमान या प्रारूप सबके लिए न तो प्रस्तावित किया जा सकता है और न ही उन्हें उचित सिद्ध किया जा सकता है। हाँ, इतना अवश्य है कि इन विविध सिद्धान्तों की संरचना का पारस्परिक विमर्श विनिमय एक-दूसरे को लाभान्वित कर सकता है।

'अभिज्ञान शकुन्तलम्' नाटक की ओर वापस आते हुए हम नाटक में उत्तर-उपनिवेशवाद के प्रतिमान को भी पाते हैं। नाटक का अपरम्परागत ढंग से 'अतिवाचन' दुष्यन्त और शकुन्तला के बीच मिलाप की स्थिति में उत्तर-उपनिवेशवाद के प्रतिमान को खोजता है। नाटक के अन्त में दुष्यन्त अपने व्यवहार के लिए पश्चात्ताप करता है और शकुन्तला से क्षमायाचना करता है। दोनों के बीच मिलाप परस्पर भूल-स्वीकार, पश्चात्ताप, क्षमाशीलता और फिर समाधान के चार चरणों से गुजरता हुआ सम्पन्न होता है। दुष्यन्त व शकुन्तला का अन्तिम मिलन उत्तर-औपनिवेशककाल के गैरपारम्परिक पर सकारात्मक समाधान का प्रयास है, जिसमें उपनिवेशक और उपनिवेशित, दोनों ही औपनिवेशिक शोषण की त्रासद व विस्फोटक वास्तविकता को भूलकर संसार तथा नयी पीढ़ी की बेहतरी के लिए मिलकर कार्य करते हैं ताकि एक नये विश्व की संरचना हो। जो भारत (भा—प्रकाश, रत भारत के भविष्य संलग्न) अर्थात् प्रकाश या ज्ञान की खोज में संलग्न हो।

विलियम शेक्सपियर के नाटक 'द टेम्पेस्ट' में उपनिवेशक-उपनिवेशित प्रतिमानों

की चर्चा अब पुरानी हो गयी है। पर उत्तर-उपनिवेश के प्रति भारतीय तथा पश्चिमी दृष्टिकोणों की तुलना की दृष्टि से पुनरावृत्ति का जोखिम उठाते हुए कहा जा सकता है कि द टेम्पेस्ट नाटक का प्रोस्पेरो उपनिवेशक और कैलिबन उपनिवेशित समाज के प्रतिबिम्ब हैं। समुद्र से घिरा एक छोटा टापू है जिस पर जल और थल, संस्कृति और प्रकृति, सभ्य और असभ्य, भाषावान और भाषाहीन आदि युग्मों के बीच इस नाटक की घटनाओं के ताने-बाने को बुना गया है। कैलिबन की माँ साइकोरेक्स के द्वीप पर प्रोस्पेरो ने अपना राज्य गँवाने के बाद उपनिवेश बनाया और इसके बाद अपने ज्ञान के विमर्श के द्वारा उपनिवेशित समाज की स्थानीय मूलशक्ति एरियल को अपने हितों की रक्षा तथा संवर्द्धन के लिए प्रयोग किया, ठीक उसी प्रकार जैसे शेक्सपियर के नाटक 'ओथेलो' में वेनिस का ईसाई समाज व शासन-व्यवस्था तुर्कों के विरुद्ध साइप्रस पर अपना अधिकार रखने के लिए ओथेलो की वीरता का उपयोग किया गया है। नाटक के अन्त में प्रोस्पेरो, जो एक अर्थ में नाटक जगत के व्यापार का विधाता है, अपनी परियोजना की सफलता के उपलक्ष्य में सबको खुश करने की झोंक में दिखाई देता है। अपना खोया राज्य वापस मिलने तथा पुत्री मिराण्डा के लिए योग्य वर मिलने की खुशी में वह घोषणा करता है कि 'सर्वोत्कृष्ट कार्य दयाभाव है, बदला नहीं।' यह उत्तर-उपनिवेश काल का प्रारम्भ है जिसका आधार दया, क्षमा तथा मेल-मिलाप होना चाहिए। पर प्रोस्पेरो की यह उदारता सतही है। वास्तव में वह स्वयं को अपनी पुत्री तथा अन्य अपनों को ही खुश करता है। उसका दयाभाव भी अपनों के लिए है। कैलिबन के लिए न तो उसके पास खुशी बची है और न ही दया। चूँकि कैलिबन ने उसके उपनिवेशक रूप का प्रतिरोध किया था इसलिए 'एक राक्षस, एक जन्मजात राक्षस' जैसे शब्दों में उसे प्रोस्पेरो की निन्दा का पात्र बनना पड़ता है। ('द टेम्पेस्ट' अंक 4, 162)। नाटक के अन्तिम दृश्य में, जिसे हम अपने विवेचन के अनुसार उत्तर-उपनिवेशकाल कह सकते हैं, उसमें भी प्रोस्पेरो अपनी तथाकथित दया का एक अंश भी उपनिवेशित समाज के प्रतीक कैलिबन के लिए नहीं दिखाता। उसकी आत्मा में कैलिवन के साथ अब तक उसने जो दुर्व्यवहार किया, उसके लिए ज़रा भी पश्चात्ताप नहीं है, तो क्षमायाचना की बात ही कहाँ उठती है। उल्टे कैलिबन के प्रति उसका व्यवहार घमंड और दुर्व्यवहार से पूर्ण है। प्रोस्पेरो जाते-जाते भी कैलिबन को बेइज़्ज़ती के दौर से गुज़रना पड़ता है। कैलिबन के प्रति अपने दुर्व्यवहार के प्रति पश्चात्ताप या क्षमायाचना के बजाय प्रोस्पेरो क्षमायाचना कर रहे कैलिबन को ही प्रताड़ित करते हुए कहता है :

'इसका आचार-व्यवहार उतना ही कुढंगा है जितना कि उसका रूप' (अंक 5, दृश्य 1, 200-201) इस सबके बावजूद शेक्सपियर में दोष कैलिबन के ही माथे पड़ता है और कैलिबन से ही वह कहला देते हैं।

वह स्वयं को कोसता हुआ कैलिवन अपने को 'तीन बार दुहरा गधा' कहता

है और उसके बाद 'बुद्धि से काम करने' का वायदा करता है। इस पर प्रोस्पेरो का प्रत्युत्तर है, 'जाओ, दूर हट जाओ।' (237)। यह उत्तर-उपनिवेशकाल का नकारात्मक प्रतिमान है जिसमें दो अन्यों का समान मिलन नहीं दुराव का भाव है।

इन शब्दों के साथ कैलिबन के प्रति प्रोस्पेरो का विमर्श समाप्त हो जाता है और कुछ पंक्तियों के बाद नाटक भी। सवाल उठता है कि उत्तर-उपनिवेशिकता की स्थिति का जो प्रतिमान 'द टेम्पेस्ट' में है वह उपयुक्त है कि नहीं? कालिदास और शेक्सपियर के नाटकों की तुलना करने के बाद स्पष्ट हो जाता है कि कालिदास के नाटक में विकसित उत्तर-औपनिवेशिक प्रतिमान अधिक सकारात्मक, प्रगतिशील तथा मानवीय है और नयी दुनिया के निर्माण के लिए अधिक उपयुक्त भी। 'द टेम्पेस्ट' में उस उपनिवेशवादी मानसिकता और गर्व के दर्शन होते हैं जिसने अतिसंवेदनशील अंग्रेज़ी कवि-हृदयों में उनके औपनिवेशिक द्वारा उपनिवेशित समाजों पर व्यवस्थित ढंग से किये गये घृणित अत्याचारों के बारे में एक शब्द तक न लिखने के लिए लम्बे समय तक फुसलाये रखा। इन पूर्व उपनिवेशवादियों की प्रकृति में इस गर्व का कीड़ा अभी भी ज़िन्दा है। इसका जीवन्त उदाहरण भारतीय स्वतन्त्रता के स्वर्णिम जयन्ती वर्ष में ब्रिटेन की महारानी एलिज़ाबेथ की भारत यात्रा के दौरान मिला जब उन्होंने जलियाँवाला कांड के लिए क्षमायाचना की बात तो दूर उस भयावह त्रासदी पर दुख तक प्रकट नहीं किया। ऐसा व्यवहार, मानसिकता और दृष्टिकोण, चाहे वह एक व्यक्ति या समाज विशेष का हो या फिर किसी लेखक या रचना विशेष में परिलक्षित होता हो, उत्तर-उपनिवेशिकता के लिए उपयुक्त प्रतिमान नहीं हो सकता है। क्षमा पर आधारित समाज की पुनर्रचना को गाँधी के विचारों से प्रभावित नेल्सन मण्डेला ने उत्तररंगभेदी दक्षिण अफ्रीका के लिए चुना और क्षमा तथा मेल-मिलाप के नये युग का सूत्रपात किया। जिम्बावे ने अपनी आज़ादी के बाद इसके ठीक विपरीत टकराहट का रास्ता अपनाया और पूर्व निवेशकों की सम्पत्ति को ज़ब्त करने जैसे क़दम उठाये उसका नतीजा जगजाहिर है।

## पुनश्च :

उत्तर-उपनिवेशवाद के पूर्वपक्ष की पड़ताल भी ज़रूरी है। उपनिवेशवाद की नींव शोषण के लिए आधिपत्य जमाने की मानसिकता में थी। कार्ल मार्क्स ने इसे सही ढंग से समझा था और उपनिवेशवादियों के बारे में कहा था कि वे व्यापारी, चोर और अनुवादक थे। व्यापार कानूनी ढंग से दूसरों के आर्थिक संसाधनों के हथियाने का तरीका है और चोरी गैरक़ानूनी ढंग से। मानवीय, आर्थिक, प्राकृतिक तथा बौद्धिक संसाधनों के शोषण के लिए पश्चिम ने विश्व के अनेक भागों में उपनिवेश स्थापित किये। यूरोप की औद्योगिक क्रान्ति को ऊर्जा उपनिवेशीकरण से हथियाए

संसाधनों से मिली थी। 19वीं सदी का यह सबसे बड़ा उद्योग था जिसका अन्दाज़ा इस बात से लगाया जा सकता है कि 1914 तक विश्व का 85 प्रतिशत भू-भाग उपनिवेश हो गया था। उत्तर-उपनिवेशवाद के आर्थिक पहलू पर आलोचकों ने उचित ध्यान नहीं दिया है इस बारे में टैरी ईगलटन ने कहा कि 'उत्तरउपनिवेश विचार' में सांस्कृतिक अन्तर की तो बात होती है पर आर्थिक शोषण की या तो बिल्कुल नहीं या फिर अपर्याप्त। *टेरी ईगलटन, 'गुडबाय्र टू द एनलाइटेंमेंट' ('प्रबोधन को अलविदा') द गार्जियन, 5 मई 1941।* उपनिवेशवाद का एक पहलू यह भी था कि इसमें दो ज्ञान सभ्यताओं के बीच टकराहट हुई थी। अतः उपनिवेशवादियों ने अनुवाद के द्वारा उपनिवेशीकृत समाज के ज्ञान को हथिया कर उसका पालतूकरण किया। साथ ही उपनिवेश स्थापित कर शोषण का औचित्य सिद्ध करने तथा लम्बे समय तक टिके रहने के लिए पौर्वात्यवाद की संरचना की जो पूर्व के बारे में पश्चिम के लोगों द्वारा रचे ज्ञान का विमर्श था। इसका मुख्य उद्देश्य उपनिवेशी समाज में लघुता, हीनभावना पैदा करना था।

भारत के सन्दर्भ में उपनिवेशवाद के दो रूप थे : बाह्य और आन्तरिक उपनिवेशवाद। आन्तरिक उपनिवेशवाद में उपनिवेशक किसी दूर देश से न आकर समाज के अन्दर बैठा ऐसा वर्ग होता है जो जाति, प्रजाति या मत के आधार पर मज़दूर, किसान व समाज के अन्य पिछड़े गरीब वर्ग का शोषण करता है और उन्हें उचित ठहराने के लिए शास्त्र भी रच लेता है या उनकी रचना करवा लेता है। यह वर्ग शस्त्र और शास्त्र के बल पर बन्धुआ मज़दूर, सूदखोरी या छुआछूत जैसी कुव्यवस्थाएँ खड़ी कर शोषण करता है। उपनिवेशित भारत में विदेशी व आन्तरिक उपनिवेशवाद के खिलाफ़ संघर्ष का इतिहास है। अस्पृश्यता और शोषण जैसी बुराइयों की दीवाल को गाँधी ने अन्दर से और अम्बेडकर ने बाहर से गिराने की कोशिश की। जब दीवाल गिरती है तो उसका असर सबसे पहले गिरानेवालों पर पड़ता है। आश्चर्य नहीं कि गाँधी और अम्बेडकर जैसे नेता इन ईंट पत्थरों से बच न सकें। एक तथ्य और उभरकर सामने आता है कि आन्तरिक उपनिवेशवाद ज़्यादा ख़तरनाक है क्योंकि यह समाज को अन्दर से खोखला करता है और बाह्य उपनिवेशवाद के रास्ते खोलता है। हमारे देश में राजनीतिक तथा संवैधानिक रूप से आन्तरिक व बाह्य उपनिवेश ख़त्म हो गया है पर व्यवहार में अभी ज़िन्दा है।

उत्तर-उपनिवेशवाद मूलतः पश्चिमी विमर्श है। इसे विडम्बना ही कहा जायेगा कि पूर्व-उपनिवेशक समाज उत्तर-उपनिवेशवादी विमर्श के मुख्य सर्जक व संरक्षक हैं। साहित्यलोचना के क्षेत्र में इसका अर्थ तथाकथित यूरोपीय उदार मानवतावादियों द्वारा प्रचारित 'सार्वभौमिक सत्यों' के सामने सवाल खड़े कर उनकी जड़ें खोदना था। इन 'सत्यों' में पश्चिम व यूरोपीय समाजों की सर्वश्रेष्ठता शामिल थी अतः उनके व्यवहार से निगमित नियमों तथा मॉडलों को अन्य पर थोपना उन्होंने अपना धर्म

मान लिया था तथा अन्य समाजों पर शासन कर अनुकूलित करना अपना कर्तव्य। इस विमर्श के नाटक के सूत्रधार, पटकथा लेखक तथा अभिनेता उपनिवेशक थे और उपनिवेशिक समाज मात्र मूक दर्शक थे।

उत्तर-उपनिवेशवाद इन सत्यों के खिलाफ़ प्रतिक्रिया था। साहित्य तथा आलोचना के क्षेत्र में एक अवधारणा के रूप में इसकी दस्तक 1990 के दशक में हुई। 1985 में छपी रेमन शेल्डन की किताब 'रीडर्स गाइड टू कन्टेम्परोरी थ्योरी' में इसका उल्लेख नहीं है हालाँकि इसकी जड़ें फ्रेंज फेनन की 1961 में फ्रेंच में प्रकाशित किताब 'द रेचेड ऑफ़ दी अर्थ' में देखी जा सकती हैं। अल्बर्ट मेम्मी की किताब 'द कोलोनाइजर एन द कोलोनाइज्ड' (1865) में इसका विवेचन है। इस बहस को आगे बढ़ाया एडवर्ड सईद ने 'ओरियण्टलिज्म' में। उन्होंने यूरोप केन्द्रित सार्वभौमिकता की राजनीति का पर्दाफ़ाश किया और पश्चिम या यूरोप की श्रेष्ठता को सुविचारित मिथक बताया।

उपनिवेशकों के सत्य को नकारते हुए उत्तर-उपनिवेशवाद उपनिवेशित समाजों के 'सत्यों' को स्थापित करता है। अतः इसे उत्तर-आधुनिकवाद का विस्तार भी माना जा सकता है। ठेठ मार्क्सवादियों को भी इसमें कुछ नया नहीं दिखता क्योंकि मार्क्सवादी मीमांसा भी पूँजीवाद के शोषण के सार्वभौमिक सत्य को विस्थापित कर अपना आधार तथा संरचना आधारित वर्ग संघर्ष का 'सत्य' स्थापित करती है। कोई आश्चर्य नहीं कि टेरी ईगलटन जैसे प्रखर मार्क्सवादी आलोचक 'इल्यूजन्स ऑफ़ पोस्टमोडर्निज्म' (उत्तर-उपनिवेशवाद के भ्रम) पर तो लिखा पर उत्तर-उपनिवेशवाद की सीधी चर्चा नहीं की।

उत्तर-उपनिवेशवाद के और भी कई रंग-रूप हैं। इसका एक संस्करण पश्चिमी विद्वानों के यहाँ मिलता है और दूसरा वहाँ स्थित गैर-पश्चिमी विद्वानों की रचनाओं में जिन्हें पश्चिम ने सहयोजित कर लिया है। वे पश्चिमी उपनिवेशवादियों तथा गैरपश्चिमी उपनिवेशवादियों के बीच बिचौलिए का काम करते हैं। सलमान रुश्दी और गायत्री स्पिवाक आदि इस श्रेणी में आते हैं। हमारे देश में इस विमर्श के रोचक रूप हैं। हिन्दी में इसकी चर्चा एक छोटे दायरे में सीमित है जो इसकी राजनीति तथा बारीकियों से वाकिफ़ हैं। दूसरा आत्ममुग्ध वर्ग मानता है कि भारत जैसे साढ़े तीन हज़ार साल पुरानी सभ्यता वाले देश के लिए चन्द दशक पुराने विमर्श में सिर और समय खपाने की क्या ज़रूरत है? दूसरा बड़ा वर्ग अपनी सरलता या अनभिज्ञता के कारण भारत की आज़ादी के बाद के काल को उत्तर-उपनिवेशवादी काल मानकर खुश है। यह उदासीन वर्ग भूल जाता है कि भारतेन्दु, रामचन्द्र शुक्ल और गाँधी स्वतन्त्रता पूर्व काल में उत्तरउपनिवेशी मानसिकता से उपनिवेशवाद का प्रतिरोध कर रहे थे। साथ ही 21वीं सदी का बड़ा सच है मानव नियति तथा विमर्शों की अन्तःसम्बन्धता। आतंकवाद तथा ग्लोबल वॉर्मिंग आदि की तरह इन विमर्शों से उदासीन रहना किसी भी देश या समाज के लिए सम्भव नहीं है और हितकर भी

नहीं। ऐसे भी विद्वान हैं जिन्हें उत्तर-उपनिवेशवाद से परहेज नहीं, पर उपनिवेशकों के हर मंसूबों के अतिसंशयवादी पाठ से सहमत नहीं। एक वर्ग ऐसा भी जो उदासीन तो नहीं पर उत्तर-उपनिवेशवाद जैसे विमर्श को जानने के लिए छटपटाता है लेकिन इसके अनेक रूपों के कारण भ्रमित है। आश्चर्य तो तब होता है जब उपनिवेशवादी सत्ता के खिलाफ़ संघर्ष का नया रास्ता दिखाने वाले गाँधी की गुजराती के लिए नया शब्द 'उत्तर-उपनिवेशवाद' या अनुसंस्थानवाद तो गढ़ा पर सितांशु यशश्चन्द्र जैसे एक दो आलोचकों को छोड़ दें तो वहाँ इसकी चर्चा लगभग नगण्य है। भारतीय अंग्रेज़ी विद्वत् वर्ग या कहें अध्यापक वर्ग, अभी भी इसका जश्न मना रहे हैं। संगोष्ठियों में तो इसके गुणगान होते ही हैं; पाठ्यक्रमों में इसकी उपस्थिति अपरिहार्य है। अंग्रेज़ी में तो उत्तर-उपनिवेशवाद का दूसरा चरण आ गया है। प्रथम चरण में अंग्रेज़ी विदेशी भाषा थी और उसमें लिखने वाले भारतीय अपने उपनिवेशवादी मालिक की भाषा का प्रयोग सहजता से कम और सजगता से अधिक करते थे। अब अंग्रेज़ी अपनी भाषा मान ली गयी है और शेक्सपियर, मिल्टन, इलिअट अपने लेखक हो गये हैं, उनकी रचनाओं में व्यक्त अनुभव को हम अपना मान भोग सकते हैं और उसे हम अपने सांस्कृतिक सन्दर्भ में देख सकते हैं।

अध्ययन-अध्यापन के क्षेत्र में इस दृष्टिकोण का असर पड़ा है। भारतीय अंग्रेज़ी लेखन को पश्चिम तथा भारतीय अंग्रेज़ी पाठ्यक्रमों में तो जगह मिल ही गयी थी आगे चलकर भारतीय भाषाओं की रचनाओं के अंग्रेज़ी में अनुवादों के लिए दरवाज़े भी खुल गये। यदि यह उत्तर-उपनिवेशवाद का दूसरा चरण है तो उत्तर-उपनिवेशवाद के कम से कम एक चरण की और आवश्यकता है। वह तब होगा जब अंग्रेज़ी के पाठ्यक्रम में विद्यार्थियों को उनकी अपनी भाषा में चर्चा में भाग लेने तथा उसी में जवाब देने की छूट मिलेगी। वैसे भी अंग्रेज़ी का अध्यापन बीस से अस्सी प्रतिशत हिन्दी जैसी भाषा में होता ही है। मुझे उत्तर-उपनिवेशवाद के इस चरण का इन्तज़ार है।

उत्तर-उपनिवेशवाद एक जटिल विमर्श है जिसका राजनीतिक पहलू तो है ही, पर आर्थिक, सांस्कृतिक, मनोवैज्ञानिक, भाषायी तथा साहित्यिक पहलू भी उतना ही ज़रूरी है। इसमें राजनीतिक स्वतन्त्रता ही बस कुछ नहीं है। उत्तर-उपनिवेशवाद तो एक मानसिक स्थिति है जिसमें बौद्धिक स्वतन्त्रता प्रथम शर्त है। इस अर्थ में उत्तर-उपनिवेशवाद की तुलना में उत्तर-उपनिवेशकता (पोस्ट-कोलोनियल्टी) ज्यादा सार्थक शब्द है। इसी वजह से न्गूगी वा' थियोन्गो ने मस्तिष्क के विउपनिवेशिकरण की बात अपनी किताब 'डिकोलोनाईजिंग द माइंड' में की थी।

जहाँ कहीं और जब भी शोषण के प्रति चेतना ओर प्रतिरोध होता है, वहीं से उत्तरउपनिवेश शुरू होता है। यह चेतना समय की मोहताज नहीं होती। ऐसे में उत्तर-उपनिवेशवाद उपनिवेशकाल में भी हो सकता है और ज़रूरी नहीं कि आज़ादी के बाद भी उत्तर-उपनिवेशकाल हो ही। गाँधी की 'हिन्द स्वराज' उत्तर-उपनिवेशवाद

की गीता है। गाँधी ने उपनिवेशवाद काल में अन्ध औद्योगिकीकरण तथा शोषण की प्रक्रियाओं तथा संस्थानों की बखिया उधेड़ दी थी। उनके निष्कर्षों से हम सहमत न भी हों पर उनकी विचार प्रक्रिया तथा पद्धति से नहीं हो सकते। 'हिन्द स्वराज' उत्तर-उपनिवेशवाद का पहला सुव्यवस्थित घोषणापत्र है। पर यह 1909 में लिखी गयी थी जो उपनिवेशकाल था। भारत में शोषण के प्रतिरोध एवं बौद्धिक स्वतन्त्रता की चेतना के अन्य कई उदाहरण आज़ादी से पहले और बाद में दिखाई देते हैं। आचार्य रामचन्द्र शुक्ल ने 1939 में हिन्दी साहित्य सम्मेलन में वक्तव्य देते हुए उपस्थित विद्वानों से प्रार्थना की थी कि 'वे हममें साहित्य सम्बन्धी स्वतन्त्रता का ऐसा भाव जगा दें कि हम योरप में हर एक उठी हुई बात की ओर लपकना छोड़ दें; समझ-बूझकर उन्हीं बातों को ग्रहण करें जिनका कुछ स्थायी मूल्य हो, जो हमारी परिस्थिति के अनुकूल हों।' आचार्य शुक्ल के इस वक्तव्य में उत्तर-उपनिवेशवादी विमर्श के सूत्र मिलते हैं क्योंकि वे उपनिवेशकालीन भारतीय समाज की बौद्धिक दासता की मानसिकता का प्रतिरोध कर रहे थे। बौद्धिक स्वतन्त्रता के अभाव में उत्तरउपनिवेशकाल बेमानी हो जाता है। अज्ञेय ने 'भाषा कला ओर उपनिवेशित मानसिकता' नामक निबन्ध में इसका प्रतिरोध किया था। अपने समय के तथाकथित आधुनिक कलाकारों पर टिप्पणी करते हुए उन्होंने कहा था कि अमृता शेरगिल आधुनिक थीं। उनकी आधुनिकता में भारत से न जुड़े होने का दर्द शामिल था। किन्तु उनके समकालीन दूसरे कलाकारों के साथ ऐसा नहीं था। वे न तो भारत से जुड़े थे और न ही जुड़े न होने का दर्द था बल्कि उनके लिए यह सुविधा की बात थी। यही हालत अंग्रेज़ी में लिखने वाले आलोचकों की थी क्योंकि उसके पास भारतीय भाषा में कला के मुहावरे का ज्ञान और संस्कार न थे और वे जिनका प्रयोग कर रहे थे उनके ताने बाने उपनिवेशवाद से इतने गुँथे थे कि वे भारतीय अनुभव और कला को विदेशी नज़र से ही देख पा रहे थे। सच यह है कि उपनिवेशवाद शोषण का रूपक है। जब तक शोषण है, उत्तर-उपनिवेशवाद रहेगा और तब तक उत्तर-उपनिवेशवादी विमर्श की ज़रूरत रहेगी। हम कहाँ और कैसे होंगे यह हमारी प्रतिभा तथा विकल्प के निर्माण तथा चुनाव पर निर्भर करेगा।

# 5

# उत्तर-आधुनिकतावाद की 'मृत्यु' और परआधुनिकतावाद

'आल्टरमॉडर्निज्म' या परआधुनिकतावाद की अवधारणा का श्रेय फ्रांसीसी सिद्धान्तकार और कला-विवेचक निकोलस बूरिओ को जाता है जिन्होंने 'टेट आर्ट' गैलरी 2009 में इसका प्रयोग किया तथा इसका घोषणापत्र जारी किया जिसमें उत्तर-आधुनिकता की 'मृत्यु' की भी घोषणा की। पर अभी तक इसकी बहुत चर्चा नहीं हुई है। कारण कुछ भी हो, इस विमर्श की महत्ता आँकने के लिए इसे मुख्य पश्चिमी विमर्शों की पृष्ठभूमि में देखना होगा।

देखा जाये तो पश्चिम में परआधुनिकतावाद से पूर्व चार मुख्य विमर्श रहे हैं : तत्त्वमीमांसक (मेटाफिजिकल) विमर्श, धर्मशास्त्रीय (थियोलॉजिकल) विमर्श, आधुनिकतावादी विमर्श और उत्तर-आधुनिकतावादी विमर्श। तत्त्वमीमांसक विमर्श ग्रीक समाज की उपज है जिसकी समयावधि ईसा पूर्व 800 से 5वीं शताब्दी ई. तक मानी जा सकती है। इसमें मनुष्य के भौतिक जीवन की समस्याओं, अस्तित्व के प्रश्न और उससे भी आगे तत्त्वमीसांसक प्रश्नों, उनसे जूझने के फलस्वरूप मिले जवाबों की जाँच पड़ताल से निस्बत थी। इसमें तत्कालीन मानव बुद्धि की सीमाओं के कारण उसकी समझ से परे प्रा.तिक 'फिनोमिना' (घटना) के 'अज्ञान' तथा 'भय' के कारण दैवीकरण किया गया और एक मिथकशास्त्र की रचना हुई। ऐसा लगभग सभी मुख्य सभ्यताओं में हुआ। इस मिथक-विश्व के बरक्स तत्त्वमीमांसक स्तर पर सुकरात जैसे चिन्तकों ने दर्शनशास्त्रीय प्रश्नों को उठाया। 'डायलॉजिकल' (संवाद) पद्धति का प्रयोग करते हुए प्लेटो ने उसे आगे बढ़ाया तथा लिपिबद्ध किया। ए.एन. व्हाइटहैड ने अतिरंजनापूर्ण शब्दों में सही पर सच के साथ पूरे पश्चिमी चिन्तन को प्लेटो के फुटनोट कहा तो कार्ल पौपर ने उन्हें मुक्त समाज का दुश्मन बताया। इस मौलिक चिन्तक तथा दार्शनिक के शिष्य अरस्तू ने ज्ञान को विविध विधाओं में वर्गी.त व क्रमबद्ध किया और तत्कालीन पश्चिमी ज्ञान विधाओं के प्रथम मुख्य व्यवस्थापक होने का श्रेय पाया। अगर इस विमर्श को एक वाक्य में कहें तो वह

होगा, 'मैं हूँ क्योंकि मैं अस्तित्व में हूँ तथा भौतिक अस्तित्व और उससे आगे के प्रश्नों के बारे में सोचता हूँ। 'ग्रीक चिन्तकों ने दर्शनशास्त्र, नीतिशास्त्र, राजनीतिशास्त्र, चिकित्साशास्त्र, काव्यशास्त्र, सौन्दर्यशास्त्र, गणित, ज्यामिति, रेखागणित आदि सभी में मौलिक योगदान किया। ग्रीक सभ्यता के बाद आने वाले रोमन मौलिक चिन्तक न थे, पर थे चतुर। उन्होंने लगभग स्वीकार कर लिया था कि वे ग्रीक चिन्तन की गहराई व ऊँचाई को नहीं छू सकते। अतः उन्होंने ग्रीक चिन्तन व ज्ञान का अनुवाद किया और मुख्यतः शासन व्यवस्था तथा न्याय तन्त्र पर ध्यान केंद्रित कर जस्टूनियन के 'इंस्टीट्यूट' के रूप में योगदान किया।

दूसरे विमर्श यानी 'धर्मशास्त्रीय विमर्श' का उत्थान मध्ययुग में लगभग ईसवी सन् 500 से 1500 के बीच हुआ। तत्त्वमीमांसक विमर्श में मनुष्य तथा उसके द्वारा निर्मित देवी-देवताओं की मीमांसा सुकरात जैसे दार्शनिक ने की पर हक़ीक़त यह थी कि उसमें मनुष्य तथा तत्कालीन देवी-देवताओं के बीच ज्ञान या अज्ञान के अलावा कोई दीवार न थी। कालान्तर में ग्रीक सभ्यता के रोमनीकरण तथा ईसाई धर्म में अन्तरण के बाद सभी देवी-देवताओं के समूह का स्थान एक ईश्वर (गॉड) ने ले लिया जिसके दो स्वरूप सामने आये; इनमें से एक था बाइबल के 'ओल्ड टेस्टामेंट' (पूर्व विधान) का रौद्र रूपवाला ईश्वर जिसका मुख्य कार्य धर्म की संरचनाओं का संरक्षण तथा उल्लंघनकर्ताओं को दंड देना था, और दूसरा रूप था दया, प्रेम और करुणामय 'न्यू टेस्टामेंट' (नवविधान) का ईशु जिन्होंने दंड के स्थान पर प्रेम और करुणा का सन्देश दिया। धर्म के संस्थानीकरण ने मध्ययुग में चर्च की एक नयी धर्म संस्था को जन्म दिया। धर्म और सत्ता के एकीकरण के फलस्वरूप मनुष्य और मनुष्येतर सत्ता अर्थात् ईश्वर के बीच नयी धर्म संस्था 'चर्च' आ गयी। इस प्रकार पहला 'एलिएनेशन' अर्थात् परकीयकरण या असम्बद्धता पैदा हुई जिसे धर्म ने पैदा किया। हद तो तब हुई जब धर्म के ठेकेदारों ने स्वर्ग में जाने के जिए पैसे लेकर डिग्री या प्रमाणपत्र बेचना शुरू किया जिससे निजात दिलाने के लिए यूरोप में मार्टिन लूथर जैसे सुधारकों ने सुधार की प्रक्रिया शुरू की। इस धर्मशास्त्रीय विमर्श का मूल वाक्य था 'मैं हूँ क्योंकि मैं आस्थावान हूँ।' आस्था (फेथ) में सवाल के लिए स्थान नहीं होता और सवाल करने वालों को सजा मिलती है। इतिहास गवाह है कि यूरोप में आस्था के सामने खड़े होने वालों को जलाकर मार देने तथा गिलोटीन पर गर्दन काटने और फाँसी लगाने जैसे कई तरीके ईजाद किये। चूँकि आस्था में सवाल के लिए जगह नहीं है इसलिए सोचने और समझने के लिए भी कोई अवकाश न था। जहाँ प्रश्न नहीं, वहाँ ज्ञान नहीं, और जहाँ ज्ञान नहीं वहाँ प्रकाश नहीं। जहाँ प्रकाश नहीं, वहाँ अन्धकार के अलावा कुछ नहीं। आखिरकार अन्धकार प्रकाश का अभाव है। इसी वजह से मध्यकाल को अन्धकार युग माना जाता है जिसका अर्थ यह कदापि नहीं कि इस समय में धर्म की प्रभुता के सम्मुख सवाल नहीं पूछे गये।

ज्ञान की देवी मिनर्वा के वाहन उल्लू ने इस अँधेरे में ऊँची उड़ानें भरीं। जितनी भी जानें गयीं या जिन्होंने प्रताड़ना सही उन सबने धर्मसत्ता में अन्धी आस्था को प्रश्नों के द्वारा चुनौती दी थी।

पश्चिम के तीसरे विमर्श 'आधुनिकतावाद' की चरम परिणति 20वीं सदी के पूर्वार्द्ध में हुई, हालाँकि उसकी जड़ें कई सदियों में विशेषकर 16वीं सदी और इसके बाद फैली देखी जा सकती हैं। जब आस्था और विश्वास की जगह तर्कबुद्धि के प्रश्न ने ली तो धर्म, खगोलशास्त्र और सामाजिक संस्थाओं की स्थापनाएँ टूटने लगीं और इसका असर सब संस्थाओं पर पड़ा। साहित्य ने इसकी अभिव्यक्ति की। क्रिस्टोफर मार्लो ने अपने नाटक 'ज्यू ऑफ़ माल्टा' में धर्म को खिलौना बताया तो 'डॉक्टर फॉस्टस' में विवाह को 'सेरेमोनियल टॉय' (रस्मी खिलौना) कहा। धर्म के प्रति मार्लो के सीधे विद्रोह के सामने विलियम शेक्सपियर ने अप्रत्यक्ष ढंग से थियोलोजिकल (थियोलॉजिकल) विमर्श को उच्छेदित (सब्वर्ट) किया। प्रथम विमर्श के केन्द्र में मनुष्य का अस्तित्व और उससे जुड़े प्रश्न थे, जिन्हें हटाकर धर्मशास्त्रीय विमर्श में धर्म, चर्च और ईश्वर केन्द्र में आ गये और मनुष्य को हाशिए पर फेंक दिया। आधुनिक विमर्श में मनुष्य की अपनी बुद्धि द्वारा संशय करने की वृत्ति ने धर्म व ईश्वर की केन्द्रीयता पर सवाल उठाये और ईश्वर को खिसकाकर उसके स्थान पर मनुष्य को स्थापित कर दिया। इसका एक उदाहरण शेक्सपियर के 'हेमलेट' नाटक में हेमलेट के उस संवाद में मिलता है जिसमें मनुष्य को उत्कृष्ट रचना बताया। उसकी क्षमता की असीमता के साथ केन्द्र में थी मनुष्य की 'तार्किकता की श्रेष्ठता' (नोबुल इन रीजन) जो वैज्ञानिक मिजाज़ (टैम्पर) का आधार बनी, जिसकी वकालत शेक्सपीयर के समकालीन फ्रांसीसी बेकन ने 'एडवांसमेंट ऑफ़ लर्निंग' और लैटिन में लिखी किताब 'नोवम ऑरगेनम' में की थी। बेकन ने ज्ञान या विद्या के दो मुख्य हेतु बताये—एक था ब्रह्मांड तथा मनुष्य को समझते हुए उसमें मनुष्य की स्थिति को समझना और दूसरे उसमें मनुष्य की स्थिति में सुधार करना। अतः ब्रह्मांड तथा प्रकृति की सत्ता को चुनौती की पहली चिनगारी 16वीं सदी के प्रथम चतुर्थांश में पैदा हुई। 'मैं हूँ क्योंकि मैं आस्थावान हूँ' के स्थान पर 'मैं हूँ क्योंकि मैं सोचता/सोचती हूँ' केन्द्र में आ गया। आस्था के स्थान पर विचार केन्द्र में आया। रेने डेकार्ट ने इसकी घोषणा अपने ढंग से की। अब सवाल था कि मैं सोचने से जानता तो हूँ किन्तु मैं जान क्या-क्या सकता हूँ? और जो जानता हूँ उसके बारे में मैं कैसे सुनिश्चित हो सकता हूँ? इसी परिवेश में डेकार्ट के 150 साल बाद इमेनुअल कांट ने ज्ञान की विश्वसनीयता को वस्तुओं में न देखकर मानवी विचार में खोजने की कोशिश की। परिणामतः इस विमर्श में एक नये ईश्वर का जन्म हुआ जो विचार करने वाले मनुष्य—वैज्ञानिक—के रूप में था। इस नये मानव की वैज्ञानिक श्रेष्ठता का गुणगान कविता ने किया :

"नेचर एंड नेचर्स सीक्रेट्स वर ऑल इन द नाइट
न्यूटन सेड लेट देयर बी लाइट एंड देयर वाज लाइट।"

बाइबल में ईश्वर ने कहा था 'लेट देयर बी लाइट एंड देयर वाज लाइट'। उस ईश्वर की जगह न्यूटन नामक मनुष्य ने ली जो मनुष्य के वैज्ञानिक मिजाज़ (साइंटिफिक टेम्पर) का रूपक बन गया। इस वैज्ञानिक मिजाज़ ने तकनीक को बढ़ावा दिया जिसने प्रकृति के तत्त्वों व संसाधनों पर नियन्त्रण तथा शोषण के रास्ते खोले। इसकी परिणति औद्योगिक क्रान्ति और औद्योगिकीकरण में हुई जिसने आधुनिकीकरण को जन्म दिया। इसके लिए कच्चे माल, आर्थिक व मानव संसाधनों की ज़रूरत पड़ी जिसे पूरा करने के लिए यूरोप ने बाहर और भीतर खोजबीन की। इस द्वन्द्व के विकराल रूप का एक छोर था यूरोप द्वारा यूरोप के बाहर उपनिवेशवाद, और दूसरा छोर था यूरोप में प्रथम विश्वयुद्ध जिसकी विभीषिका विज्ञान या तकनीक के रूप में विनाश का कारण बनी। दूसरी ओर केन्द्रीयता के अभाव ने आधारभूत चीजों के बिखराव को प्रश्रय दिया। कार्ल मार्क्स की जुबानी कहा जाये तो जो कुछ ठोस था वह पिघलकर हवा में घुल गया। इसे कुछ समय बाद डब्लू.बी. येट्स ने अपनी कविता में वाणी दी कि चीज़ें टूटकर बिखर रही हैं और केन्द्र उन्हें सँभालने में असमर्थ है। आधुनिकीकरण की प्रक्रिया के दौरान मानव अस्तित्व के संकट के बोध ने आधुनिकतावाद को जन्म दिया। टी.एस. एलियट की 'वेस्टलैंड' इस बिखराव बोध की काव्यगत रूपक बन गयी क्योंकि इसकी संरचनाविहीनता तत्कालीन समाज में व्याप्त अराजकता का पर्याय बनी; जिसका श्रेय एलियट से ज्यादा एज़रा पाउंड की कैंची को देना ठीक रहेगा। उस संरचनाविहीनता से उत्पन्न अराजकता को लाँघने के लिए कविता के पाठक को दिमाग़ी कलाबाजी का सहारा लेना पड़ता है, तो एलियट जैसे कवि को मिथक, जिसके सहारे वह शान्ति की बात करता है और प्रतीकात्मक रूप में ही सही अराजकता की स्थिति में सामंजस्य की सम्भावना और शान्ति की कामना का संकेत देता है।

आधुनिकतावादी विमर्श के चार मुख्य लक्षण या चरण थे : सन्देहवाद (स्केप्टिसिज्म), सिनिसिज्म, निहिलिज्म तथा अस्तव्यस्तता (कन्फ्यूजन)। ये चारों क्रमिक तथा एक-दूसरे से जुड़े थे। उत्तर-आधुनिकतावाद में यह क्रम टूटा और सन्देह या संशय की उग्रता के कारण इसका प्रारम्भ अस्तव्यस्तता (कन्फ्यूजन) से हुआ और अन्त अतिअस्तव्यस्तता और सापेक्षवाद को एक कदम और आगे ले जाते हुए उत्तर-आधुनिकतावाद ने अपने अतिसन्देहवाद की प्रक्रिया से निर्मित विश्व के सम्मुख प्रश्न खड़े किये। इसके कारण महाविमर्श तो टूटकर बिखरे ही, साथ ही अनुगामी प्रक्रियाएँ अर्थात् सिनिसिज्म, शून्यवाद तथा कन्फ्यूजन एक साथ तेजी से अतिप्रश्नता के कारण घटित हुई। अभिव्यक्ति के माध्यम भाषा की आत्मवाचक स्वसन्दर्भिता स्वप्रेमी प्रवृत्ति तथा सीमाओं के कारण सत्य या यथार्थ का मात्र एक

अंश ही पकड़ में आने के कारण सत्य की सम्पूर्णता को समझने या व्यक्त करने की उसकी क्षमता के सामने ही प्रश्न उठने लगे। इसके चलते सत्य की सम्पूर्ण अभिव्यक्ति की असम्भावना की हक़ीक़त उत्तर-आधुनिक विमर्श में मान ली गयी। इसने टुकड़े-टुकड़े सच या टुकड़े-टुकड़े झूठ या अपने-अपने सच या अपने-अपने झूठ को स्वीकारते हुए सापेक्षता की संस्कृति की अराजकता स्थापित की। दोनों विमर्शों में कन्फ्यूजन के प्रति दृष्टिकोण के स्तर पर अन्तर था। आधुनिक विमर्श में आधुनिक समाज में व्याप्त कन्फ्यूजन के प्रति प्रेम न था बल्कि उससे पूर्व की स्थिति के बारे में 'नोस्टेल्जिया' या मोह का भाव था। उत्तर-आधुनिकतावादी विमर्श में सन्देह के प्रति भी सन्देह के कारण कन्फ्यूजन की स्थिति अतिरेक के साथ बड़ी तेज़ी से आयी पर उसके प्रति किसी प्रकार के आधुनिकतावादी क्षोभ के स्थान पर उससे उत्पन्न अस्तव्यस्तता और अनिश्चितता के प्रति उत्सवधर्मिता का भाव निहित था।

उत्तर-आधुनिकतावाद ने आधुनिकतावाद के राशीकरण (टोटलाइजेशन), तात्वकीकरण (इसेंशियलाइजेशन) तथा न्यूनीकरण (रिडक्शनिज्म) को असम्भव मान अस्वीकृत कर दिया और उत्तर-संरचनावादी व्यवहार पक्ष का उपयोग कर 'डिकन्सट्रक्शन' पाठविधि का प्रयोग किया जो एक ओर तो कृति की साइकोएनालिसिस थी अर्थात् उपलब्ध संकेतकों के आधार पर मूल तक पहुँच उसे जानने का प्रयास था, दूसरी ओर उसने नयी आलोचना के सूक्ष्म व नजदीकी पाठ की नये ढंग से पैरवी की। चूँकि विसंरचना करने की आवश्यकता नहीं होती क्योंकि कृति स्वयं को पहले से ही विसंरचित कर चुकी होती है, इसलिए कृति के पास जाकर देखना पड़ता है कि उसमें किन स्थानों पर ऐसा हुआ है। कृति में निहित असंगतताओं, अन्तरालों, दरारों आदि को देखने व पढ़ने के लिए नजदीक तो जाना ही पड़ेगा। इस प्रकार उत्तर-आधुनिक विमर्श में विसंरचना पाठ-विधि एक अर्थ में नयी आलोचना की कृति-केन्द्रीयता और उसकी कृतिनिष्ठता के स्थान पर नवकृति केन्द्रीयता और नवपाठवाद ही था। यह नाक को सीधे पकड़ने के स्थान पर हाथ घुमाकर पकड़ने जैसा था।

सन्देह के प्रति सन्देहशीलता ने अन्य स्थापित विमर्शों को प्रभावित किया। इसके चलते हेगेल के डाइलैक्टिक में संश्लेषण (सिन्थेसिस) की सम्भावना नहीं रही। थीसिस या वाद के सामने प्रश्न करने से प्रतिवाद या एंटीथिसिस तो बनी पर एंटीथिसिस के प्रति अतिप्राच्छी भाव से सिन्थेसिस के स्थान पर और बड़ी एंटीथिसिस (ग्रांड एंटीथीसिस) या 'लिटिल सिन्थेसिस' अस्तित्व में आयी जिसके कारण क्रान्ति की सम्भावना मात्र मिथक बन गयी तथा महाक्रान्ति के स्थान पर अस्तित्व में आयी 'लघुक्रान्तियों' की सम्भावनाओं को पूँजीवाद की तकनीक अर्थात् बाज़ार ने हथिया लिया। मंडी या बाज़ार जो अब तक एक जगह थी वह अब संचार माध्यमों, विशेषकर टी.वी. द्वारा हवा के कण-कण में फैल गया, ड्राइंग रूम में घुस गया। उत्तर-आधुनिकवाद के तथाकथित दर्शन ने सापेक्षवाद को बढ़ावा दिया। चूँकि

कोई भी सत्य पूर्ण नहीं है तथा कोई भी पूरी तरह गलत नहीं इससे नैतिकता भी सापेक्ष बन गयी। हालाँकि सापेक्ष नैतिकता कितनी नैतिक है यह और सवाल है। किसका उपभोग किया जाये किसका नहीं इसकी सापेक्षता का उपभोगवाद तथा भूमंडलीकरण की शक्तियों ने खूब उपयोग किया। परिणामस्वरूप भूमंडलीकरण की परिणति यथार्थ में 'भूमंडलीकरण' में हुई। 'वसुधैव कुटुम्बकम्', तो नारा भर रह गया, उसका व्यवहार में नया रूप 'वसुधैव मंडी' या 'ब्रह्माण्डयेव बाजारम्' स्थापित हुआ। इस विमर्श को सूत्रबद्ध करने के लिए मंडलीकरण की दृष्टि से कहा जाये तो 'मैं वह हूँ जो कुछ मेरे पास है'। ('आई एम व्हाट आई हैव'), 'जो कुछ मेरे पास है मैं उसका उपभोग करता हूँ।' ('आई कन्ज्यूम व्हाट आई हैव')। उत्तर-संरचनावादी जाक लकान के नवमनोविश्लेषणवादी सूत्र में भी इसका अक्स पाया जाता है जिसमें वह 'सबकांसस' (अवचेतन) की क्लासिकी मनोविश्लेषणवादी विभावना को नकारता है। उसके अनुसार 'सबकांसस' अव्यवस्थित (केओटिक) 'तलहीन खड्डा' न होकर भाषा की तरह संरचित है उन्होंने आगे कहा, 'मैं वहाँ हूँ जहाँ मैं सोचती/सोचता नहीं हूँ, ('आई एम व्हेयर आई थिंक नॉट') ने सोचने की प्रक्रिया का दूसरा रूप उजागर किया कि सोचना हमेशा तार्किक 'रेशनल' प्रक्रिया नहीं होती बल्कि सोच के द्वारा मनुष्य अतार्किक को तर्कानुकूलित भी करता है।

बीसवीं सदी के उत्तरार्ध में उत्तर-आधुनिक विमर्श ने आधुनिक विमर्श के सम्मुख प्रश्न किये। दूरसंचार माध्यमों की क्रान्ति ने पृथ्वी का सपाटीकरण किया, दूरियाँ घटाकर लगभग ख़त्म कर दीं और कम्प्यूटर की डेटा भंडारण तथा विश्लेषण क्षमता में अप्रत्याशित विकास ने परिवर्तन की गति को ही अभूतपूर्व ढंग से तेज़ बना दिया। अमरीकी कम्प्यूटर विज्ञानी रेमंड कुर्जवैल और ब्रिटिश जीवविज्ञानी ओब्रे द ग्रे की 'सिंगुलेरिटी प्रोजेक्ट' इस परिवर्तन का एक उदाहरण है। 'टाइम' पत्रिका फ़रवरी, 2011 की रिपोर्ट के अनुसार 'आर्टीफिशियल इंटैलिजेन्स' मानव इंटैलिजेन्स को 2025 तक पीछे छोड़ देगी जिससे डी. एन. ए. की डिकोडिंग सम्भव हो सकेगी और फिर उम्रदराजी अर्थात् 'एजिंग' की प्रक्रिया को उलटा या 'रिवर्स' करना सम्भव बनेगा जिसके परिणामस्वरूप मनुष्य की 'मृत्यु' हो जायेगी और यदि ठीक-ठाक चला तो 2045 तक मनुष्य अमरता पा लेगा। चूँकि यह अमरता शोध और वैज्ञानिकता पर आधारित होगी तो उसकी कीमत भी होगी जो सबके बस की बात न होगी। केवल अकूत धनी लोग चाहे उन्होंने तस्करी से पैसा कमाया हो या भ्रष्टाचार से ही इस प्रोजेक्ट से अमर हो सकेंगे। यदि ऐसा हुआ तो ईश्वर जैसा केन्द्र और स्वर्ग-नरक जैसी संरचनाएँ व्यर्थ हो जायेंगी क्योंकि ईश्वर का मुख्य कार्य सत्कार्यों के लिए पुरस्कार अर्थात् स्वर्ग और कुकृत्यों के लिए दंड अर्थात् नर्क देना है। जब अमरता खरीदी-बेची जा सकेगी तो उसके लिए एकत्र किये गये धन के साधन की शुद्धता या नैतिकता कौन देखेगा? एक मानव मूल्यहीन नयी नैतिकताहीन नैतिकता

छा जायेगी, नैतिक संकरता फैल जायेगी। मानवनिर्मित ईश्वर मानवविज्ञान के सामने शक्तिहीन सिद्ध हो जायेगा और धर्म की स्वर्ग-नरक जैसी संरचनाएँ इतिहास हो जायेंगी। एक औसत परिवार में शाम को खाने के समय चर्चा होगी कि परिवार के सभी सदस्यों में से दादा अमरता को वरेगा या तोता और टी.वी. में सीरियल चालू होगा 'सास कब अमर बनेगी?'

उपर्युक्त विषयान्तर की पृष्ठभूमि में यह जोड़ना पड़ेगा कि विज्ञान द्वारा स्थापित नयी वैश्विक संस्कृति पहली बार वैश्विक बनी। जिन ऋषियों ने 'वसुधैव कुटुम्बकम्' जैसी उदात्त विभावना दी उनका विश्व आज के विश्व से कितना छोटा होगा, यह कल्पनातीत है। संचार तथा आवागमन के तेज साधनों ने मानव यात्रा एवं सम्बन्धों को नयी गति एवं परिभाषा दी। यात्रापथों की लकीरों तथा एक जगह से दूसरी जगह की दूरियों का जाल खड़ा हो गया है। यात्रा की जीवन में केन्द्रीयता से रचनाशीलता पर पड़ते प्रभावों अर्थात् नयी संस्कृतियों से परिचय, अनुवाद, विस्थापन, डायरी, लोगों, स्थलों और घटनाओं का मोहकीकरण या उनसे मोहभंग रोज़मर्रा के जीवन में मुख्य भाग बने तथा संस्कृतियों, अनुभवों, अभिव्यक्तियों की प्रचुरता ने अनुवाद की महत्ता स्थापित की है।

इसी पृष्ठभूमि में उत्तर-आधुनिक विमर्श की अपर्याप्तता और नये वाद की आवश्यकता खड़ी हुई और परआधुनिकतावाद के रूप में 'नया' विमर्श सामने आया।

निकोलस बूरिओ का परआधुनिकतावाद नयी वैश्विक संस्कृति के विकास से जुड़ा है। इस संस्कृति को वे एक टूल बॉक्स या एक खुला नेरेटिव स्पेस मानते हैं। 2002 में छपी अपनी बिताब 'पोस्ट प्रोडक्शन' में उन्होंने लिखा कि कलाकारों को शून्य से प्रारम्भ करने या इतिहास के ढेर से भारग्रस्त होने के बजाय आधुनिकता का पुनर्लेखन करना चाहिए और उसकी संग्रहसूची या इन्वेंटरी में से चुनकर, उसे सिलेक्ट कर उपयोग के लिए डाउनलोड करने की ज़रूरत है। निष्कर्ष रूप में उन्होंने कहा कि कलाकार को नये वैश्विक सन्दर्भ में काम करते हुए अपने वर्तमान समाज के प्रति प्रतिक्रिया करने के लिए नये रास्ते खोजने चाहिए क्योंकि कला के आन्दोलन हमेशा ही अपने समय की परिस्थितियों से प्रभावित हुए हैं। उत्तर-आधुनिकतावाद मूलतः पश्चिमी संस्कृति पर आधारित या जबकि नया आधुनिकतावाद प्रारम्भ से ही वैश्विक है जिसने एक नये प्रकार के तरल 'लिक्विड' समाज को जन्म दिया है जिसमें स्थायित्व या टिकाऊपन कभी-कभार ही दिखाई देता है। समाज जीवन में स्थापित सम्बन्धों की अस्थिरता तथा नजाकत के साथ समाज संरचनाओं में आये सतत परिवर्तन ने परआधुनिकतावाद को भी प्रभावित किया है।

परआधुनिकता के अंग्रेज़ी शब्द रूप अल्टरमॉडर्निज्म का शब्द 'अल्टर' मूल लैटिन का है जिसका अर्थ होता है 'अन्य', 'पर' या 'भिन्न'। यह अंग्रेज़ी के शब्द 'डिफरेंट' के बहुत करीब है। इसके लिए मैंने 'परआधुनिकतावाद' शब्द का प्रयोग किया है।

आधुनिकतावाद की कोई एक परिभाषा या लक्षण के स्थान पर परआधुनिकतावाद वर्तमान 'पर', 'अन्य' या 'भिन्न' तथा समाज संस्कृति में आये परिवर्तन के अनुसार तथा भविष्य में आने वाली आधुनिकताओं का अस्तित्व स्वीकारती है। साथ ही यह अल्टरनेटिव या वैकल्पिक आधुनिकता से भी अलग है क्योंकि वैकल्पिक आधुनिकता पहले से ही मौजूद तथाकथित मुख्य आधुनिक विमर्श का विकल्प बनती है जबकि परआधुनिकता ऐसी कोई पूर्व शर्त नहीं रखती।

निकोलस बूरिओ के परआधुनिकतावाद के घोषणापत्र का उपशीर्षक था 'उत्तर-आधुनिकतावाद मर चुका है'। इसमें कहा गया :

'एक नयी आधुनिकता उदीयमान है जिसे भूमंडलीकरण के युग के अनुरूप पुनर्संयोजित कर उसके आर्थिक, राजनीतिक और सांस्कृतिक पहलुओं में समझा जा सकता है। संचार, यात्रा तथा अप्रवासन के क्षेत्रों में हुई अतिशय वृद्धि ने हमारे जीवन को प्रभावित किया है।

हमारी रोज़मर्रा की ज़िन्दगी में शोर-शराबे भरी समस्त ब्रह्माण्ड में यात्रा शामिल है।

बहु-संस्कृतिवाद और अस्मिता को क्रीओलाइजेशन या मिश्र संस्कृति ने पीछे छोड़ दिया है : आजकल कलाकार संस्कृति की भूमंडलीकृत स्थिति से अपना रचनाकर्म प्रारम्भ कर रहे हैं।

नवब्रह्माण्डवाद अनुवाद, उपशीर्षकीकरण सबटाइटलिंग और साधारणीकृत डबिंग पर आधारित है।

कृति तथा बिम्ब, समय और अन्तराल (स्पेस) आपस में जो सम्बन्ध बुनते हैं, आजकल की कला उस सम्बन्ध को तलाशती है।

कलाकार एक नये भूमंडलीकृत बोध के प्रति प्रतिक्रिया व्यक्त कर रहे हैं। वे संकेतकों से ओतप्रोत सांस्कृतिक भूप्रदेश के टेढ़े-मेढ़े रास्तों में आवागमन करते हैं तथा अभिव्यक्ति और सम्प्रेषण के विविध रूपों एवं फॉर्मेटों में नये रास्ते बनाते हैं।'

इस घोषणा के साथ पूरक स्पष्टीकरण भी जारी किया गया। इसमें मुख्यतः कहा गया कि यात्रा, सांस्कृतिक आदान-प्रदान और इतिहास की जाँच-पड़ताल अब फ़ैशनेबल विषय-वस्तु न होकर हमारी दुनिया के दर्शन और जिस तरह से हम उसमें रहते हैं उसमें हो रही बड़ी उत्क्रान्ति के सूचक हैं। नये वैश्विक बोध ने अभिव्यक्ति तथा निरूपण के नये माध्यमों/तथा रूपों की आवश्यकता पैदा की है। बहुसंस्कृतिवाद और अस्मिता के विमर्शों को क्रीओल की भूमंडलीय गतिविधियों ने पीछे छोड़ दिया है। आधुनिकतावादी सार्वभौमिकता के स्थानापन्न रूप में उनके स्थान पर सांस्कृतिक सापेक्षतावाद और विसंरचन उभरे थे पर उन्होंने हमें एकरूपता (यूनिफॉर्मिटी) और जन संस्कृति, परम्परावाद तथा प्रत्यायन की धमकी के विरुद्ध कोई कारगर हथियार नहीं प्रदान किये। इन सबसे सिद्ध होता है कि उत्तर-आधुनिकवाद से परिभाषित ऐतिहासिक समय का अन्त हो चुका है। अतः वैश्विक संस्कृति और युग के अनुरूप वर्तमान

में अवस्थित आधुनिकता की पुनर्रचना के लिए समय पक गया है। आधुनिकतावाद अन्ततः पश्चिमी सांस्कृतिक घटना थी जबकि परआधुनिकतावाद ग्रहों के आपसी वार्ता-व्यापार तथा भिन्न संस्कृतियों के एजेंटों की चर्चाओं की उपज है। एक केन्द्र की अनुपस्थिति में यह (परआधुनिकता) केवल बहुभाषी या कई जुबानों वाली हो सकती है। अतः उनके बीच सम्बन्ध व समझ पैदा करने के सेतु के रूप में परआधुनिकता के केन्द्र में अनुवाद है जबकि 20वीं सदी के आधुनिकतावाद ने उपनिवेशी पश्चिम की अमूर्त भाषा का प्रयोग किया था तथा उसके बाद उत्तर-आधुनिकतावाद ने कलात्मक घटनाओं के उद्गमों तथा पहचानों में बाँधकर देखा था। परआधुनिक विमर्श में कलाकार या सर्जक आत्मयात्री या 'हामो वायेटर' बन जाता है जो कि समकालीन यात्री का प्रोटोटाइप है। उसका संकेतकों तथा प्रारूपों के बीच से गुजरना, यात्रा और गति के अनुभव को सन्दर्भित करता है। यात्रा के अनुभव ने, उसके निरूपण जिसमें मंजिल से ज्यादा उसकी आकार लेती ट्रेजेक्टरियों (यात्रापथों) ने एक नये यात्रारूप को जन्म दिया है। इसमें निश्चित समय एवं स्थल के स्थान पर केवल मार्ग और दिया, घुमन्तूपन तथा भ्रमणशीलता की अभिव्यक्ति होती है। परआधुनिक रचना इस प्रकार अतिकृति (हाइपरटैस्ट) के रूप में पढ़ी जा सकती है जिसमें सर्जक सूचनाओं को एक प्रारूप से दूसरों में अनूदित कर के तथा संकेतबद्धता की सीमा के पार दूसरी ओर ले जाता हुआ इतिहास तथा भूगोल में भटकता है। 1960 के दशक की स्थल विशिष्टता के प्रत्युत्तर में वर्तमान समय विशिष्टता की प्रवृत्तियों ने नये प्रयोगों तथा प्रक्रियाओं को जन्म दिया है। यात्रा मार्गों, अनुवाद कार्यक्रमों और विजातीय तत्त्वों की शृंखलाएँ एक-दूसरे को तथा उनकी अभिव्यक्तियों को प्रभावित करती हैं।

उपर्युक्त चर्चा से स्पष्ट है कि इस परआधुनिकता के लिए सांस्कृतिक अनुवाद एक चावी है जो कि मुख्य वैश्विक नेटवर्क से जुड़े सांस्कृतिक समूहों या समुदायों के सांस्कृतिक मूल्यों के विचार को दर्शाती है। बूरिओ के अनुसार इससे स्पष्ट हो जाता है कि अनुवाद कर्म अपने पीछे कई ऐसे अवशेषों को छोड़ जाता है जिन्हें न तो कम किया जा सकता है और न ही उन्हें आलोचना या विरोध से बचाया जा सकता है। कलाकार एक 'हामो वायेट' अर्थात् आत्मयात्रा में संलग्न यात्री के रूप में हमारे सामने आता है। कलाकार की संकेतकों तथा प्रारूपों के बीच से होकर गुजरने की प्रक्रिया में समकालीन अनुभव की गतिशीलता प्रतिबिम्बित होती है। कलाकार का मुख्य कार्य ऐसे संस्कृति सेतुओं का निर्माण करना है जिससे कि विभिन्न स्थानों में संकेतकों के बीच की दरारें पट सकें। इस प्रकार कलाकार को एक घुमक्कड़ के रूप में देखा जा सकता है जो बिना किसी एक निश्चित कार्यस्थल, रहने के निश्चित ठिकाने के बगैर या बिना किसी निश्चित क्रम या निश्चित माध्यमों के बीच विश्व के चारों ओर यात्रा करता रहता है।

यात्रा नये वैश्विक यथार्थ का अपरिहार्य अंग है। यात्रा के इस नये रूप के

कारण आप्रवासी, निष्कासित, टूरिस्ट और शहरी घुमन्तू—इच्छा या अनिच्छा से-आदि वर्तमान संस्कृति के मुख्य पात्रों की तरह सामने उभरे हैं। इन यात्री रूपों के चरित्र को स्पष्ट करने के लिए बूरिओ ने वनस्पति जगत के रूपक की तरह एक ऐसे पौधे की तलाश की जो अपने विकास के लिए एक जड़ पर निर्भर न होकर 'आइवी' लता या बल्ली की तरह है जिसे किसी भी जगह और दिशा में फेंक दिया जाये तो वहाँ वह अपनी जड़ें जमाकर सभी दिशाओं में खुद को विकसित कर लेती है। बूरिओ ने अपनी किताब 'द रेंडीकेंट' (2009) में इसकी चर्चा करते हुए आजकल के सर्जक या कलाकार की तुलना रेंडीकेंट परिवार के पौधे से की थी जिसकी जड़ें किसी निश्चित स्थान से बँधे बगैर घुमन्तू जीव की तरह किसी भी उद्गम सथल या जड़ों से जुड़ी नहीं हैं बल्कि पूरे विश्व में फैली हैं। इस प्रकार वह वैश्विक परिदेश में कार्य करता है और विचारों का स्वतन्त्र प्रवाह पैदा करता है जिन्हें वह विविध सांस्कृतिक पृष्ठभूमियों के लोगों तथा सर्जकों के साथ अपने विचार तथा रचनाकर्म द्वारा बाँटता है और अन्तर्राष्ट्रीय आदान-प्रदान तथा प्रतियोगिताओं में भाग लेता है। वह अपनी जड़ों को कोई क्षति पहुँचाये बगैर उनसे अलग होकर एक साथ, क्रमिक ढंग से, वैकल्पिक जड़ों में अपना सर्जनात्मक अस्तित्व बनाये रखता है। पहले कलाकारों की तलाश अपनी जड़ों या मूल स्थल पर वापस आने की थी। नया रेंडीकेंट कलाकार सड़क के रास्ते से जुड़ता है और वापसी के किसी स्थान के अभाव में वह चलता रहता है। उसके ब्रह्मांड में न तो कोई मूल है और न ही कोई अन्त। यह 'तरलता' या लचीलापन परआधुनिकतावाद का मुख्य लक्षण है। परआधुनिकतावाद के लक्षणों और हस्तक्षेप की चर्चा से लगता है कि जिसे बूरिओ परआधुनिकतावाद कहते हैं, कहीं यह 'ठोस' आधुनिकतावाद का ही नया रूप अर्थात् तरल आधुनिकता तो नहीं है।

आधुनिकतावादी विमर्श की नये वैश्विक परिवेश में उत्तर-आधुनिकतावाद ने मीमांसा की कोशिश की थी। उत्तर-आधुनिकतावाद के बारे में 1980 के दशक के आसपास फ्रेडरिक जेम्सन जैसे मार्क्सवादी आलोचकों तथा बाद में निकोलस बूरिओ जैसे सिद्धान्तकारों तथा चित्रकलाकारों ने प्रश्न उठाने शुरू कर दिये थे। हक़ीक़त यह है कि जिस उत्तर-आधुनिकता की 'मृत्यु' की बात बूरिओ करते हैं वह काफी हद तक बेमानी बात है क्योंकि उत्तर-आधुनिकता कभी भी एकवचनी योजना नहीं थी। इसका कारण यह है कि कलाओं तथा ज्ञान विधाओं में कई उत्तर-आधुनिकताएँ अस्तित्व में आयीं। बूरिओ ने अपने घोषणापत्र में उत्तर-आधुनिकता के अमुक पश्चिमी लक्षणों की बात कही, पर उत्तर-आधुनिकता उनसे अधिक थी और उत्तर-आधुनिक चिन्तक एवं आलोचक कभी भी उसकी एक परिभाषा पर सहमत नहीं हुए, इसीलिए ब्रेंडा मार्शल को कहना पड़ा, 'उत्तर-आधुनिकता... है।' इन खाली बिन्दुओं को सबने अपने-अपने ढंग से भरा और अपनी-अपनी उत्तर-आधुनिकता को लेकर अपना-अपना राग अलापा हमारी आलोचना में तो उत्तर-आधुनिकता के लक्षणों के आधार पर एक

नयी प्रवृत्ति सिम्पोमेटिक या लाक्षणिक समालोचना की शुरुआत हो गयी। इस प्रवृत्ति के अनुसार जिसके हाथ या समझ में उत्तर-आधुनिकता का जो लक्षण आया उसी के आधार पर किसी रचना या लेखक को उत्तर-आधुनिकता के अन्त का तात्पर्य उसकी केन्द्रीयता का ह्रास है तो वह किसी विमर्श की बहुलता में आत्मनिहित होती ही है। उत्तर-आधुनिकता के साथ भी यही हुआ, संचार तथा आवागमन के साधनों की क्रान्ति ने 'भूसपाटीकरण' किया और एकरूपता का ख़तरा पैदा हुआ। पर साथ ही, इसने विश्व की विभिन्न संस्कृतियों, सभ्यताओं, जीवन दृष्टियों को एक साथ देखना और जीना सम्भव बनाकर बहुलता की सम्भावना बढ़ा दी। 21वीं सदी में 'गूगल अर्थ' ने दुनिया का कोई कोना अनछुआ और बेमाप नहीं छोड़ा। संचार व सूचना के जाल ने इन कोनों को, वह चाहे अटलांटिक हो या अमेजन प्रदेश, एक साथ जोड़ भी दिया। इन सबके चलते वैश्विक जीवन के व्याकरण से एकवचन लगभग इतिहास बन गया। अब एकवचन केवल व्याकरण की किताबों में है। ज़ाहिर है उसका उत्तर-आधुनिकता पर प्रभाव पड़ना ही था। उत्तर-आधुनिकता के द्वारा नये बदले परिदृश्य के साथ सामंजस्य बिठाने के परिणामस्वरूप परआधुनिकता पैदा हुई।

अप्रत्याशित परिवर्तनशीलता के युग के साथ तालमेल न बिठा सकने के कारण उत्तर-आधुनिकता के सामने प्रश्न उठे और परआधुनिकता सामने आयी। परआधुनिकता की बूरिओ ने अपने घोषणापत्र तथा अपनी किताबों 'पोस्ट-प्रोडक्शन' तथा 'द रेंडीकेंट' में वैश्विक परिदृश्य परिवर्तन की बात तो की, उत्तर-आधुनिकता की मृत्यु की घोषणा भी की। पर दर्शन या दृष्टि और रचना या आलोचना के प्रतिमानों, अभिगमों या शब्दावली के स्तर पर कोई बड़ा बदलाव या शिफ्ट दिखाई नहीं देता। ऐसा लगता है कि आधुनिकता पश्चिम का मुख्य विमर्श है जिसमें तार्किकता तथा सार्वत्रिकता के साथ व्यवस्था (ऑर्डर), अस्मिता, एकरूपता (यूनिफॉर्मिटी) और एकता (यूनिटी) पर भार था। आधुनिकतावाद एक वाद के रूप में भले ही पुराना हो गया हो, पर आधुनिकता और उसके तत्त्वों अर्थात् व्यवस्था, अस्मिता, एकरूपता और एकता के प्रति मोह पश्चिमी मन में अभी भी है। इसीलिए 'मॉडर्निटी : एन इन्कम्पलीट प्रोजेक्ट' की बात करने वाले अधिक सही लगती है : आधुनिकता अभी भी अपूर्ण है, उत्तर-आधुनिकतावाद और परआधुनिकता उस अपूर्णता को कम अपूर्ण बनाने की दिशा में हुआ प्रयास है। समय और इतिहास पर आधारित अभिव्यक्ति के माध्यम ज्ञान के संरक्षण की तरफदारी करते हैं तथा स्पेस पर आधारित माध्यम लम्बी दूरियों तक ज्ञान के विस्तरण पर जोर देते हैं। आधुनिकता समय/इतिहास के साथ थी और उत्तर-आधुनिकता स्पेस और गैर-ऐतिहासिकता के साथ। इनके बरअक्स परआधुनिकतावाद कोई नया परिप्रेक्ष्य नहीं प्रस्तुत करता।

पर आधुनिकतावाद की विडम्बना है कि व्यवहार और अनुसरण के स्तर पर इसका कोई प्रभाव दिखाई नहीं देता। अक्सर वाद रचनाकर्म का अनुसरण करते हैं।

यह न तो सर्जनात्मक व्यवहार के स्तर पर दिखाई देता है (जिसमें से सिद्धान्तों का निगमन होता है) और न यूरोप में भी इसके अनुसरणकर्ता उत्साह के साथ आगे आये। जबकि आधुनिकतावाद के अनुसरणकर्ता लम्बे समय तक रहे और ध्यान देने की बात यह है कि अभी भी हैं। आधुनिकतावादी, उत्तर-आधुनिकतावादी अभिगमों का प्रभाव स्थापत्य कला से लेकर चित्रकला और साहित्य पर दिखा। परआधुनिकतावाद विज्ञान तथा तकनीक प्रेरित परिवर्तन के नये परिप्रेक्ष्य की सूचना देने के अतिरिक्त बहुत कुछ नया नहीं कर सका है। परिवर्तन की गति में अप्रत्याशित परिवर्तन की गति तो आने वाले समय में और अधिक तेज होने वाली है तो क्या हाइपर-ऑल्टरमॉडर्निज्म या फिर किसी नये उपसर्ग की तलाश कर कला और जीवन को मापने की कोशिश की जायेगी? हाँ, परआधुनिकतावाद ने उन समालोचकों की एक द्विधा को कम से कम थोड़े समय के लिए दूर कर दिया है जो कहते थे कि उत्तर-आधुनिकता के बाद क्या होगा? उसके बाद क्या उत्तरउत्तर-आधुनिकतावाद आयेगा? यह जानकर उन्हें तसल्ली होगी कि उत्तर-आधुनिकतावाद के बाद परआधुनिकतावाद उपलब्ध है और 'उत्तर' उपसर्ग की तलवार को अभी वे थोड़े समय म्यान में रख सकते हैं।

परआधुनिकतावाद आन्दोलन बनेगा कि नहीं? यह प्रश्न ज्योतिष का विषय है, आलोचना का नहीं? अभी यह आन्दोलन नहीं है, यह तथ्य है। बूरिओ के अनुसरणकर्ता चित्रकला के क्षेत्र में हो, या अन्य रचना क्षेत्रों में पर इसने वैसा प्रभाव नहीं डाला है जैसा सर्रियल आन्दोलन के आन्द्रे ब्रेतन द्वारा 1924 में निर्देशन में बने घोषणापत्र या वास्तुकला में ल काबुर्जियर के नेतृत्व में 28 वास्तुशास्त्रियों के समूह ने 1928 में 'इंटरनेशनल कांग्रेस ऑफ मॉडर्न आर्कीटेक्चर एण्ड सोशल आर्ट' शीर्षक वाले घोषणापत्र ने उत्साह पैदा किया था। साहित्य में तो इसकी छींटें भी नहीं पड़ी हैं। चूँकि यह उत्तर-आधुनिकतावाद का अनुसरणकर्ता है और काफी हद तक उसकी स्थापनाओं को ही आगे बढ़ाता है अतः उसके लिए अनु-उत्तरआधुनिकता या नवउत्तरआधुनिकता ज्यादा उपयुक्त है। वैसे भी परआधुनिकता नये परिवर्तन का बोध है, वाद नहीं क्योंकि वाद के लिए घोषणापत्र के अलावा सर्वसम्मत एवं स्वीकृत मान्यताओं, सिद्धान्तों तथा विश्वदृष्टि की आवश्यकता होती है। बूरिओ भी अपने घोषणापत्र में परआधुनिकतावाद के लिए नवआधुनिकता का भी प्रयोग करते हैं। इन सबके बावजूद इस तथ्य से इनकार नहीं किया जा सकता कि परआधुनिकता ने कलाकार की नयी परिभाषा, समाज, जीवन में आये परिवर्तन के कारण उनसे तालमेल बिठाती कला तथा सर्जक की परिस्थिति को समझने तथा नाम देकर उसे मापने का प्रयास किया है।

भारत जैसे अजगरी समाज के लिए, जिसका सिर 21वीं सदी में है और पूँछ 1500 ईसा पूर्व में है परआधुनिकतावाद का अर्थ क्या हो सकता? उत्तर-आधुनिकतावाद का अर्थ क्या हो सकता है? उत्तर-आधुनिकता के प्रति भारतीय समालोचक व्यवहार

के आर-पार यदि कुछ क्यास लगाया जाये तो परआधुनिकता के प्रति प्रतिभाव भी उत्तर-आधुनिकता के प्रतिभाव का विस्तरण होगा। अतः वर्तमान चर्चा का हश्र भी उत्तर-आधुनिकता की प्राथमिकी दर्ज कराने जैसा है, ज्यादा कुछ नहीं।

हम वादों एवं सिद्धान्तों के उपभोक्ता हैं। वादों के उपभोक्ताओं के पास विकल्प का मार्ग होता है। विकल्प भी आत्मकल्पित और संरचित हो सकते हैं या फिर दूसरों द्वारा दिये हुए। दूसरों द्वारा संरचित विकल्पों के भी उपभोक्ता होने की नियति से बचते हुए हमारे लिए विकल्प हैं कि अपनी और वैश्विक स्थितियों को ध्यान में रखते हुए सर्जक, रचनात्मकता, परआधुनिकतावाद जैसे वादों-सिद्धान्तों की पड़ताल और समझ को विकसित कर उनसे विवाद-संवाद करते हुए नयी रचना के लिए रास्ता बनाना तथा नये सिद्धान्त गढ़ना। यह अलग बात है कि सच्ची रचना दिये गये रास्ते पर ज्यादातर नहीं चलती।

दूसरा विकल्प है परआधुनिकतावाद जैसे पश्चिमी वाद के साथ संविवाद कर अपने अनुभव के आधार पर थोड़ा पश्चातगामी ही सही, पर अपना वाद प्रस्तुत करना। नये वैश्विक परिप्रेक्ष्य में पूरब और पश्चिम की बहस अब बेमानी हो गयी है। अतः इस विकल्प में देशीवाद की बू भले आये पर रचनाकर्म के लिए किसी न किसी देश के साथ भौगोलिक या मानसिक सरोकारों के साथ जुड़ना ज़रूरी होता है। इसीलिए शीर्षक में मैंने 'वादानुवाद' लिखा है और उससे पहले खाली जगह छोड़ी है जिसे फिलहाल पश्चिम भर रहा है। कम से कम उसके बाद की जगह उसके विवेचन से हम खुद भरें तो अच्छा होगा। हालाँकि इसमें स्वीकृति है कि हम खाली जगह खुद नहीं भर सकते। क्यों नहीं! उसकी पड़ताल ज़रूरी है।

तीसरी स्थिति यह है कि परआधुनिकता में अन्य या भिन्न आधुनिकता के लिए पहली बार जगह पश्चिम छोड़ रहा है। पहली बार मिल रही इस जगह को हम अपनी आधुनिकताओं से भरने का प्रयास करें जो महात्मा बुद्ध, भक्त कवियों तथा 20वीं सदी के चिन्तकों तथा अन्य विमर्शों में उपलब्ध है। उसके लिए अनुवाद आवश्यक है। परआधुनिकतावाद उत्तर-आधुनिकतावाद के बाद आने वाला वाद अर्थात् अनु+वाद है। साथ ही यदि हम इसका अनुवाद और उसका विवेचन करें तो उसकी समझ पैदा होगी और अपने विमर्शों के अनुवाद से हमारी अपनी, अपने बारे में समझ बढ़ेगी।

# 6

# भारत में तुलनात्मक काव्यशास्त्रीय अध्ययन

लम्बी और ज्ञान ग्रन्थ प्रमाणित बौद्धिक परम्परा वाले 'भारत' ने ज्ञान के विविध क्षेत्रों में योगदान किया है। इस प्रक्रिया में भारतीय चिन्तकों ने ज्ञान एवं परम्परा की अन्य दूसरी परम्पराओं से असंवाद के ख़तरों के ख़िलाफ़ आगाह भी किया। उदाहरण के लिए सुश्रुत ने अपनी 'सुश्रुत संहिता' में कहा कि "एकशास्त्रम् अधीयेना न विद्याशास्त्र निश्चयम" (सुश्रुत संहिता, सूत्र-स्थान, प्रथम प्रभावणीय अध्याय-4, श्लोक-7) अर्थात् केवल एक विद्या का अध्ययन करने के बाद कभी भी किसी निर्णय पर नहीं पहुँचना चाहिए। इसी प्रकार उज्जैन के दार्शनिक राजा और प्रखर वैयाकरण भर्तृहरि ने 'वाक्यपदीय' (2:484) में अपनी परम्परा के साथ विदेशी परम्पराओं को जानने की महत्ता प्रकट की। उनके अनुसार, "मानव बुद्धि विभिन्न परम्पराओं से परिचय व उनके ज्ञान से आलोचनात्मक विदग्धता प्राप्त करती है। मात्र अपनी स्वयं की बुद्धि और परम्परा के ज्ञान से एक व्यक्ति कितना समझ सकता है?" ऐसे वक्तव्य ज्ञान परम्पराओं की विविधता तथा उनके अध्ययन का समर्थन करते हैं। भारतीय ज्ञान ग्रन्थों में ऐसे वक्तव्य किसी न किसी रूप में मिल ही जाते हैं। ऊपर के वक्तव्यों या विचारों को यदि सीधे ढंग से कहना चाहें तो उनका अर्थ कुछ इस प्रकार होगा : वह व्यक्ति जो केवल अपनी ही परम्परा जानता है वह क्या जानता है? जो व्यक्ति अपनी ही परम्परा नहीं जानता है वह भी क्या जानता है?

भारत में सांस्कृतिक सहअस्तित्व की छाप ज्ञान के क्षेत्रों में भी दिखाई देती है जिसके मुख्य गुण समावेशकता और सहिष्णुता हैं। इस कारण यहाँ आत्म (सेल्फ) और अन्य (अदर) विरोधी या विषम सहयुग्म की तरह नहीं उभरे जिसमें अन्य को शत्रु माना जाता था। सहअस्तित्व की इस विशेषता के कारण भारतीय साहित्य तथा काव्यशास्त्र तुलनात्मक अध्ययन के लिए उपयुक्त स्थल के रूप में उभर कर आता है।

भारत के पास कम से कम साढ़े तीन हज़ार साल का बहुभाषिकता का

लम्बा भोगा हुआ इतिहास है जो कि इसके मानसिक एवं सांस्कृतिक तन्त्र का एक अभिन्न अंग बन गया है। तुलनात्मक अध्ययन पद्धति यूरोप की एक भाषायी समाज की संकीर्णता के विरुद्ध प्रतिक्रिया के स्वरूप अस्तित्व में आयी। भारत में बहुभाषिकता का एक परिणाम यह हुआ कि तुलनात्मक अध्ययन के लिए कोई व्यवस्थित चिन्तन करने की और उसकी अध्ययन पद्धति की ज़रूरत नहीं समझी गयी क्योंकि तुलनात्मक अध्ययन तभी सम्भव है जब अन्य मौजूद हो। यदि अन्य मौजूद नहीं हैं तो अन्य को संरचित किये बगैर तुलना हो नहीं सकती। पाश्चात्य तुलनात्मक अध्ययन अभी भी विषम युग्मों पर आधारित है जिसमें एक स्वयं और एक अन्य की आवश्यकता होती है। पश्चिम में 'अन्य' को ज़रूरी बुराई माना जाता है जबकि भारतीय परम्परा में 'अन्य' बुराई न होकर आत्म का एक अभिन्न हिस्सा होता है। यदि किसी कारणवश अन्य स्वयं का अभिन्न भाग न हो सका तो समस्या अन्य के साथ न होकर मेरे खुद के साथ है। अन्य और खुद का एकीकरण न होने के पीछे भेद बुद्धि या नानात्व बुद्धि कार्य करती है। इसी भेद बुद्धि के नशे में उन्मत्त व्यक्ति और समाज संघर्ष व शत्रुविमर्श का निर्माण करते हैं।[1] भारतीय परम्परा में भेद बुद्धि को अभेद बुद्धि से ओछा माना गया है क्योंकि भेद बुद्धि या अनानात्व बुद्धि द्वैत या अन्तर को अस्वीकार करती है। पर अभेद बुद्धि पाना बहुत दुष्कर है। देवता भी इसके लिए कलपते हैं। 'रामचरितमानस' के 'लंकाकाण्ड' के (110/10) में राम की रावण पर विजय के बाद, जैसा कि अक्सर होता है, देवता लोग हाजिर होकर विजयी राम पर पुष्पवर्षा करते हैं और स्तुतिगान भी। इसमें प्रजापति ब्रह्मा भी शामिल होते हैं और वे राम से आशीर्वाद के रूप में याचना करते हुए कहते हैं :

"अब दीन दयाल कृपा करिए।
मति मोरि भेदि करि हरिए"।।

जब ब्रह्माजी भेद बुद्धि से निजात न पा सके तो हम साधारण मनुष्यों की क्या बिसात? पर कोई भी संस्कृति अपने आदर्शों से जानी जाती है न कि व्यवहार से। भारतीय संस्कृति में अभेद बुद्धि दुष्प्राप्य ज़रूर है, पर है एक सांस्कृतिक आदर्श। यही वजह है कि संस्कृत, तमिल, पालि, अपभ्रंश और वर्तमान भारतीय भाषाएँ एक-दूसरे के लिए 'अन्य' न होकर पूरक बनती हैं। ऐसी समृद्ध भारतीय आलोचना परम्परा में ग्रीक (यूनानी), रोमन, अंग्रेज़ी, फ्रांसीसी, जर्मन और रूसी आलोचना परम्पराएँ इसकी सहायक नदियों की तरह आकर मिलीं और वे भारतीय परम्परा का अभिन्न अंग बन गयीं। इसलिए ज़रूरी हो जाता है कि भारत की विभिन्न आलोचना परम्पराओं के तुलनात्मक अध्ययन की सम्भावनाओं और विकल्पों को खोजा जाये और देखा जाये कि किस तरह ये परम्पराएँ एक-दूसरे को प्रकाशवान करती हैं?

## लालित्यशास्त्र या सौन्दर्यशास्त्र?

'एस्थेटिक्स,' जिसके लिए हम सौन्दर्यशास्त्र शब्द का प्रयोग करते हैं, वह एक पश्चिमी कोटि है। एस्थेटिक्स इन्द्रियों के द्वारा सौन्दर्य के बोध का शास्त्र है। इन्द्रियों की अपनी सीमा होती है जिसके चलते वे अनुभव या ज्ञान की सीमित तथा अविश्वसनीय साधन होती है। साथ ही उसका मुख्य ध्यान वस्तुओं के बाह्य रूपों पर होता है जो कि बदलते रहते हैं। भारतीय मनीषा ने वस्तुओं के बाह्यरूप की जगह अपरिवर्तनशील आध्यात्मिक और अनित्य आन्तरिकता पर भार दिया। बाह्यता और आन्तरिकता के बीच के विभेद को ऐसे समझा जा सकता है कि ईसा मसीह के पश्चिमी निरूपण में उनकी आँखें खुली होती हैं जबकि पौर्वात्य गौतम बुद्ध आँख बन्द किये आत्मध्यान में मग्न होते हैं। आनन्दकुमार स्वामी ने ग्रीक (पश्चिमी) तथा भारतीय (पूर्वी) दृष्टिकोणों के इस फर्क को ज्यूक्सिस की कहानी से समझाया है। ज्यूक्सिस को क्रोटोनवासियों ने हेलेन के चित्र को बनाने की ज़िम्मेदारी सौंपी थी तो उसने शहर की पाँच सुन्दरतम कुँवारी कन्याओं को मॉडेल की तरह माँगा था ताकि वह उन्हें देखकर हेलेन का चित्र बना सके। यदि ज्यूक्सिस की तरह किसी भारतीय चित्रकार को यह करने का प्रस्ताव दिया जाता तो वह ध्यान, साधना, एकाग्रता पर भार देता ताकि वह अपनी अन्तश्चेतना में हेलेन के विचार की कल्पना कर हेलेन के अप्रतिम चेहरे से घूँघट उठाता और अपनी अन्तर्दृष्टि के आधार पर ग्रीक समाज के राष्ट्रीय चित्र में छपी हेलेन को उकेरता जो हाड़-मांस की हेलेन से अधिक ज्यादा सारगर्भित होती। (आनन्द कुमारस्वामी : 1981, 87)

कभी-कभी सौन्दर्यशास्त्र (एस्थेटिक्स) और काव्यशास्त्र (पोइटिक्स) को एक मान लिया जाता है और उनका समानार्थी की तरह प्रयोग किया जाता है। सच यह है कि यह दोनों ज्ञान के अलग अनुशासन हैं। वे अगर मिलते हैं तो केवल एक जगह, वह है—अनुभव का क्षेत्र। इस अनुभव को संस्कृत में रस कहते हैं और अरस्तू की 'पोइटिक्स' में 'केथार्सिस' या विरेचन। यदि अनुभूति इतनी ज़रूरी है तो 'एस्थेटिक्स' को हम रसानुभूतिशास्त्र कह सकते हैं। शायद इसी कारण संस्कृत का कोई काव्यशास्त्री रस के प्रति उदासीन न रह सका। भारतीय काव्यशास्त्रीय परम्परा में 'सौन्दर्य' शब्द का प्रयोग वामन से पहले किसी ने नहीं किया। हाँ, मधुर, मनोहर, माधुर्य, लावण्य, रमणीयता, लालित्य आदि शब्द प्रयोग में थे। कोई आश्चर्य नहीं कि भारत में सौन्दर्य की देवी ललिता बनी और उनके सहस्रनाम का जाप 'ललितासहस्रनाम' में हुआ।[2] इसलिए भारत में कलाओं या रूपों का शास्त्र सौन्दर्यशास्त्र न होकर लालित्यशास्त्र होना चाहिए। रूपवान, सौन्दर्य के लिए कालिदास ने 'मधुर' शब्द का प्रयोग किया। शकुन्तला की सुन्दरता के लिए 'अभिज्ञान शाकुन्तलम्' में कालिदास ने लिखा, ''किमऽपिहि मधुराणाम मण्डनम् ना कृतिनाम्' (1.18) अर्थात्

जो लोग मधुर या सुन्दर शरीर वाले होते हैं उन्हें किसी आभूषण की ज़रूरत नहीं होती। महाप्रभु वल्लभाचार्य ने भी 'मधुराष्टक' में मधुर का ही प्रयोग किया है। भर्तृहरि ने 'शृंगारशतक' की रचना की जिसमें उन्होंने शृंगार के शारीरिक पक्ष के साथ अलौकिक पक्ष की बात की। बाद में भोज ने 'सौन्दर्यप्रकाश' लिखा जिसका शाब्दिक अर्थ सुन्दरता पर ग्रन्थ या प्रकाश है। पर उसमें जो मुद्दे उठाये हैं उनका सभी का केवल रूपों तथा विधाओं से सम्बन्ध है। जगद्गुरु शंकराचार्य ने 'सौन्दर्य' शब्द का प्रयोग अपनी 'सौन्दर्यलहरी' में किया। पर 'सौन्दर्यलहरी' में उसका प्रयोग 'देवी माँ' के अप्रतिम सौन्दर्य के लिए किया गया। यहाँ (देवी) माँ ऊर्जा की स्त्रीरूपी आदिशक्ति है जो शिव से अविभाज्य है और उसे देवी की तरह सम्बोधित किया गया है। उसकी दिव्यता का वर्णन करते हुए आदि शंकराचार्य ने काम का वर्णन किया है जिसके पुष्पबाण के लगने पर इन्द्रियों द्वारा सौन्दर्य की लहर उठती है। इस प्रकार यह सौन्दर्य बाह्य इन्द्रियों से रूपहीन आन्तरिकता में प्रवेश करता है। एक अर्थ में सौन्दर्य का अर्थ है श्रद्धा ('रेवरेंस')। जहाँ मानव मस्तिष्क किसी व्यक्ति या पदार्थ के प्रति श्रद्धा से जुड़ जाता है उसे सौन्दर्य कहते हैं।[3] उदाहरण के लिए बूढ़ी दादी के मुँह में एक भी दाँत न हो और उसके चेहरे की झुर्रियों में सदियाँ बसती हों पर उसके नाती-नातिन से पूछो कि दुनिया में सबसे सुन्दर कौन है तो वह अपनी दादी या नानी का नाम लेगा क्योंकि शर्तहीन श्रद्धा, अश्रद्धा, कुश्रद्धा, या अन्धश्रद्धा नहीं, सौन्दर्य है।

## काव्यशास्त्र

अरस्तू ने 'पोइटिक्स' (काव्यशास्त्र) लिखा तब पोइट्री या काव्य का व्यापक अर्थ में प्रयोग होता था, सभी रचना विधाओं का सन्दर्भ उसके सामने था। 'पोइट्री' का मूल 'पीयसिस' है जिसका मतलब 'मेकिंग' (making), 'बनाना' या 'रचना' होता है। पोइटिक्स या काव्यशास्त्र का अर्थ काव्यसिद्धान्त का अध्ययन होता है। काव्यशास्त्र के प्रयोग से पहले संस्कृत में उसके लिए लक्षणशास्त्र, क्रियाकल्प, अलंकारशास्त्र, साहित्यविद्या और मीमांसा जैसे शब्दों का प्रचलन था। समयान्तर में काव्य का स्थान साहित्य, वाङ्मय फिर विमर्श ने ले लिया। इस तरह काव्यशास्त्र विभिन्न प्रकार के विमर्श-व्यापारों का सिद्धान्त बन गया है। यहाँ यह कहना ठीक होगा कि आज काव्यशास्त्र की जगह वाङ्मयशास्त्र या विमर्शशास्त्र ने ले ली है। मुझे साहित्यशास्त्र को भी स्वीकारने में कोई समस्या नहीं दिखती क्योंकि साहित्य स्वयं में एक समावेशक कोटि है जो अंग्रेज़ी के 'लिटरेचर' से ज्यादा व्यापक है। 'लिटरेचर' शब्द का मूल 'लेटर' (अक्षर) है। जबकि साहित्य का अर्थ 'साथ' होने अथवा 'हित' के लिए जो भी लिखा जाये, उससे होता है। इसमें लिखित एवं मौखिक विमर्श शामिल होते

हैं। यह बात और है कि विद्वानों ने इसे एक निश्चित अर्थ के दायरे में बाँधने की कोशिश की। भला हो संरचनावादियों और उत्तरसंरचनावादियों का जिन्होंने साहित्य और पाठ की परिभाषा बदल दी और लिखित और मौखिक, केन्द्रीय और सीमान्त (हाशिए), उच्च और निम्न, मौलिक और अमौलिक या असल, नकल आदि के बीच अन्तर समाप्त कर दिया। इसके चलते हमारे भाषा और साहित्य के चिन्तन में भी फ़र्क़ आया और आलोचना भी सृजनात्मक कर्म बन गयी। एक नयी समावेशक कोटि के रूप में साहित्यशास्त्र या विमर्शशास्त्र मुझे ठीक लगते हैं।

'काव्यशास्त्र' को पश्चिमी सौन्दर्यशास्त्र या साहित्यशास्त्र के पयार्यवाची के रूप में प्रयोग करने से हमारी बौद्धिक अराजकता का पता लगता है। इन विषयों पर लिखी किताबों या लेखों के शीर्षकों एवं अन्तर्वस्तु पर सरसरी नज़र डालने से पता लगता है कि भारतीय काव्यशास्त्र, भारतीय सौन्दर्यशास्त्र या संस्कृत काव्यशास्त्र के अलग-अलग प्रयोग में होने के बावजूद ले-देकर बात संस्कृत काव्यशास्त्र या उसके सम्प्रदायों के आस-पास घूमती है जिसमें रस, ध्वनि, अलंकार, औचित्य, वक्रोक्ति और रीति शामिल होते हैं। तथ्य यह है कि ज्ञानानुशासन की मर्यादाएँ किसी भी 'अनुशासनहीनता' की इजाज़त नहीं देती। अतः सौन्दर्यशास्त्र (एस्थेटिक्स) या काव्यशास्त्र (पोइटिक्स) के बीच किसी भी प्रकार का भ्रम खड़ा कर उन्हें एक मान लेने की कोई ज़रूरत नहीं है। वैसे दोनों के बीच सम्बन्ध बहुत कष्ट-कल्पित नहीं है। अरस्तू की 'पोइटिक्स' भी उसके काव्यशास्त्री शीर्षक के बावजूद काव्यशास्त्र से कम और सौन्दर्यशास्त्र से अधिक सम्बन्ध रखती है। 'पोइटिक्स' सिद्धान्ततः न तो कविता का बचाव करता है न ही वह कविता कैसे लिखी जाय इन विषयों के सिद्धान्त का ग्रन्थ है। न ही वह साहित्यिक आलोचना के सिद्धान्तों का विवेचन है, हालांकि ये सब तत्त्व उसमें मौजूद हैं। सर्वप्रथम और अनिवार्य रूप से यह सौन्दर्यसिद्धान्त का ग्रन्थ है। जो यह सवाल करता है कि कविता क्या है? और उसमें सुख की या उससे मिले सुख की प्रकृति क्या होती है? (रसल व विंटरबाटम 1972 : 220-221)

## तुलनात्मक काव्यशास्त्र का क्षेत्र

'तुलनात्मक काव्यशास्त्र' के क्षेत्र की चर्चा से पहले कहना चाहूँगा कि 'भारतीय तुलनात्मक काव्यशास्त्र' पद 'तुलनात्मक भारतीय काव्यशास्त्र' से बेहतर लगता है। कारण यह है कि भारतीय काव्यशास्त्र जैसा कुछ है ही नहीं क्योंकि भारत में 'भारतीय' जैसी कोई भाषा है ही नहीं। संस्कृत या तमिल काव्यशास्त्र कहें तो बात ठीक लगती है, क्योंकि वे दोनों भाषाएँ हैं। हमारी भाषिक और सांस्कृतिक स्थिति में 'भारतीय' शब्द भौगोलिक, सांस्कृतिक, राजनीतिक या संवैधानिक स्थिति का तो द्योतक है पर भारतीय भाषा या साहित्य के रूप में नहीं। इसलिए यदि हम भारत

की भाषाओं में लिखे साहित्य और काव्यशास्त्र को भारतीय नाम दें तो कोई बड़ी समस्या नहीं खड़ी होती। वैसे तो तुलनात्मक काव्यशास्त्र तुलनात्मक साहित्य की तरह बेमानी है क्योंकि भारतीय तुलनात्मक काव्यशास्त्र जैसे पदबन्ध का न तो कोई अर्थ है न ही यह व्याकरण सम्मत है क्योंकि काव्यशास्त्र स्वयं में तुलनात्मक या अतुलनात्मक नहीं होता। अगर इसका मतलब दो या दो से अधिक काव्यशास्त्रों का तुलनात्मक अध्ययन है तो ठीक है। काव्यशास्त्र का तुलनात्मक अध्ययन एक 'अध्ययन पद्धति' है जिससे काव्यशास्त्रों की एक-दूसरे से तुलना की जा सकती है। पर अध्ययन पद्धति की भी सीमाएँ होती हैं जिन्हें लाँघे बगैर विवेकपूर्ण और रचनात्मक तुलनात्मक अध्ययन, चाहे वह काव्य का हो या शास्त्र का, सम्भव नहीं है।

कहना न होगा कि पश्चिम में काव्यशास्त्र विशेषकर आलोचना-सिद्धान्त का उद्योग पिछली शताब्दी में खूब फला-फूला। इसके उत्तरार्द्ध में सिद्धान्त एक नये अनुशासन की तरह स्थापित हो गया और सदी के अन्त होते-होते सिद्धान्त की मृत्यु, 'उत्तरसिद्धान्त' और सिद्धान्त के 'अन्त' जैसी आवाज़ें सुनाई देने लगीं। सिद्धान्त के अन्त का अर्थ शाब्दिक न होकर सिद्धान्त की अति के कारण उत्पन्न 'ऊब', थकान, अथवा उसकी विकेन्द्रियता से था और माना जाने लगा कि सिद्धान्त के बगैर भी साहित्य को पढ़ा-समझा जा सकता है।[4] इसका एक अर्थ यह भी हुआ कि साहित्य के अध्ययन के लिए सिद्धान्त अपरिहार्य बन गया था। साहित्य सिद्धान्त के भाग्य में आये बदलाव से तुलनात्मक साहित्य और तुलनात्मक काव्यशास्त्र अछूते न रह सके। गौरतलब है कि आलोचना-सिद्धान्त के भाग्योदय के समय भी काव्यशास्त्र और तुलनात्मक काव्यशास्त्र के भाग्य में कोई सकारात्मक बदलाव नहीं आया। विश्व स्तर पर अमरीकी तुलनात्मक साहित्य संगठन की रपटों से भी यह बात साफ़ हो जाती है। 1990 के दशक में चार्ल्स बर्नहाइमर की रिपोर्ट 'कम्परेटिव लिटरेचर इज़ द एज ऑफ़ मल्टीकल्चरिज्म' (बहुसांस्कृतिक वाद के युग में तुलनात्मक साहित्य) और उसके बाद 21वीं सदी के पहले दशक में हॉन सॉसी की रिपोर्ट 'कम्परेटिव लिटरेचर इन द एज ऑफ़ ग्लोबलाइजेशन' (भूमण्डलीकरण के युग में तुलनात्मक साहित्य) में तुलनात्मक काव्यशास्त्र की कोई विशेष चर्चा नहीं की गयी है। केवल रिचर्ड रोर्टी के छोटे से पाँच पेज के लेख 'लुकिंग बैक एट लिटरेरी थ्योरी', अर्थात् 'साहित्यिक सिद्धान्त को मुड़कर देखते हुए' में सिद्धान्त को श्रद्धांजलि जैसी दी गयी है। पीछे देखने का मतलब होता है कि न तो अभी कुछ हो रहा है और न ही आगे कोई सम्भावना है। बस पीछे मुड़कर देखना थोड़ा शारीरिक व बौद्धिक व्यायाम मुख्य हेतु होता है। पश्चिम ने यह स्वीकार लिया कि 21वीं सदी में सिद्धान्त या काव्यशास्त्र का केवल भूतकाल है, वर्तमान और भविष्य नहीं।

सिद्धान्त तथा काव्यशास्त्र के प्रति पश्चिमी उदासीनता की भारत को नकल करने की कोई ज़रूरत नहीं है और न ही काव्यशास्त्र के तुलनात्मक अध्ययन को नकारने

की, क्योंकि भारत में शास्त्र निर्माण की समृद्ध परम्परा रही है जिसमें लगभग हर मानव गतिविधि के लिए शास्त्र रचे गये हैं। जहाँ तक भाषा और साहित्य सम्बन्धी काव्यशास्त्र का सवाल है तो वे भारत में उतने ही बहुल हैं जितनी कि भाषाएँ। इसका अर्थ है कि भारत में काव्यशास्त्र के तुलनात्मक अध्ययन और व्यवहार का व्यापक क्षेत्र है जिसमें उनके बीच समानताओं, असमानताओं, सादृश्यताओं और अन्तःसम्बन्धों के अध्ययन की खूब सम्भावनाएँ हैं। भारत से बाहर इनकी पश्चिमी चीनी, जापानी, फ़ारसी, अरबी, पश्चिमी, अफ़्रीकी आदि काव्यशास्त्रीय परम्पराओं से भी तुलना हो सकती है। समय आ गया है कि भारत के विद्वान अपने सही पश्चिम और पूरब को पहचानें जो यूरोप या अमरीका न होकर फ़ारसी और अरबी भाषा परम्पराओं में मिलता है। भारत का सही पश्चिम अरबी, फ़ारसी पश्चिम है, जिनके काव्यशास्त्र को शामिल किये बगैर भारतीय तुलनात्मक काव्यशास्त्रीय अध्ययन अधूरा और औचित्यहीन रहेगा।

## भारत में तुलनात्मक काव्यशास्त्र अध्ययन के विकल्प

तुलनात्मक काव्यशास्त्र की चर्चा काव्य के संघटक तत्त्वों, सिद्धान्तों और उनके अध्ययन के आसपास ज्यादा घूमती है जिनका व्यवहार या अध्ययन के प्रतिरूपों से कम सम्बन्ध होता है। इन वैकल्पिक प्रतिरूपों की चर्चा आगे की जायेगी :

## काव्य सिद्धान्त और काव्यशास्त्र

परम्परागत अर्थ में काव्यशास्त्र का अर्थ काव्य या साहित्य के सिद्धान्त के व्यवस्थित अध्ययन से होता है। समकालीन अर्थ में इसे विमर्शों का सिद्धान्त माना जा सकता है। विभिन्न भारतीय और विदेशी भाषाओं और साहित्यों को ध्यान में रखते हुए तुलनात्मक काव्यशास्त्रीय अध्ययन निम्नलिखित मुख्य विषयों से सम्बन्धित हो सकता है :

1. **काव्य :** परिभाषा, प्रकृति और वर्गीकरण।
2. **शब्दशक्ति :** इसमें विभिन्न काव्यशास्त्रीय परम्पराओं में शब्द-शक्ति की तुलना की जा सकती है। उदाहरण के लिए अंग्रेज़ी में अभिधा/शाब्दिक बनाम सन्दर्भ/संकेतक/रूपकीय, भावात्मक दो शक्तियाँ होती हैं जबकि संस्कृत में अभिधा, लक्षणा, व्यंजना और तात्पर्या चार शक्तियाँ होती हैं।
3. **अर्थ :** भारतीय और पश्चिमी परम्पराओं में काव्य में अर्थ की परिभाषा, दोष, गुण और अर्थ निर्धारण के तत्त्वों तथा पद्धतियों के तुलनात्मक अध्ययन।
4. **हेतु :** भारतीय और पश्चिमी परम्पराओं में काव्य और उसके हेतु या

साधन।

5. **प्रयोजन :** भारतीय एवं पश्चिमी परम्पराओं में काव्य और उसके प्रयोजन या उद्देश्य।
6. **गुण और दोष :** इसमें काव्य के गुण और दोषों का अलग-अलग परम्पराओं में तुलनात्मक अध्ययन किया जा सकता है।
7. **काव्य प्रक्रिया :** इसमें अलग-अलग परम्पराओं में काव्य सृजन की प्रक्रिया की परिभाषा, प्रकृति और चरणों का तुलनात्मक अध्ययन किया जा सकता है।

विभिन्न भाषाओं के काव्यशास्त्रों के तुलनात्मक अध्ययन के ये मुख्य मुद्दे हो सकते हैं। एक साथ या किसी अन्य संयोग से इनका प्रतिरूप या फ्रेमवर्क की तरह भी काम लिया जा सकता है। एक अर्थ में तुलनात्मक अध्ययन से पता लग सकता है कि किस काव्यशास्त्रीय परम्परा में क्या है, क्या नहीं? और उनके होने या न होने के कारणों को दार्शनिक भौतिक, राजनीतिक, सामाजिक और सांस्कृतिक परिप्रेक्ष्यों में देखा जा सकता है।[5]

## काव्यशास्त्र और उसके प्रस्थान बिन्दु

संस्कृत काव्यशास्त्र में कई सम्प्रदाय या स्कूल जैसे रस, अलंकार, ध्वनि, वक्रोक्ति, रीति और औचित्य शामिल हैं किन्तु उन्हें सम्प्रदाय के बजाय प्रस्थान कहना ठीक होगा क्योंकि विभिन्न काव्यशास्त्रियों ने लगभग सभी पूर्ववर्ती मतों की चर्चा की और इस अर्थ में मुख्य प्रश्न (काव्य का मूल किस तत्त्व में होता है? जीवन या आत्मा) से उन्होंने अपने मत के साथ-साथ दूसरों के मतों को भी शामिल करने की कोशिश की। आनन्दवर्द्धन ने ध्वनि की व्याख्या और स्थापना के बाद महसूस किया कि रस के बगैर ध्वनि का कोई अर्थ नहीं है। रस के साहचर्य के बगैर ध्वनि नीरस है इसलिए उन्होंने रस-ध्वनि की बात की। संस्कृत काव्यशास्त्र के इन सम्प्रदायों की अन्य भाषा व साहित्यों के काव्यशास्त्रों (विदेशी और भारतीय) के साथ तुलनात्मक अध्ययन किया जा सकता है।

1. रस सिद्धान्त की पाश्चात्य परम्परा में सौन्दर्यानुभव से सम्बन्धित सिद्धान्तों और विचारों से तुलना।
2. भारत की भाषाओं के (विशेषकर संस्कृत तथा तमिल) के अलंकारशास्त्र बनाम पाश्चात्य अलंकारशास्त्र।
3. रीति सम्प्रदाय की शैली विज्ञान सिद्धान्त और व्यवहार से तुलना।
4. ध्वनि सिद्धान्त का प्रतीकात्मक अर्थ अथवा निहितार्थ सजेशन के

सिद्धान्त से तुलना।

5. रूसी रूपवाद की कला, साहित्य, कविता के कलात्मक, साहित्यिक और काव्यात्मक आदि तत्त्वों की संस्कृत के वक्रोक्ति सिद्धान्त से तुलना। पाश्चात्य नयी आलोचना की कृति अध्ययन और व्यावहारिक और 'गहन अध्ययन' पद्धति की वक्रोक्ति सिद्धान्त से तुलना की जा सकती है।
6. पाश्चात्य औचित्य सिद्धान्त 'डिकोरम' एवं 'प्रोपराइटी' (होरेस) की आचार्य क्षेमेन्द्र के औचित्य सिद्धान्त से तुलना।

संस्कृत के इन सम्प्रदायों या सिद्धान्तों की भारतवर्ष में ही उपलब्ध अन्य काव्य शास्त्रीय सिद्धान्तों जैसे तमिल के काव्यशास्त्र 'तोलकप्पियम' से इनकी तुलना की जा सकती है।

यहाँ पर मैं जोड़ना चाहूँगा कि संस्कृत काव्यशास्त्र या भारतीय भाषाओं के काव्यशास्त्रों के आधार पर तुलनात्मक अध्ययन की भारतीय स्कूल की स्थापना उसका सुखद प्रतिफल होगा। अकादमिक संस्थानों में अनुशासन के रूप में स्वीकृत होने के बावजूद तुलनात्मक काव्यशास्त्रीय अध्ययन की बात तो दूर तुलनात्मक साहित्य अध्ययन की स्थिति बहुत अच्छी नहीं है इसमें काफी कुछ सापेक्षिकता, पद्धतिहीन या अराजकता की स्थिति है। अक्सर तुलनात्मक अध्ययन व्यक्तिगत पसन्दगी अथवा लाटरी लगने जैसा होता है। अधिकांशतः अपनी भाषा की एक रचना का दूसरी भाषा की जो भी रचना हाथ पड़ जाती है उसके साथ तुलना कर ली जाती है। भूल जाते हैं कि तुलनात्मक अध्ययन में तीन चीज़ों की आवश्यकता होती है : औचित्य (तुलना का औचित्य), पद्धति (तुलना की पद्धति अथवा पद्धतिहीनता का सजग प्रयोग), प्रमाण (तुलना में समान, असमान अथवा सादृश्यता के आधार पर निकले निर्णयों का प्रमाणों से समर्थन)। दुर्भाग्य से अधिकतर तुलनात्मक अध्ययनों में इन तीनों का घोर अभाव पाया जाता है। और जो तुलनात्मक साहित्य जानते हैं वे अमेरिका या यूरोप के अकादमिक जगत की लड़ाइयों में किराये के टट्टुओं की तरह लड़ते रहते हैं। अपनी विद्वत्ता अमरीकी तुलनात्मक साहित्य के विद्वान डेविड डेमरोस के 'विश्व साहित्य' की अवधारणा की चर्चा या उसकी आलोचना में झोंक कर धन्यता महसूस करते हैं। इस प्रक्रिया में अपनी परम्परा और उसके विद्वानों के विवेचन व्यवहार में जो उपलब्ध है उसके प्रति अज्ञान या घोर उदासीनता व्याप्त रहती है। अगर देखा जाये तो भारतीय काव्यशास्त्र परम्परा में कई ऐसे संकेत मिलते हैं जिनसे भारतीय तुलनात्मक काव्यशास्त्रीय परम्परा की नींव डाली जा सकती है। उदाहरण के लिए अलंकारशास्त्र को कई विद्वान काव्यशास्त्र का केन्द्रीय तत्त्व मानते हैं जिनमें पण्डित रेवाप्रसाद द्विवेदी शामिल हैं, जिन्होंने 2005 में 'अलमब्रहम' लिखा और काव्यशास्त्र में अलंकार की केन्द्रीय भूमिका स्थापित करने की कोशिश की। तुलनात्मक साहित्य व काव्यशास्त्र की

तरह अलंकार सिद्धान्त भी तुलना पर आधारित है जिसमें उपमा और रूपक इसके आधार बनते हैं। पर सवाल होता है कि तुलना की जाये तो किस वस्तु का ध्यान रखा जाय? इस प्रश्न का उत्तर भामह आदि अलंकारवादियों में नहीं मिलता है। इसका उत्तर क्षेमेन्द्र की 'औचित्यविचारचर्चा' में मिलता है जिसमें वे कहते हैं 'हृदयसादृशी उपमा' अर्थात् उपमा में तुलना की जा रही वस्तुओं के बीच हृदय की सादृश्यता होनी चाहिए। इसे तुलनात्मक साहित्य या काव्यशास्त्र के तुलनात्मक अध्ययन के क्षेत्र में इस प्रकार कह सकते हैं : 'हृदयसादृशी तुलना'। यह हृदयसादृश्यता समानता और असमानता दोनों पर एक ढंग से लागू होती है और भारतीय तुलनात्मक साहित्यिक और काव्यशास्त्रीय अध्ययन का प्रस्थान बिन्दु बन सकती है।

## काव्यशास्त्रीय आलोचनात्मक अभिगमों का तुलनात्मक अध्ययन

साहित्यिक विमर्श या काव्यसिद्धान्त विभिन्न भाषाओं में काव्यशास्त्र के निर्माण में बड़ी भूमिका निभाते हैं उनका भी तुलनात्मक अध्ययन किया जा सकता है। कला या साहित्यिक विमर्श की प्रमुख धुरियों के आसपास तुलनात्मक काव्यशास्त्रीय अध्ययन किया जा सकता है :

1. **कला/कृति :** कृतिनिष्ठ अभिगम : पाश्चात्य नयी आलोचना तथा अन्य परम्पराओं में।
2. **कलाकार/लेखक :** कलाकार केन्द्रित कविनिष्ठ अभिगम।
3. **स्रोता/पाठक :** पाठकीय अभिगम के बीच तुलना।
4. **सन्दर्भ/परिवेश (कॉन्टेक्स्ट) :** जीवनीपरक/आलोचना/समाजशास्त्रीय अभिगम एवं औचित्य अभिगम।
5. **सहकृति/उपकृति (कोटेक्स्ट) :** पाश्चात्य नवइतिहासवाद एवं परपरम्परानिष्ठ बनाम सहकृतिनिष्ठ अभिगम।

यहाँ पाश्चात्य आलोचनात्मक अभिगमों की संस्कृत या अन्य भारतीय भाषाओं में उपलब्ध अभिगमों की तुलना का प्रयोजन है। समानता और सादृश्यता के साथ-साथ कई नये क्षेत्र भी सामने आयेंगे जिनमें आलोचना-अभिगमों की विशिष्ट भाषा परम्परा तथा अभिगमों की उपस्थिति या अनुपस्थिति का भी अध्ययन किया जायेगा। संस्कृति के कल्पनाशील एवं अनुमानवादी (स्पीकुलेटिव) मस्तिष्कों के लिए यह काफी उपयोगी अध्ययन क्षेत्र होगा।[6]

## तुलनात्मक साहित्यिक पद्धति और काव्यशास्त्र का तुलनात्मक अध्ययन

जैसा कि पहले कहा गया है कि तुलनात्मक साहित्य जैसा कुछ नहीं होता, वह एक पद्धति है। इसी प्रकार तुलनात्मक काव्यशास्त्र भी बेमानी होता है यह

काव्यशास्त्र के तुलनात्मक अध्ययन की पद्धति है। इस सन्दर्भ में कहा जा सकता है कि तुलनात्मक साहित्य की पद्धति से तुलनात्मक काव्यशास्त्रीय अध्ययन के प्रारूप/प्रतिदर्श तैयार किये जा सकते हैं। जिसे निम्नलिखित प्रकार से समझा जा सकता है :

1. **'प्लेसिंग' या दो रचनाओं को उनके तुलनात्मक साहित्य अध्ययन के लिए एक साथ रखकर अध्ययन** : इस अध्ययन पद्धति में काव्यशास्त्रीय अभिगम या रचना को दूसरे के साथ रखकर देखा जाता है जो एक-दूसरे को प्रकाशवान करता है।
2. **विषयवस्तु अध्ययन (थीमेटॉलाजी)** : इसमें मुख्य काव्यशास्त्रीय या आलोचनात्मक मुद्‌दों का दूसरे से अध्ययन किया जा सकता है।
3. **विधा अध्ययनशास्त्र (जीनोलॉजी)** : इसमें काव्यशास्त्र की एक विधा या सम्प्रदाय का दूसरे के साथ तुलनात्मक अध्ययन किया जा सकता है।
4. **प्रभाव (इन्फ्लूएन्स)** : एक काव्यशास्त्रीय या आलोचना परम्परा अथवा काव्यशास्त्री आलोचक या आन्दोलन का अन्य परम्परा या परम्पराओं, आन्दोलनों आदि पर प्रभाव का तुलनात्मक अध्ययन सम्भव है।
5. **स्वीकरण (रिसेप्सन)** : इसमें एक काव्यशास्त्रीय परम्परा आन्दोलन, अभिगम या आलोचक का दूसरी परम्परा अभिगम या आलोचकों का स्वीकरण का तुलनात्मक अध्ययन किया जा सकता है।
6. **साहित्येतिहास या काव्यशास्त्रीय इतिहासलेखन (हिस्टोरियोग्राफी) एवं काव्यशास्त्रीय विचारों का इतिहासलेखन** :

   I. विभिन्न आलोचनात्मक परम्पराओं के इतिहासों व इतिहासलेखन अध्ययनों का तुलनात्मक अध्ययन।

   II. काव्यशास्त्रीय सम्प्रदायों, युगों व अभिगमों के इतिहासलेखन का तुलनात्मक अध्ययन।

   III. आलोचनात्मक विचारों के क्रमिक विकास (इवॉल्यूशन) का तुलनात्मक अध्ययन। पश्चिम के सन्दर्भ में यह 'डाइक्रोनिक' (ऐतिहासिक) और भारतीय सन्दर्भ में 'सिनक्रोनिक' (समकालिक) थी। द फर्डिनांद दि सस्यूर के भारतीय संस्कृत भाषाशास्त्रीय अध्ययन व अध्यापन के प्रभाव में सिनक्रोनिक बन गयी।

   IV. आन्दोलन या मूवमेंट्स : काव्यशास्त्रीय आन्दोलनों का तुलनात्मक अध्ययन।

   V. कालविभाजन या पीरियडाइजेशन : विभिन्न परम्पराओं में आलोचना कालों का तुलनात्मक अध्ययन।

## आलोचना परम्परा के रूप में काव्यशास्त्र

काव्यशास्त्र में साहित्यिक आलोचना और आलोचना परम्परा भी शामिल हैं। इस अर्थ में तुलनात्मक काव्यशास्त्र को विभिन्न आलोचना परम्पराओं के तुलनात्मक अध्ययन के रूप में देखना खूब रुचिकर होगा। भारतीय आलोचना परम्परा अपने गोमुख से एक छोटी-सी धारा के रूप में निकलकर मैदानों तक आते-आते नदी बन जाती है जिसमें कई सहायक नदियाँ आकर मिल जाती हैं और समाहित हो जाती हैं, तो कई उपनदियाँ भी निकलकर बहती हैं जो या तो समय के रेत में खो जाती हैं या फिर किसी दूसरी नदी की ओर बढ़ जाती हैं। यह प्रक्रिया पाँच चरणों में देखी जा सकती है जिन्हें आविर्भाव, प्रवाह, अन्तर्भाव या अन्तरलोप, पुनर्भव, अन्तर्लीन चरणों के रूप में जाना जा सकता है।[7] यह संयोग ही है कि यह पाँचों चरण कश्मीरी शैव वाद के पाँच चरणों सृष्टि, स्थिति, संहार, विलय और अनुग्रह में देखे जा सकते हैं।[8]

भारतीय आलोचना परम्परा को यदि नदी के रूपक से देखा जा सकता है तो वह दूसरी परम्पराओं पर भी लागू होता है। यदि ऐसा है तो इससे भारत में काव्यशास्त्र के तुलनात्मक अध्ययन से क्या मदद मिलती है? भारत में भाषिक, साहित्यिक एवं आलोचना परम्पराओं का घनत्व अन्य प्रदेशों से कहीं अधिक है जिसमें लगभग डेढ़ हज़ार भाषाएँ आती हैं। आलोचना परम्पराओं के तुलनात्मक अध्ययन से इन भाषा/साहित्यों की आलोचना पद्धति एक साथ देखने से यह अन्तर्दृष्टि विकसित होगी कि अपनी सह एवं उपनदियों की विशिष्टताओं के बाद भी यह कैसे एक-दूसरे से जुड़ती हैं और सहअस्तित्व भी स्थापित करती हैं। साथ ही, मौखिक एवं लिखित परम्पराओं से निगमित उनके काव्यशास्त्र भिन्न होने के बावजूद भी किस प्रकार एक-दूसरे से अन्तःसम्बन्धित एवं अन्तर्गुम्फित हैं? तुलनात्मक काव्यशास्त्र एवं साहित्य के लिए इन परम्पराओं एवं विधाओं के कम से कम 2500 वर्ष के जिए हुए अनुभव के कलात्मक अभिव्यक्ति के आधार पर रचे सिद्धान्तों का तुलनात्मक अध्ययन एक बहुत बड़ा बोध-पाठ होगा। भारतीय भाषा साहित्यों के काव्यशास्त्रों के तुलनात्मक अध्ययन के साथ-साथ उनका विदेशी काव्यशास्त्रों से भी तुलनात्मक अध्ययन सम्भव है।

## तुलनात्मक काव्यशास्त्र या वैकल्पिक काव्यशास्त्र

'भारतीय आलोचना परम्पराएँ' रचनाशीलता के लम्बे दौर में रचित विमर्शों से निगमित सिद्धान्तों के आधार पर बनी थीं। भरत के 'नाट्यशास्त्र' और विशेषकर 7वीं सदी में लिखे भामह के 'काव्यालंकार' के समय तक संस्कृत की सर्वश्रेष्ठ रचनाशीलता का दौर ख़त्म हो चुका था। वैदिक संस्कृत में वेदों तथा उपनिषदों की रचना हो चुकी थी और उसके बाद क्लासिकल संस्कृत के युग में 'रामायण,' 'महाभारत' एवं दर्शन के ग्रन्थ और कालिदास जैसे कवियों, चिन्तकों, नाटककारों का युग पूरा हो चुका था।

कह सकते हैं कि काव्यशास्त्रीय सिद्धान्त की स्थापना सर्वोच्च रचनाशीलता के युग समाप्ति की निशानी होती है। काव्यशास्त्र के क्षेत्र में काव्य के सिद्धान्त उसके हेतु, प्रयोजन, काव्य की आत्मा या जीवन आदि विषय संस्कृत काव्यशास्त्र में स्वाभाविक रूप से पूछे गये। उत्तर भारत में ये कार्य संस्कृत काव्यशास्त्र ने किया और दक्षिण में तमिल ग्रन्थ 'तोलकप्पियम' ने। ब्रज, अवधी, भोजपुरी आदि भाषा-साहित्यों के आगमन से संस्कृत काव्यशास्त्र के अलंकार, रीति और गुण आदि को समायोजन/समाहित कर लिया गया। इसके उदाहरणस्वरूप ब्रज/हिन्दी में भिखारी दास के 'काव्यनिर्णय' को देखा जा सकता है। साथ ही रस सिद्धान्त को नयी रचनाशीलता के साथ जोड़कर देखा गया और रूपगोस्वामी ने भक्ति रस जैसे नये रस की बात की। संस्कृत के साथ हिन्दी एवं गुजराती आदि आधुनिक भारतीय भाषाओं की काव्यशास्त्रीय या आलोचना परम्पराओं के तुलनात्मक अध्ययन को भी इसमें शामिल किया जाना चाहिए।

19वीं सदी के दूसरे भाग में भारतीय आलोचना परम्पराओं की धारा में पश्चिमी आलोचना आ जुड़ी। भारतेन्दु हरिश्चन्द्र का लेख 'नाटक' भारतीय और पश्चिमी नाटक के तुलनात्मक अध्ययन का एक उदाहरण है।[9] इसके साथ-साथ उन्होंने भक्ति और वात्सल्य जैसे नये रसों को भी जोड़ने का आग्रह किया। इस काल में कई अंग्रेज़ी आलोचना के निबन्धों जैसे जोसफ एडीसन के 'इमैजिनेशन' का हिन्दी में अनुवाद किया गया। परिणामस्वरूप, रामचन्द्र शुक्ल ने 'रसमीमांसा' में रस को आई.ए.रिचर्ड्स के मनोवैज्ञानिक मानव के सन्दर्भ में देखा जिससे 'रसमीमांसा' संस्कृत, हिन्दी और अंग्रेज़ी आलोचना परम्पराओं का संगम बनती है। वर्तमान भारतीय आलोचना परिदृश्य अपने समृद्ध भूतकाल के बावजूद परजीवी, अमौलिक और कल्पनाहीन नकल (डेरेवेटिव) लगती है। इसका कारण यह है कि दार्शनिक कल्पनाशीलता व सूक्ष्म निरीक्षण तथा सैद्धान्तिक सूत्रीकरण के अभाव में कुछ अपवादों को छोड़ दें तो वर्तमान भारतीय आलोचना परम्परा में दोनों का अभाव पाया जाता है। इन अपवादों में संस्कृत और अंग्रेज़ी से हिरियन्ना, रेवा प्रसाद द्विवेदी और जी. सी. पाण्डेय का नाम आता है और हिन्दी में रामचन्द्र शुक्ल, मुक्तिबोध, हजारी प्रसाद द्विवेदी, अज्ञेय, रामविलास शर्मा और नामवर सिंह आदि शामिल हैं। इसी प्रकार गुजराती में नवलराम पंडया, रामनारायण वि. पाठक, आनन्दशंकर 'ध्रुव,' उमाशंकर जोशी, सुरेश जोशी, तथा सितांशु यशचन्द्र मेहता और मराठी में बी. एस. मार्डेकर, आर. वी. पटनाकर, भालचन्द्र नेमाडे तथा शरणकुमार लिम्बाले आदि शामिल हैं। इन विद्वानों ने अपनी भाषाओं में देशी, भारतीय और विदेशी विशेषकर पाश्चात्य परम्पराओं से संवाद स्थापित करते हुए अपनी भाषा की आलोचना परम्परा को समृद्ध किया। साथ ही अपनी साहित्यिक रचनाओं के विवेचन के लिए और उसकी प्रक्रिया में आलोचना के नये मुहावरे को खड़ा किया। भारतीय भाषाओं का दुर्भाग्य यह है कि इन भाषाओं

का श्रेष्ठ आलोचना साहित्य अनूदित होकर अन्यों के गहन तुलनात्मक अध्ययन के लिए उपलब्ध नहीं है।

पिछले दशकों में मौखिक विमर्श के साथ-साथ दलित और स्त्रीवादी विमर्श अस्तित्व में आये और शुरुआती प्रतिरोध के बाद स्वीकृत हुए। स्वाभाविक था कि उनके सौन्दर्यशास्त्र और काव्यशास्त्र भी अस्तित्व में आये। नये अनुभवों की नयी अभिव्यक्ति होने के कारण इस नये साहित्य के विवेचन के लिए नये काव्यशास्त्र की ज़रूरत स्वाभाविक थी। दलित और स्त्रीवादी विमर्शों और उनके सौन्दर्यशास्त्रों के लिए भी यही बात लागू होती थी क्योंकि उच्चवर्गीय 'ब्राह्मणी' साहित्य से काव्यशास्त्र के आधार पर इन नये विमर्शों को समझना या मापना न तो सम्भव था न ही उचित। चूँकि हर नयी चीज, विशेषकर विचार को प्रतिरोध के दौर से गुजरना होता है, इसी कारण इन नये काव्यशास्त्रों को भी भयंकर प्रतिरोध झेलना पड़ा। पर कालान्तर में उनकी वैधता और स्वीकृति के सामने लगाये जाने वाले प्रश्नचिह्न अर्थहीन हो गये। आज देखा जाये तो दलित साहित्यशास्त्र या स्त्री विमर्शशास्त्र में ही ऊर्जा या नयापन दिखाई देता है।

पूर्व स्थापित कोटियों को चुनौती देने की क्षमता, विभेद एवं शोषण के प्रतिरोध के फलस्वरूप स्त्रीवादी विमर्श एवं दलित विमर्श एक-दूसरे के करीब आये क्योंकि दोनों विमर्शों में जन्म, न कि योग्यता शोषण के मूल में है। जन्म के बाद लिंग की पहचान लड़की के प्रति विभेद का कारण बनती है और अभी भी घर-परिवार में मातम छा जाता है। इसी प्रकार दलित परिवार में जन्म लेने के कारण शिशु पर दलित का ठप्पा लग जाता है और वह जीवन भर इस बोझ को ढोता है। इस अर्थ में दलित और स्त्री की जाति और भाग्य एक ही होता है जिसमें विभेद, शोषण और अपमान लिखा होता है। इसी वजह से दोनों एक स्तर पर जुड़ जाते हैं और आज उनकी रचनाशीलता के आधार पर रचे काव्यशास्त्र और सौन्दर्यशास्त्र की ज़रूरत यथार्थ में बदल गयी है। भारत की विविध भाषाओं में स्त्री विमर्श और दलित विमर्श की आँच की व्यापकता और गहराई चूँकि अलग-अलग प्रकार की है। इसलिए भारतीय भाषाओं में लिखे दलित एवं स्त्री विमर्श की परस्पर तुलना की सँभावना, उनके सौन्दर्यशास्त्रों तथा उसके प्रति अभिगमों के तुलनात्मक अध्ययन की न केवल सम्भावना है बल्कि उसकी तुलनाएँ काफी दिलचस्प हो सकती हैं। दलित और स्त्री विमर्श दोनों इस अर्थ में जुड़े हैं कि दलित विमर्श में स्त्री और स्त्री विमर्श में दलित स्त्री भी शामिल है। दलित एवं स्त्री विमर्शों की अन्तर्विमर्शता की पहचान और अध्ययन कुछ चरमपन्थी विचारधारकों को शायद सुखकर न लगे क्योंकि वे इस बात की दुहाई दे सकते हैं कि ऐसी चर्चा स्त्री विमर्श और दलित आन्दोलन को बाँट कर कमज़ोर करने की साजिश है। यह भी कहा जा सकता है कि दलित स्त्री विमर्श अर्थहीन बात है क्योंकि स्त्री पैदाइशी दलित होती है। पर हक़ीक़त यह है

कि दलित आदमी को केवल उच्चवर्ग का शोषण सहना पड़ता है। पर दलित स्त्री को उच्चवर्ग के साथ अपने ही वर्ग के पितृसत्तात्मक समाज की व्यवस्था के पुरुष के शोषण का शिकार बनना होता है। इस चर्चा का दलित एवं स्त्री सौन्दर्यशास्त्रों के तुलनात्मक अध्ययन से सम्बन्ध यह है कि सौन्दर्यशास्त्र को अनुभवों की सूक्ष्मताओं और जटिलताओं को भी उजागर करना होता है जैसा कि विभिन्न भारतीय भाषाओं के इनके विमर्शों में देखा जा सकता है। भारतीय भाषाओं के स्त्री तथा दलित विमर्शों के काव्यशास्त्रों या सौन्दर्यशास्त्रों के तुलनात्मक अध्ययन का उनके पश्चिमी सहविमर्श जैसे पश्चिमी स्त्री विमर्श (लिंग-विमर्श) और श्याम सौन्दर्यशास्त्र ('ब्लैक एस्थेटिक्स') से तुलनात्मक अध्ययन किया जाना ज़रूरी है ताकि वे सभी विमर्श एक-दूसरे से समानताएँ या असमानताएँ सीख सकें।

## निष्कर्ष

उपरोक्त तुलनात्मक काव्यशास्त्र की सम्भावनाओं की चर्चा ने इसके गुब्बारे में खूब हवा भरने की कोशिश की पर ऐतिहासिक सच काँटा बन कर इसकी हवा निकाल देता है। व्यवहार में सिद्धान्त के अतिउत्साही प्रशंसकों में काव्यशास्त्र को काव्य से श्रेष्ठ समझने की प्रवृत्ति देखी जाती है। इतिहास कुछ और कहता है कि काव्यशास्त्र के सिद्धान्त काव्य रचना के बगैर असम्भव हैं क्योंकि सिद्धान्त प्रायः काव्यसृजन से निकाले जाते हैं। दूसरी बात यह है कि काव्यशास्त्र का उदय उस भाषा में श्रेष्ठ रचनाशीलता के अन्त की निशानी होती है। संस्कृत में काव्यशास्त्र की रचना, भरतमुनि के 'नाट्यशास्त्र' को छोड़ दें तो 7वीं सदी में भामह के 'काव्यालंकार' से होती है। तब तक संस्कृत में दर्शन, साहित्य एवं अन्य ज्ञान विधाओं की पराकाष्ठा पायी जा चुकी थी। ठीक इसी प्रकार ग्रीक भाषा में जब अरस्तू ने अपने काव्यशास्त्रीय ग्रन्थ 'पोइटिक्स' की रचना की तब तक उसके श्रेष्ठ दार्शनिक जैसे प्लेटो, श्रेष्ठ कवि जैसे होमर, श्रेष्ठ नाटककार जैसे एस्केलीज, सोफोक्लीस, यूरीपडीस और एरोस्टोफेनीज आदि ग्रीक साहित्य की श्रेष्ठता की चोटियों को पा चुके थे। बाकी रचनाशीलता सब उनकी जूठन है। शास्त्रकाल में सिद्धान्त बनाने वालों के लिए खुला मौका था कि वे शास्त्र का शस्त्र की तरह उपयोग कर रचनाओं की शल्यक्रिया कर सकें। असलियत यह है कि शास्त्र रूपी कैंची से छोटे-मोटे पौधे और फूल काटे-छाँटे जा सकते हैं, लॉन बनाई जा सकती है पर पेड़ या जंगल नहीं उगाये जा सकते। इसका अर्थ यह नहीं कि काव्यशास्त्र बेकार की चीज़ है। काव्यशास्त्र 'अनुशासन' है और इस कारण काव्यशास्त्र साहित्य के बाद आता है और साहित्य या रचनाशीलता का अनुकरण करता है। तुलनात्मक काव्यशास्त्र इसके भी बाद तीसरे चरण में अस्तित्व में आता है। इसके बावजूद शास्त्र, काव्यशास्त्र ज़रूरी है यदि वह काव्य की कीमत पर न हो।

तुलनात्मक काव्यशास्त्र के पढ़ने-पढ़ाने और व्यवहार में लाने का मुख्य उद्देश्य यह होना चाहिए कि साहित्यिक विमर्श में ज्ञान कैसे संरचित किया जाता है और अलग-अलग परम्पराओं में उसके हेतु, प्रयोजन और उद्देश्य क्या होते हैं। जानना यह भी होता है कि मानव मस्तिष्क काव्यशास्त्रीय मुद्दों पर बात करते हुए अलग-अलग समाजों में किस प्रकार आगे बढ़ता है और उससे सम्बन्धित समस्याओं के भिन्न व समान निष्कर्षों पर कैसे पहुँचता है? उदाहरण के लिए कुन्तक ने वक्रोक्ति की चर्चा अपने 'वक्रोक्तिजीवितम्' में 9वीं सदी में की। लगभग वही प्रश्न लेकर 20वीं सदी के दूसरे दशक में विक्टर श्कोलेवस्की ने रूसी रूपवाद (रसियन फार्मालिज्म) की चर्चा की। दोनों का तुलनात्मक अध्ययन दो काव्यशास्त्रों पर तो प्रकाश डालेगा ही, पर वे कारण भी बताएगा कि जिनकी वजह से सामूहिक मानव मनीषा किस तरह काव्य का अध्ययन करते हुए भिन्न देशों में भिन्न समय खण्डों में एक जैसे सवाल क्यों करती या नहीं करती है। उत्तर-संरचनावादी रोलां बार्थ्स जैसे आलोचक आलोचना को रचनाकर्म मानें तो ठीक ही है पर साहित्य और आलोचना दो अलग प्रकार के रचनाकर्म हैं। सच यह है कि आलोचना रचनाशीलता की सहचरी व अनुचरी दोनों ही है।

तुलनात्मक काव्यशास्त्र विभिन्न देशों तथा संस्कृतियों में मानवीय प्रतिभा की बनावटों या प्रतिमानों को उजागर करता है और निगमित सिद्धान्तों का तुलनात्मक अध्ययन करते हुए उनकी समानताओं तथा असमानताओं का अध्ययन करता है। भारत भाषा तथा साहित्यिक संस्कृतियों का भंडार तो है ही, साथ ही देशी तथा विदेशी भाषाओं, साहित्यों तथा काव्यशास्त्रों के तुलनात्मक सामासिक अध्ययन के लिए उपजाऊ भूमि भी है। अपनी भाषायी साहित्यिक एवं काव्यशास्त्रीय सघनताओं के कारण भारत में तुलनात्मक काव्यशास्त्र के अध्ययन की अप्रतिम सम्भावनाओं के साथ अन्तर्काव्यिशास्त्रीयता ज्यादा दिखाई देती है जो तुलनात्मक अध्ययन को अन्तर्काव्यशास्त्रीय अध्ययन की शिक्षा प्रदान करती है। यही कारण है कि ऊपर वर्णित सात  चौखटों के बावजूद अन्य चौखटों की सम्भावना बनी रहती है जो उसके आलोचकों के लिए उत्तरदायित्व एवं चुनौती दोनों है।

तुलनात्मक काव्यशास्त्रीय अध्ययन के विकल्पों की लम्बी चर्चा के बाद यह उचित ही होगा कि दुगुने नीरस व शुष्क विषय का समापन गुजराती कवि रमेश पारेख की कविता से किया जाये जो कवि कर्म की बात करते हुए उसके उत्तरदायित्वों की बात उठाती है :

### कविता को क्या करना होता है

कविता<br>
सर्दी की रात में अलाव जलाती है

पेड़ को सुखद छाया देना सिखाती है गर्मी में
चौमास में कहती है बरसात को 'झूमकर बरस'।
क्या-क्या बनना होता है कविता को
काँच को जोड़ने वाला टाँका
भूखे का अन्न?
अनिद्रा से पीड़ित रोगी की नींद?
सैनिकों के घाव की पट्टी?

हाँ!
शिशुओं की किलकारियों का उत्सव मनाना होता है
चुम्बन के लिए तरसते फूलों के लिए तितली होना पड़ता है
माँ के स्तन में दूध बनना होता है
आत्महत्या के लिए जा रहे व्यक्ति के पैर की ज़ंज़ीर बनना होता है
शयनखण्ड के शुष्क एकान्त में
मधुर ऐक्य रचना होता है कविता को।

जहाँ ईश्वर के हाथ न पहुँचते हों
वहाँ पहुँचना होता है कविता को

ये सब तो ठीक
पर सबसे बड़ा काम यह है कि
जब सारा गाँव सो रहा होता है तब
जागना होता है कविता को।[10]

जब कवि को इतना कुछ करना होता है तो आलोचक को और अधिक सजग रहने की ज़रूरत है और तुलनात्मक आलोचकों को और भी ज्यादा, क्योंकि उसका दायित्व दुगुना बढ़ जाता है कि वह आलोचना परम्पराओं के साथ अन्याय न होने दें। साथ ही यह भी देखना होता है कि उनके बारे में कोई झूठ सच बनने की साजिश में सफल न हो।

काव्य और काव्यशास्त्र एक-दूसरे से अलग अनुशासन होने के बावजूद अन्तःसम्बन्धित है। यह अन्तःसम्बन्धता उनके कर्म तथा दायित्वों दोनों से सम्बन्धित है क्योंकि दोनों का मुख्य धर्म जगाना होता है। खुद जागना जगाने की पूर्वशर्त है। इसलिए कवि और आलोचक दोनों को खुद जागना पड़ता है। साहित्य या काव्य को समाज को आनन्द के साथ जगाना होता है जबकि आलोचक या काव्यशास्त्री कवि,

समाज तथा अन्य आलोचक को जगाता है। स्वाभाविक है तुलनात्मक काव्यशास्त्री को दोगुना ज्यादा चौकस भी रहना पड़ता है। इसी में उसकी सार्थकता है।

## टिप्पणियाँ :

1. यदि भारतीय परम्परा में गीता जैसे ग्रन्थ को देखें तो पाते हैं कि अपने और अन्य की विरोधयुग्मता को कभी भी सांस्कृतिक स्वीकृति नहीं दी गयी। और यदि कभी वे व्यवहार में आये तो उसकी परिणति महाभारत में हुई। गीता के पहले श्लोक में धृतराष्ट्र अपने बेटों तथा अपने छोटे भाई के बेटों के लिए 'मामका' अर्थात् 'मेरे अपने' तथा 'पाण्डवों' के अर्थात् पराये का प्रयोग करते हैं। अर्थ साफ़ है जब 'अपना' तथा 'पराये' का बोध व्यक्ति या समाज को ग्रसता है तो महाभारत ही होता है। गीता का पहला श्लोक इस प्रकार है :

   धर्मक्षेत्रे कुरुक्षेत्र समवेता युयुत्सवः।
   मामकाः पाण्डवाश्चैव किमकुवन्ति संजय।।'' (गीता, श्लोक 1, अध्याय 1)
2. देखें, *श्रीललितासहस्रनाम,* सं. स्वामी तपस्यानन्द, मद्रास : श्रीरामकृष्ण मठ, वर्ष नहीं।
3. सौन्दर्य की भारतीय अवधारणा के लिए देखें, अवधेश कुमार सिंह 'एस्थेटिक्स, एथिक्स एण्ड इण्डियन कल्चर', *''रीविजिटिंग लिटरेचर, क्रिटिसिज्म एण्ड एस्थेटिक्स इन इण्डिया'',* दिल्ली, डी. के. प्रिंटवर्ल्ड, 2012, पृ. 70-72
4. बीसवीं सदी में सिद्धान्त की चर्चा के लिए देखें, ''बीसवीं सदी में आलोचना-कर्म : फिर पाठ की ओर'', *आलोचना,* अक्टूबर-दिसम्बर 2012, 22-28
5. देखें, अवधेश कुमार सिंह : मिथिक नेरेटिव एज ए मोड ऑफ़ कन्स्ट्रक्टिंग नोलेज : थ्योरी ऑफ़ क्रिएटिव प्रोसेस इन द नैरेटिव्स अबाउट द क्रिऐशन ऑफ़ द रामायण एण्ड द महाभारत, *जादवपुर जर्नल ऑफ कम्पेरेटिव लिटरेचर,* जुलाई-दिसम्बर 2008, 40-46
6. भारतीय एवं पाश्चात्य काव्यशास्त्र के बीच तुलनात्मक अध्ययन के लिए निम्नलिखित विषयों या क्षेत्रों के बारे में सोचा जा सकता है :

   I. रस :

   (क) रस की स्थिति :

   (अ) लेखक में (अभिव्यक्तिवादी दृष्टिकोण)

   (ब) रचना में (ऑटोटेलिक या आत्म-प्रयोजनवादी दृष्टिकोण)

   (स) सहृदय या श्रोता में : 'रीडर रिस्पोन्स थियरी'

   (ख) रससूत्र :

   (अ) रस का संरूपण

   (ब) टी. एस. एलियट - वस्तुनिष्ठ सह-सम्बधक (आब्जेक्टिव कोरिलेटिव)

   (स) ए. के. रामानुजन का 'कोरिलेटिव ऑब्जेक्टिव' सह-सम्बधक वस्तुनिष्ठता का सिद्धान्त

   (ग) लोन्जाइनस की उदात्त (सब्लाइम) की अवधारणा और अद्भुत रस

   (घ) सौन्दर्यात्मक बोध (इमेन्युल कांट एवं रस मीमांसा)

   II. भाषा विचार :

   भर्तृहरि एवं विटगेस्टाइन के विचारों का तुलनात्मक अध्ययन

   III. शब्द-शक्ति :

अभिधा, लक्षणा, व्यंजना (ध्वनि) एवं तात्पर्या का आई ए. रिचर्ड्स के 'रेफरेन्सिअल' या सन्दर्भात्मक एवं संवेगात्मक 'इमोटिव' अर्थ या फिर एलेन टेट के 'डेनोटेटिव' या सूचनार्थ तथा 'कानोटेटिव' या सम्पर्कात्मक अर्थ

IV. काव्य/कविता :

काव्य प्रक्रिया एवं कविता के कार्य (ज़्हॉन ड्राइडन, मैथ्यु अर्नाल्ड, टी एस एलियट) एवं भारतीय काव्यशास्त्र में प्रयोजन

V. कवि :

अंग्रेज़ी कवि सेमुअल टेलर कोलरिज तथा जर्मन कवि रेनर मारिया रिल्के की अवधारणाओं की राजशेखर की 'काव्यमीमांसा' में व्यक्त अवधारणाओं से तुलना; काव्य सृजन के प्रतिरूप : भारतीय सन्दर्भ में 'कुम्हार' और पश्चिमी सन्दर्भ में 'बढ़ई' के प्रतिमानों की तुलना

VI. प्लेटो एवं अरस्तू के 'माइमिसिस' या 'इमिटेशन' की भरत की अनुकृति एवं शंकुक के अनुकरण तथा अनुमिति के भट्ट लोल्लट के अनुव्यवसाय तथा अनुभव से तुलना

VII. काव्य एवं नाटक की उत्पत्ति : भरत की नाट्योत्पत्ति एवं राजशेखर की काव्यपुरुष तथा काव्य उत्पत्ति की नीत्से के 'बर्थ ऑफ ट्रेजडी' से तुलना

VIII. भारत तथा पश्चिम में युक्ति और कवि समय की तर्कमूलक युक्तियों एवं काव्य रूढ़ियों से तुलना

IX. साहित्यिक विमर्शों की वर्गिकी या 'टेक्सोनमी' : राजशेखर की नोर्थोप फ्राय से तुलना

X. भारतीय काव्यशास्त्र के आचार्यों विशेषकर भामह, अभिनवगुप्त एवं राजशेखर की प्रतिभा की अवधारणा का क्रोचे की 'पोएटिक जीनियस' से तुलना

XI. पश्चिम में काव्य या साहित्य के विरुद्ध लगे आरोप एवं उसका बचाव : प्लेटो, अरस्तू, स्टीफन गोसोन, फिलिप सिडनी, ज़्हॉन ड्राइडन, सेम्युअल जान्सन, टामस लव पिकाक, पी. वी. शैली, सी. एस. स्नो. और एफ. आर. लीबिस तथा भारत में राजशेखर और आचार्य मम्मट के विचार की तुलना

XII. भरत और राजशेखर के मिथक सम्बन्धी दृष्टिकोण का जॉक देरीदा के 'व्हाइट मिथोलोजी' से तुलना

XIII. पाल डि मान के 'रूल ऑफ मेटाफर' की संस्कृत अलंकार शास्त्र के उपमा और रूपक से तुलना

XIV. भारत तथा पश्चिम में काव्यशास्त्र पर दर्शनशास्त्र के प्रभाव का तुलनात्मक अध्ययन

7. देखें अवधेश कुमार सिंह : 'नीदर अम्नेशिया नॉर अफेसिया : नॉलेज कन्टीन्युटी एण्ड चेंज इन इण्डियन पोइटिक्स', *इण्डियन नॉलेज सिस्टम्स,* सं. कपिल कपूर तथा अवधेश कुमार सिंह, दिल्ली : डी. के. प्रिंट वर्ल्ड 2005

8. क्षेमराज ने अपनी निम्नलिखित सूत्र एवं टीका में शैव मतानुसार सृजन प्रक्रिया के पाँच चरणों में चर्चा की है (क्षेमराज 1982 : पृ. 73)

सूत्र : 'तथापि तदवत् पंच कृत्यानि करोति'। (सूत्र 10)

अनुवाद :

'और इस आत्म की स्थिति में भी, वह (व्यक्ति) परमेश्वर (शिव) की भाँति पाँच क्रियाएँ करता है।'

सूत्र : 'इह ईश्वरादव्यादर्शनस्य बृह्मवादिकेया अयमेव विशेष, : यत सृष्टिसंहारकर्तारम विलयस्थितिकारकम अनुग्रहकारम देवम प्रणतार्थिविनाशनम।। (स्वच्छन्द तन्त्र 1.3)

टीका :

यहाँ पर ईश्वराद्वय तथा ईश्वर दर्शन के बीच भेद किया गया है। ईश्वराद्वय दर्शन ऐसी दर्शन व्यवस्था है जो ईश्वर के अतिरिक्त किसी अन्य 'अद्वय' सिद्धान्त में विश्वास नहीं करता। कश्मीरी शैव दर्शन की यह विशेषता है कि वह शिव को एक मात्र और सम्पूर्ण सत्य मानता है। दूसरी ओर ब्रह्मवादी हैं जो वेदान्तियों की भाँति ब्रह्म के अतिरिक्त माया के सिद्धान्त को मानते हैं जो ब्रह्म के अतिरिक्त सृष्टि, स्थिति तथा संहार के लिए उत्तरदायी होती है। दिव्यता जिसका मूल तत्त्व 'चेतना' होती है वह अपने पाँच स्तरीय कर्म की केन्द्रीयता बनाये रखती है। यह महास्वच्छन्द तथा अन्य शैव दर्शन के अनुशासन के अनुरूप है जिसके बारे में कहा गया है : 'मैं दिव्य तत्त्व, जो सृष्टि संहार विलय तथा स्थिति को रचने वाले तथा सभी पापों से मुक्त करने वाले अनुग्रह को प्रदान करने वाला है, उसे प्रणाम करता हूँ। (स्वच्छन्द तन्त्र 1.3)

उपरोक्त पंच क्रियाओं का तात्पर्य यह है कि शिव स्वयं में से पूरी सृष्टि का सृजन कर उसे अस्तित्व प्रदान करते हैं और फिर अन्त में उसे स्वयं में ही विलय कर उसे अस्तित्व प्रदान करते हैं। फिर अन्त में उसे स्वयं में ही विलय कर समाहित कर लेते हैं जोकि बाद में पुनः प्रकट होता है। इससे एक चक्र पूरा होता है जिसे कल्प कहा जाता है। विश्व सृजन की इस प्रक्रिया का कोई अन्त नहीं होता। यह ब्रह्माण्डीय प्रक्रिया अनन्तता से अनन्तकाल तक चलती रहती है। शिव की इस पंच क्रिया की व्याख्या निम्नलिखित प्रकार से हो सकती है :

1. सृष्टि : स्वयं में से बाहर निकालना या प्रकटीकरण। सृष्टि संस्कृत के मूल 'सृज' से बनता है जिसका अर्थ उड़ेलना या प्रक्षेपण होता है। जगत प्रक्रिया शिव में पहले से ही अन्तर्भूत ढंग से स्थित होती है। उन्हें जगत प्रक्रिया के सम्पादन हेतु किसी बाहरी भौतिक तत्त्व की ज़रूरत नहीं होती। दूसरे शब्दों में कहें तो अंग्रेज़ी शब्द 'क्रिएशन' के अर्थ में सृजन नहीं है बल्कि एक प्रसर्जन और थियोफेनी हैं।

अंग्रेज़ी शब्द 'क्रिएशन' का सृजन के अर्थ में यहाँ प्रयोग करना भ्रान्तिकारक होगा क्योंकि ईसाई मत के अनुसार क्रिएशन कुछ भी नहीं या नथिंग में से हुआ है। जबकि वैज्ञानिक तथ्य यह है कि ऐसा सम्भव नहीं है क्योंकि कुछ को सृजन करने के लिए किसी न किसी कुछ की ज़रूरत होती है।

2. स्थिति : जगत प्रक्रिया का अनुरक्षण या पालन।

3. संहार : प्रत्याहार्य या पुनरवशोषण (रीअबर्जोप्शिन)।

संहार का अर्थ विश्व का विनाश नहीं होता बल्कि शिव के द्वारा कुछ समय के लिए उस सृष्टि कृत तत्त्व का पुनरवशोषण होता है। संहार का विनाश के रूप में अर्थ केवल लाक्षणिक अथवा परोक्ष या गूढ़ अर्थ होता है मुख्यार्थ नहीं।

4. विलय : आत्म (सेल्फ) की वास्तविक मूल प्रकृति का छिपाव।

5. अनुग्रह : अनुग्रह का अर्थ मनुष्य की मुक्ति के लिए शिव के द्वारा अनुग्रह या कृपा करना होता है।

पहली चार क्रियाएँ ब्रह्माण्डीय हैं और आखिरी मुक्ति सिद्धान्त सम्बन्धी। ये पाँचों न तो कृत्रिम हैं और न ही उपरोक्त दोनों बिन्दुओं या दृष्टिकोणों का मिश्रण। इसके विपरीत अनुग्रह पहली चार क्रियाओं का आवश्यक अंग होती है। और पहली चार क्रियाएँ इसी अनुग्रह की स्थिति के लिए बनी होती हैं। इससे शिव के असीम प्रेम की अभिव्यक्ति होती है जिसके कारण शिव अर्थात् कल्याण और उनका पर्यायवाची आशुतोष या शीघ्र प्रसन्न

होने वाला नाम मिला है। शिव इन पाँचों क्रियाओं को तब भी सम्पन्न करते हैं जब वे जीव के रूप में होते हैं। जगद्गुरु शंकर के वेदान्त की भाँति शैव दर्शन में पूर्ण निष्क्रिय नहीं होता। इस प्रकार वेदान्ती सिद्धान्त के निष्क्रिय ब्रह्म पर कटाक्ष भी इसमें शामिल है।

9. विस्तृत चर्चा के लिए देखें; अवधेश कुमार सिंह, 'नीदर अम्नेशिया नॉर अफेसिया : नॉलेज कन्टीन्युटी एण्ड चेंज इन इण्डियन पोएटिक्स', *इण्डियन नॉलेज सिस्टम्स,* सं. कपिल कपूर तथा अवधेश कुमार सिंह, दिल्ली : डी. के. प्रिंट वर्ल्ड, 2005

10. देखें, रमेश पारेख, *स्वागत पर्व,* अहमदाबाद, रन्नादे प्रकाशन, 2002

# 7

# इक्कीसवीं सदी में आलोचना-कर्म

आलोचना-कर्म (क्रिटिकल प्रैक्टिस) साहित्यिक व सैद्धान्तिक आलोचना की प्रक्रियाओं और जिस तरह उनका व्यवहार एवं उपयोग किया जाता है, उन सभी विमर्शों के समुच्चय का रूपक है। आलोचना-कर्म में 'आलोचना' या 'आलोचनात्मक' से तात्पर्य है कि इसमें किसी भी विमर्श की समझ और मूल्यांकन की प्रक्रियाओं के सजग प्रयोग के साथ उसकी पद्धति के प्रति आग्रह होता है। ध्यान रहे पद्धतिहीनता का सजग प्रयोग भी अपने आप में पद्धति के शाब्दिक या सीमित अर्थ लेना और उसकी दासता स्वीकार ठीक नहीं है। आलोचना-कर्म में पद्धति की सीमाओं का भी पता चलता है क्योंकि पद्धति का अनुसरण अधिक से अधिक त्रुटिहीन औसतपन या फाल्टलैस मिडियोक्रिटी तक ले जा सकती है, उससे आगे नहीं, जबकि आलोचना-कर्म का ध्येय, यदि लान्जाइनस के सहारे कहें तो उदात्त नहीं तो कम से कम त्रुटिपूर्ण उदात्त की स्थिति पाना तो होता ही है।

बहरहाल आलोचना-कर्म में विमर्श केन्द्रीय होता है चाहे वह साहित्यिक हो या गैर-साहित्यिक, और उसके साथ समझने, मूल्यांकन की प्रक्रिया और पद्धति भी। जिस तरह अनुकरण मानव प्रकृति का अभिन्न अंग है उसी प्रकार अनुकरण प्रक्रिया से, उनकी आलोचना के दृष्टिकोणों, अभिगमों तथा अभिमतों की मीमांसा का प्रतिमानीकरण तथा सिद्धान्तीकरण भी स्वाभाविक है। इसी कारण आलोचना-कर्म एवं सिद्धान्त का अटूट रिश्ता है। आलोचना-कर्म सिद्धान्त के विरुद्ध नहीं है क्योंकि इसका मुख्य ध्यान उन व्यूह रचनाओं पर होता है जो एक विमर्श के अध्ययन में जाने-अनजाने ढंग से कार्यरत कारणों और परिणामों के परे देखने की क्षमता के विकास में मदद करती हैं। आलोचना-सिद्धान्तों का यदि सही ढंग से प्रयोग किया जाये तो वे भी इस उद्देश्य प्राप्ति में कारगर सिद्ध होते हैं। केथरिन बेल्जी ने 1980 में छपी अपनी किताब 'क्रिटिकल प्रेक्टिस' में आलोचना-कर्म से सम्बन्धित कुछ सवालों और मुद्दों से दो-चार होने की कोशिश की थी। उनके कुछ मुख्य सवाल थे

कि सिद्धान्त, जैसे कि उत्तर-संरचनावाद, साहित्यिक आलोचना में मूलतः क्या फ़र्क लाते हैं? रचना का अर्थ कहाँ 'स्थित' होता है—लेखक में या पाठक में? अर्थनिर्माण और पठन प्रक्रिया में हमारे अपने मूल्य क्या भूमिका अदा करते हैं? साथ ही मनुष्य और भाषा, पाठ और पाठक, रचनाशीलता और सांस्कृतिक राजनीति आदि से जुड़े सवाल भी सामने आते हैं। इन सभी सवालों के जवाब देने की हम कोशिश करें तो आलोचना-कर्म में सिद्धान्त एक बड़ी उपयोगी निधि के रूप में उभरते हैं क्योंकि पाठक के रूप में हम जो कुछ पाठ के साथ करते हैं उससे पठन के बाद हमारी चेतना में अभिवृद्धि होती है। साथ ही उससे साहित्यिक और सांस्कृतिक विश्लेषण और विवेचन की नयी सम्भावनाएँ भी उजागर होती हैं। समस्या सिद्धान्त से नहीं अतिसैद्धान्तिकता से होती है क्योंकि वह रचनाशीलता और विमर्श के लिए तो घातक होती ही है साथ ही सिद्धान्त का भी नुकसान करती है। पर अतिसैद्धान्तिकता के लिए जिम्मेदार सिद्धान्त नहीं बल्कि सिद्धान्त-उन्मत्त आलोचक या सिद्धान्तवादी होते हैं जो सिद्धान्तों को तो डुबोते ही हैं पर साथ में खुद भी गर्क हो जाते हैं।

सिद्धान्त के इतिहास में कई उतार-चढ़ाव आये। बीसवीं सदी में इसके सौभाग्य में अभूतपूर्व चढ़ाव देखा गया। दूसरे दशक में रूसी रूपवादी सिद्धान्तकार विक्टर श्कोलोवस्की ने पहली बार कला व साहित्य जगत से सम्बन्धित कुछ मूल सवाल पूछे, जैसे कला, साहित्य या कविता में कलात्मक, साहित्यिक या काव्यात्मक क्या होता है? रोमन याकोब्सन ने सम्प्रेषण का सिद्धान्त, आई. ए. रिचर्ड्स ने भी सम्प्रेषण का सिद्धान्त तथा सी. के. ओग्डन के साथ 'मीनिंग ऑफ़ मीनिंग' या 'अर्थ का अर्थ' जैसी चर्चाएँ शुरू कीं। चूँकि इन सभी सवालों के जवाब भाषा और उससे बुने पाठ में दिये थे इसलिए पाठ केन्द्र में आया। पाठ-केन्द्रीयता के कारण नयी आलोचना विचारधारा का स्कूल स्थापित हुआ जिसके चलते व्यावहारिक आलोचना की गहन पाठ क्लोज रीडिंग जैसी पद्धतियाँ भी सामने आयीं। पर सदी के उत्तरार्द्ध में संरचनावाद फिर उत्तर-संरचनावाद के प्रचलन के साथ सिद्धान्त अपने में खुद एक ऐसा अनुशासन बन गया जिसका साहित्य से सीधा वास्ता न था। हाँ, भाषा, पाठ, पाठक, विमर्श की नयी विभावनाएँ सामने आयीं जिन्होंने साहित्य की आलोचना तथा समझ को गहराई से प्रभावित किया।

सिद्धान्त के इस अप्रतिम उत्थान में उसके पतन के बीज भी निहित थे क्योंकि आलोचना-सिद्धान्त के अतिउत्साहियों के चलते सिद्धान्त का साहित्य से नाता ही टूटता चला गया। परिणामस्वरूप बीसवीं सदी के अन्तिम दशक में ही सिद्धान्त के 'अन्त', 'मृत्यु' तथा 'उत्तर-सिद्धान्त' जैसी चर्चाएँ शुरू हुईं और एक के बाद एक कई किताबें सामने आयीं। इनमें से टॉमस डोकर्टी की किताब 'आफ्टर थ्योरी' (1997), मार्टिन मैक्युलिन द्वारा सम्पादित 'पोस्ट थ्योरी : न्यू डिरेक्शन्स इन क्रिटिसिज्म' (1999), जूडिथ बटलर, ज्होन गिलौरी और थॉमस कैण्डल की 'व्हाट्स

लैफ्ट ऑफ़ थ्योरी' (2000), वेलेन्टाइन कनिंघम की 'रीडिंग आफ्टर थ्योरी' (2002), माइकेल रेबेट की 'द फ्यूचर ऑफ़ थ्योरी' (2002), टैरी ईगलटन की 'आफ्टर थ्योरी' (2003), माइकेल प्येन और ज्होन शाड द्वारा सम्पादित 'लाइफ आफ्टर थ्योरी' (2003) आदि मुख्य हैं। यहाँ 'अन्त' या 'मृत्यु' शब्द कुछ स्पष्टता की मांग करता है। वैसे तो पश्चिम में 'अन्त' या 'मृत्यु' के साथ सभ्यतागत मोह है जो समय को रैखिक विकास के रूप में देखने के कारण सदी के प्रारम्भ तथा विशेषकर अन्त के आसपास ज्यादा मुखर हो जाता है। पर 'अन्त' या 'मृत्यु' का अर्थ शाब्दिक न होकर विमुखीकरण या 'डिसओरिएंटेशन' होता है। सिद्धान्त की 'मृत्यु' या 'अन्त' का मतलब उसकी केन्द्रीयता का अन्त या अतिसैद्धान्तिकता के कारण सिद्धान्त के प्रति थकान या ऊब भी है। साथ ही यह धारणा भी निर्मूल पायी गयी कि सिद्धान्त के ज्ञान की बैसाखी का सहारा लिए बगैर साहित्य की चर्चा, विश्लेषण, मूल्यांकन या उसकी आलोचना असम्भव सिद्धान्त है।

पश्चिम के साथ-साथ भारत में भी पश्चिमी सिद्धान्त के अन्त की थोड़ी देर से ही, पर सुगबुगाहट तो शुरू हुई पर ज्यादातर विमर्शों में सिद्धान्त या उत्तर-आधुनिकतावाद या उत्तर-उपनिवेशवाद जैसे फ़ैशनेबल वादों की गम्भीर आलोचना का अभाव अभी भी दिखाई देता है। टैरी ईगलटन की तर्ज पर उत्तर-आधुनिकतावाद पर नामवर सिंह के लेखों को अपवाद के रूप में छोड़ दें तो हिन्दी के विद्वान आलोचक अपने लेखों या वक्तव्यों में सिद्धान्तों और 'वादों' के सन्दर्भ टपकाकर अपना ज्ञान बघारते हैं तथा श्रोता और पाठक कृतार्थ महसूस करते हैं।

सिद्धान्त के सन्दर्भ में भारत की बात चली है तो यहाँ कहना ठीक होगा कि 19वीं सदी के दर्शन के कुछ यूरोपीय इतिहासकारों ने जिनमें हेगल भी शामिल थे भारत को दर्शन के इतिहास से निष्कासित कर दिया था और 'शुद्ध-सिद्धान्त', दर्शनशास्त्र और 'मूल्य मुक्त विज्ञान' को मुख्यतः ग्रीक तथा यूरोपीय गुण बताया था। अपने जीवन के अन्तिम दौर में हुसेर्ल ने दर्शन, विज्ञान, और 'शुद्ध-सिद्धान्त' की बात को एक बार फिर उठाया। उनके अनुसार केवल यूरोप ही गैर-यूरोपीय अन्य परम्पराओं को समझ और अर्थ का वैश्विक प्रारूप फ्रेमवर्क प्रदान कर सकता है। इसके लिए उन्हें अपना यूरोपीयकरण करना पड़ेगा, जबकि जहाँ तक उनका अर्थात् यूरोपवासियों का सवाल है और यदि वे खुद को ढंग से समझते हैं तो उन्हें कभी भी खुद का भारतीयकरण नहीं करना पड़ेगा। "सभी विदेशी भू-भागों में रह रही मानवता का यूरोपीयकरण दुनिया की किस्मत है।" हालाँकि इस उपरोक्त वक्तव्य से यूरोप-केन्द्रीयता की हक़ीक़त पता चलती है जिसकी वजह से यूरोकेन्द्रित विमर्श अन्य सभी विमर्शों को बिल्कुल गम्भीरता से नहीं लेता है बल्कि उन्हें अध्ययन योग्य न समझ तिरस्कृत तक कर देता है। साहित्यिक आलोचना व सिद्धान्त के क्षेत्र में व्याप्त यूरोप-केन्द्रीयता इसी यूरो-केन्द्रवादी विमर्श से जुड़ी है जिसका केन्द्र, आज के

सन्दर्भ में कहें तो, यूरोप से खिसककर अमरीका पहुँच गया है। अपनी आर्थिक शक्ति तथा अकादमिक ढाँचागत सुविधाओं के कारण अमरीका का केन्द्रीय अकादमिक-जगत विश्व के सिद्धान्तकारों को सहयोजित कर लेता है और उन्हें अपना बनाकर सिद्धान्त की कोटियों तथा अध्ययन-पद्धतियों के उद्योग के रूप में विकसित कर शेष विश्व के सिद्धान्त, वाद और व्यवहार के बाज़ार में थोक आपूर्ति कर साहित्यिक तथा आलोचनात्मक विमर्श को नियंत्रित करता है।

विषय पर वापस आते हुए उपरोक्त मुद्दों के साथ सिद्धान्त के अन्त पर विचार करने पर पाते हैं कि इसका एक और कारण आलोचना जगत का दिवालियापन भी है। आलोचना-सिद्धान्त का इतिहास बताता है कि आलोचना मुख्यतः चार मुख्य केन्द्रों या धुरियों के आसपास घूमती रही है—(i) कला/कृति या पाठ, (ii) कलाकार/लेखक, (iii) दर्शक/श्रोता/पाठक; और (iv) वातावरण/सन्दर्भ। दूसरे शब्दों में कहें तो आलोचना-कर्म मुख्यतः चार सवालों के आसपास घूमता है : कौन कहता (लेखक), कहाँ, कैसे और क्या कहा जाता है? (पाठ), किसके लिए कहा जा रहा है? (पाठक), कब, क्यों, और किस परिप्रेक्ष्य में कहा जा रहा है? (सन्दर्भ)। हक़ीक़त यह है कि इन चार मूल प्रश्नों या धुरियों के अलावा आलोचना-कर्म ने कोई नया योगदान नहीं किया है। किसी युग में इनमें जब किसी एक का धुरीकरण होता है तो अन्य धुरियाँ पृष्ठभूमि में चली जाती हैं। इसी अदला-बदली के आधार पर आलोचना की पहचान और उसके स्कूल या गुट बनते-बिगड़ते हैं और इस प्रकार आलोचना इतिहास का काल विभाजन भी होता है। बीसवीं सदी में आलोचना ने इन चारों मुख्य धुरियों या धामों की परिक्रमा कर अपना चक्र पूरा कर लिया है और ऐसा लगता है कि उसके पास नये सवाल नहीं हैं, बस पुराने सवालों को नये शब्दों में थोड़ा घुमा-फिराकर देखा जा रहा है। अगर उन्हें नये ढंग में, नये अर्थ-निष्पादन के लिए या पुराने फ्रेमवर्क के सामने सवाल खड़े कर नया फ्रेमवर्क खड़ा किया जाता तो भी गनीमत थी। पर ऐसा कुछ हुआ नहीं। बीसवीं सदी के अन्तिम चतुर्थांश में उपरोक्त चार मूल प्रश्नों में बस थोड़ा बदलाव आया, जिसका श्रेय स्टीफन ग्रीनब्लाट जैसे नवइतिहासवादियों को जाता है। वैसे तो नवइतिहासवाद शाब्दिक अर्थ के स्तर पर अपने में एक बड़ा विरोधाभास है क्योंकि इतिहास इतिहास होता है वह नया या पुराना नहीं होता। ग्रीनब्लाट ने 'इतिहास की पाठ-केन्द्रीयता' (टेक्स्टुएलिटी ऑफ़ हिस्ट्री) और 'पाठ की ऐतिहासिकता' (हिस्टोरिसिटी ऑफ टेक्स्ट) की अवधारणाओं के साथ आलोचना-कर्म को एक नयी पद्धति दी। इसमें साहित्यिक पाठ के गैर-साहित्यिक पाठ के साथ और समानान्तर अध्ययन पर जोर देकर सन्दर्भ अर्थात् 'कान्टेक्स्ट' 'सहपाठ' या 'कॉ-टेक्स्ट' की बात की। उदाहरण के तौर पर शेक्सपियर के 1597 में लिखे नाटक 'मिडसमर नाइट्स ड्रीम' का अध्ययन एकान्त में या मात्र साहित्यिक कृति की तरह न करके लुई मौन्ट्रोस ने उसी साल प्रकाशित एक अंग्रेज़ी व्यवसायी के 'मिडसमर नाइट्स

ड्रीम' शीर्षक से लिखे लेख में हक़ीक़त में देखे सपने के विवरण को सहपाठ की तरह रखकर अध्ययन किया गया। इससे पाठ की एक नयी विधि सामने आयी जिसमें पाठ से सम्बन्धित गैर-साहित्यिक कृति को अभिलेखागारों में खोजकर उसके प्रकाश में पाठ को देखा जाता है, उसकी आलोचना की जाती है। पर यह पाठ कौन-सा होगा इसका निर्णय आलोचक के विवेक पर होगा जिसके विचलन की अवस्था में सापेक्षता या स्वेच्छाचार का जोख़िम ज़रूर है।

आलोचना-कर्म में इसके अलावा पुराने सवालों और उनकी धुरियों के बीच अदला-बदली तथा उनके पुनरुउपयोग के अलावा बहुत कुछ नया दिखाई नहीं देता। ज्यादा से ज्यादा, आलोचना के दृष्टिकोणों या पद्धतियों अथवा शब्दावली में 'नया', 'आधुनिक' 'पूर्व, 'उत्तर' या 'हाइपर' आदि उपसर्गों के प्रयोग से नया देखने या दिखाने का उपक्रम झूठे अभिमान के नाटक-सा लगता है। मोटे तौर पर कहा जाये तो समकालीन आलोचनात्मक-विमर्श आलोचना-कर्म की मरुभूमि है जो भी उम्मीद है वह साहित्य के नवोन्मेषी गहन पाठ से ही रही है।

आलोचना-सिद्धान्त के उनके अन्त या 'तिरस्कार' का एक परिणाम यह हुआ कि पाठ या रचना फिर से केन्द्र में आ गये। सिद्धान्तों के कुकुरमुत्तों की तरह हुए प्रचुरोद्भव के बावजूद देखा जाये तो एक या दूसरे अर्थ में आलोचना-कर्म के केन्द्र में पाठ ही रहा। बीसवीं सदी के पहले पाँच दशकों में मुख्यतः नयी आलोचना का प्रभुत्व रहा जिसने पाठ के सघन अध्ययन और व्यावहारिक आलोचना की वकालत की तो सदी के दूसरे भाग में अप्रत्यक्ष ढंग से ही सही पर पाठ ही केन्द्र में आ गया। कारण यह था कि पचास के दशक के मध्य में संरचनावाद आया किन्तु उसके बाद साठ के दशक में जाक देरिदा ने क्लॉड लेवीस्ट्रास की संरचनावाद की संरचनाओं के सम्मुख प्रश्न लगाकर उनकी अस्थिरता और अनिश्चितता घोषित कर दी जिससे उत्तर-संरचनावाद केन्द्र में आया और उसने आलोचना-कर्म के सभी दृष्टिकोणों को दूर तक या गहन रूप से प्रभावित किया। उत्तर-संरचनावाद ने एक ओर मौलिकता, महानता और रचनात्मक प्रतिभा या जीनियस जैसी संकल्पनाओं को मिथक करार दिया तो दूसरी ओर अन्तर्पाठ (इंटरटेक्स्टुएलिटी) की बात की। अन्तर्पाठ, पाठ अध्ययन की बिल्कुल नयी पद्धति तो नहीं थी पर इतना ज़रूर था कि वह एक पाठ में अन्तर्निहित अन्य पाठों की पर्तों को खोलकर बहुपाठ द्वारा नये अर्थों की ओर बढ़ती थी।

उत्तर-संरचनावाद का व्यावहारिक स्वरूप विसंरचन या डिकन्सट्रक्शन है जो मूलतः एक पाठ पद्धति है। विसंरचन इस मूल अवधारणा पर आधारित है कि कृति या पाठ को विसंरचन की आवश्यकता नहीं होती क्योंकि उसने तो खुद को पहले से ही विसंरचित कर दिया है। जब रचना ने खुद के विसंरचित कर दिया है तो आलोचक की क्या कोई ज़रूरत या भूमिका है? ऐसे में आलोचक का कर्म है

कि वह पता लगाए कि पाठ में विसंरचन कहाँ और कैसे हुआ है? पर पाठ ने खुद को कहाँ और कैसे विसंरचित किया है इसका पता कैसे चलेगा? इसके लिए पाठ में मौजूद अन्तराल (गैप), टूटन (रप्चर्स), रिक्ति (लेक्यूना) या बिखराव आदि का पता लगाना पड़ता है। इसके लिए आलोचक को पाठ के करीब जाकर उसमें मौजूद अन्तरालों, या अतार्किकता के स्थलों को तलाशना होता है। इस तलाश में पाठ की केन्द्रीयता स्वीकार करने के अलावा कोई दूसरा रास्ता उपलब्ध नहीं है। उदाहरण के लिए कालिदास का नाटक 'अभिज्ञान शाकुन्तलम्' कालिदास की तमाम लेखकीय क्षमताओं के बावजूद अतार्किकता और अन्तरालों से भरा है। दुष्यन्त का कण्व ऋषि के आश्रम में आगमन शहर (संस्कृति) का आश्रम (प्रकृति) पर अतिक्रमण है। ऐसे में कण्व ऋषि की अनुपस्थिति में आश्रमकन्या शकुन्तला से प्रणय सम्बन्ध स्थापित कर भूल जाना दुष्यन्त जैसे धीरोदात्त नायक के लिए क्या शोभा देता है? अगर ऐसा है तो भला कितनी शकुन्तलाएँ होंगी, जिन्हें अंगूठी का भी सहारा न मिला होगा? क्या ऐसा व्यक्ति नायक हो सकता है? इस भूल को छिपाने के लिए कालिदास दुर्वासा का सहारा लेते हैं जिनका जन्म ही आत्ममुग्ध आलोचकों की भाँति मौका मिलते ही दूसरों को श्राप देने के लिए हुआ है पर कालिदास नायक के चरित्र की असंगतता महाभारत के "आदि पर्व" में "शकुन्तलोपाख्यान" के साथ तुलनात्मक सहपाठ से साफ़ दिखाई देती है। कालिदास अपनी रचना-प्रतिभा के बलबूते पर दुर्वासा का श्राप, शकुन्तला के श्राप निवारण और अभिज्ञान के लिए अंगूठी और मछुआरे की लोककथा का ताम-झाम बुनते हैं और लम्पट खलनायक को नायक बनाने का सफल प्रयास करते हैं। विसंरचन के संशयवादी पठन के उजाले में पाठ में लगे पैबन्दों और रफू के टाकें दिखाई देने लगते हैं।

पाठ के पास जाकर उसके गहन अध्ययन की बात नयी आलोचना के धुरंधरों ने कही थी। उनके लिए पाठ संघटित या आर्गेनिक था। विसंरचन में फर्क यह है कि पाठ या कृति संघटित न होकर खुली, खुदी या अधखुदी खदान के रूप में हाजिर होती है जिसमें से अर्थ रूपी हीरे-मोती ढूँढने के लिए आलोचना कर्मी को उसे अपने लिए खुद खोदना पड़ता है। आलोचक उसके खोदने की क्षमता के समानुपात और खुदाई में मिले खनिजों में अपने विवेक के आधार पर विभेद कर अर्थ स्थापित करता है। दूसरे शब्दों में कहें कि नयी आलोचना पाठ केन्द्रीयता के स्थान पर विसंरचना की नवपाठकेन्द्रीयता सीधे-सीधे न सही पर हाथ घुमाकर नाक तो पकड़ती थी। कुल मिलाकर आलोचना की मुख्य धारा पाठ से बहुत विलग नहीं हुई, यहाँ तक कि सिद्धान्तकारों के प्रेरणास्रोत जाक देरिदा, मिशेल फूको, हेरल्ड ब्लूम, हिलिस मिलर, पाक्त ड मान, जुलिया क्रिस्टीवा या टैरी ईगलटन आदि मूलतः विलक्षण पाठक हैं। जिस प्रकार देरिदा द्वारा प्लेटो, ब्लूम द्वारा अंग्रेज़ी रोमांटिक कवियों जैसे जॉन कीटस, तथा ग्रीनब्लाट द्वारा अंग्रेज़ी पुनर्जागरणकालीन साहित्य (विशेषकर

विलियम शेक्सपियर के नाटकों) के पठन की पद्धति से पता चलता है कि ये सिद्धान्तकार पाठ से दूर नहीं गये बल्कि वे सजग विवेकशील पाठक थे। अतिउत्साही सिद्धान्तवादियों ने ऐसी भ्रान्ति खड़ी की कि सिद्धान्त ही सब कुछ हैं। पर वे भूल गये कि सिद्धान्तों का निगमन और उसकी ऊर्जा का 'मूल' साहित्यिक रचनाशीलता में है। और जब आलोचना-सिद्धान्त की नाल उसके मातृस्रोत साहित्य या उसके पाठ से अलग हुई तो लगभग चार दशकों में सिद्धान्त के 'अन्त' या 'मृत्यु' की बात होना बिल्कुल स्वाभाविक ही थी।

इस प्रकार नयी आलोचना की पाठ-केन्द्रीयता, उत्तर-संरचनावाद की अन्तर्पाठनिष्ठता, विसंरचन की नवपाठ-केन्द्रीयता, नवइतिहासवाद का सहपाठ और सांस्कृतिक अध्ययन—सभी के केन्द्र में पाठ था। इससे पहले हमने पाठ-केन्द्रीयता, उत्तर-संरचनावाद की तो बात की है, लेकिन सांस्कृतिक अध्ययन की नहीं। हम देखते हैं कि सांस्कृतिक अध्ययन में अर्थ भाषा की प्रक्रियाओं के फलरूप उत्पन्न होते हैं। भाषा केवल शब्द की ही नहीं बल्कि वाङ्मय विमर्श के माध्यमों (जैसे मौखिक तथा लिखित), चित्रकला तथा फ़िल्म आदि परम्पराओं के माध्यमों की व्यवस्था होती है। पाठ का उसके अन्दर निहित संकेतकों या साइनों के लिए अध्ययन किया जाता है। पाठ अन्य पाठों के सन्दर्भों से जुड़ा होता है और उन्हीं सन्दर्भों के बृहद् सांस्कृतिक पाठ से जोड़कर पठन किया जाता है। अतः सांस्कृतिक अध्ययन मुख्यतः विशिष्ट सन्दर्भों की पड़ताल करता है जिसमें विशेष विधियों द्वारा अनुकृति (रिप्रजेंटेशन) का निर्माण तथा पहचान स्थापित होती है। सन्दर्भों में संस्कृति, समुदाय, देश, प्रजाति, वर्ग, लिंग आदि शामिल होते हैं। सीधे कहें तो संस्कृति में सम्प्रेषण तथा अर्थ निर्माण होता है और इनके सभी माध्यमों का अध्ययन होता है। चीज़ें अपना अर्थ और मूल्य उनके नेगोशिएशन या मोल-भाव की प्रक्रिया से पाती है। समयान्तर में इन अर्थों का सहजीकरण होता है और पहचानों का निर्माण होता है। पहचानें सामाजिक संरचनाएँ होती हैं और उसी समाज से वैधता हासिल करती हैं।

पाठ और सिद्धान्त की चर्चा में ध्यान रखने की बात यह भी है कि आलोचना सिद्धान्त के अति महत्त्व के कारण मानविकी और साहित्य के अध्ययन-अध्यापन को काफी संचार प्रौद्योगिकी का नुकसान हुआ। इसके कारण सूचना और प्रौद्योगिकी के युग में विज्ञान, तकनीकी चिकित्सा और प्रबन्धन जैसे व्यावसायिक विषय क्रमों की खूब माँग बढ़ी, क्योंकि इनके अध्यापकों और विद्यार्थियों के लिए मानविकी की तुलना में ज्यादा अवसर और मोटी तनख्वाह उपलब्ध थी। मानविकी और साहित्य शोध परियोजनाओं के लिए आर्थिक सहायता और अनुदान के स्रोत लगभग सूख गये थे क्योंकि विज्ञान के अनुसन्धान क्षेत्र में साफ़ तौर पर विज्ञान और तकनीकी क्षेत्रों का योगदान दिखाई देता है, जबकि मानविकी और साहित्य अधिक से अधिक मानव मूल्यों को पुष्ट करते हैं जिन्हें व्यवहार के अतिरिक्त मापा नहीं जा सकता

और न ही वैज्ञानिक अनुसन्धानों की भाँति ठोस रूप में देखा भी जा सकता है। रही-सही कसर साहित्य के अपनों ने ही पूरी कर ली, क्योंकि जो लोग—विशेषकर विद्यार्थी और अध्यापक इस क्षेत्र में आये, उनमें भी साहित्य पढ़ने की अभिरुचि का अभाव था। पहले यह बात दबे छिपे कही जाती थी पर थोड़े समय बाद खुलमखुल्ला कही जाने लगी। भारत में ही नहीं पश्चिम, विशेषकर अमरीका में भी यह महसूस किया जाने लगा। हेराल्ड ब्लूम ने 'एलजेइक कन्क्लूजन' 'करुण निष्कर्ष' शीर्षक से लिखे निबन्ध में दुःख व्यक्त करते हुए लिखा, ''येल विश्वविद्यालय में अब कुछ चुनिन्दा ऐसे विद्यार्थी ही प्रवेश लेते हैं जिनमें पढ़ने के लिए ज़ज्बा है।'' इस प्रवृत्ति के लक्षणों के आधार पर उन्होंने आगे बढ़ते हुए अंग्रेज़ी विभागों के पतन की छद्म भविष्यवाणी कर दी क्योंकि किसी ऐसे व्यक्ति को महान कविता पढ़ाना असम्भव है जिसे कविता के प्रति कोई प्रेम न हो। वैसे साहित्य पढ़ने की अभिरुचि के अभाव के बारे में बहुत दुःखी होने की ज़रूरत नहीं है। पठन या अध्ययन एक घटना होती है जो अलग-अलग लोगों के जीवन में अलग-अलग समय पर अलग-अलग ढंग से घटित होती है। जेराल्ड ग्राफ ने ''डिसलाइकिंग बुक्स एट एन अर्ली एज'' अर्थात् ''कम उम्र में किताबों से नफरत'' नामक लेख में कहा कि उन्हें शुरू में पढ़ने से सख्त नफरत थी। बड़े होने पर वे ज्ञानी प्रोफेसर के सम्पर्क में आये फिर उन्हें पढ़ने का कीड़ा ऐसा लगा कि पढ़ने के प्रति उनकी शुरुआती नफरत से हुई क्षति का खमियाजा पूरा हो गया।

पढ़ना साहित्यिक आलोचना व सिद्धान्त की पूर्व शर्त है। जब पढ़ना ही नहीं होगा तो कौन सा और किस बात का पाठ और कैसे होगा उसका गहन विश्लेषण और मूल्यांकन। बल्कि कहा जाये तो पाठ के पढ़े बगैर रचनाधर्म और आलोचना-कर्म का अस्तित्व ही बेमानी और असम्भव होगा। टैरी ईगलटन जैसे सिद्धान्तकार आलोचक का उदाहरण लें तो पाते हैं कि उन्होंने 'लिटरेरी थ्योरी : एन इंट्रोडक्शन' (मार्क्सवाद और एक परिचय) (1983) तथा मार्क्सवाद पर (साहित्यलोचन) मार्क्सिज्म एण्ड लिटरेरी क्रिटिसिज्म (1976) आदि विषयों पर लिखने के बाद 1996 में 'द इल्यूजन्स ऑफ़ पोस्ट मॉडर्निज्म'(उत्तर-आधुनिकतावाद के भ्रम) किताब लिखी। आखिरी किताब की चर्चा में यह जोड़ना गलत न होगा कि हमारे यहाँ उत्तर-आधुनिकतावाद का बुखार अभी भी उतरने का नाम ही नहीं ले रहा है। भारतीय विशेषकर हिन्दी के आलोचक सिद्धान्त की माला जपे बगैर या अपने किसी भी विमर्श में उत्तर-आधुनिकतावाद की छौंक लगाये बगैर बात पूरी ही नहीं कर पाते।

2003 में 'आफ्टर थ्योरी' अर्थात् 'सिद्धान्त के बाद' किताब के साथ ही 2006 में 'हाऊ टू रीड ए पोयम' अर्थात् 'कविता कैसे पढ़ें?' किताब भी लिखी। ईगलटन ही नहीं, तुलनात्मक साहित्य के अमरीकी विद्वान डेविड डेमरोश ने 2003 में 'व्हाट इज वर्ल्ड लिटरेचर' (विश्वसाहित्य क्या है?) लिखने के बाद 2009 में 'हाऊ टू

रीड वर्ल्ड लिटरेचर?' (विश्व साहित्य कैसे पढ़े?) किताब लिखी। इन आलोचकों के लेखन से निष्कर्ष निकालें तो पता चलता है कि श्रेष्ठ आलोचक आलोचना-कर्म में सिद्धान्त का साधन की तरह अध्ययन तो करते हैं पर अन्त में पाठ और उसके पठन की ओर लौटते हैं। 21वीं सदी ने सिद्धान्त छोड़कर पाठ पर ध्यान केन्द्रित किया है और सिर्फ़ पढ़ना ही नहीं बल्कि कैसे पढ़ा जाये इसकी भी चिन्ता की है। इसी के तहत 21वीं सदी के पहले दशक में प्रकाशित हेरल्ड ब्लूम के लेख 'करुण निष्कर्ष' और ईगल्टन तथा डेमरोश के लेखन पथ को देखने पर पता लगता है कि 21वीं सदी ने आलोचना के बारे में अपना निर्णय सुना दिया है और वह है : 'फिर पाठ की ओर'। पाठ के लिए पढ़ना पूर्व शर्त होती है और आलोचना-कर्म के लिए सत्य यह है कि पाठ और पढ़ने के जो भी अर्थ या पद्धति अपनाई जायें, पर उनसे उदासीन नहीं रहा जा सकता। वैसे पढ़ने की अपरिहार्यता इसमें भी है, जैसा ब्लूम ने कविता पढ़ने की कला के सन्दर्भ में कहा, कि पढ़ना चेतना की बृद्धि में 'प्रामाणिक प्रशिक्षण' देता है। उन्होंने इसमें आगे जोड़ा कि मनुष्यता के लिए जितनी भी स्वस्थ विधियाँ हैं उनमें से 'पठन' शायद सर्वाधिक प्रामाणिक है। आज के जीवन का सत्य यह है कि प्रामाणिकता और 'स्वस्थता' हमारे युग की सबसे बड़ी दुर्घटनाएँ हैं जिनसे आलोचनात्मक बोध के साथ पठन के द्वारा काफी हद तक बचा जा सकता है।

पठन और पाठ पर भार वर्तमान समय की कोई नयी खोज नहीं है। मानव सभ्यता ने अलग-अलग युगों में नये ज्ञान को हासिल करने के लिए तथा विवेकपूर्ण व्यवहार के लिए इन पर जोर दिया है। अंग्रेज़ी पुनर्जागरणकाल का तो यही मूलमंत्र था। उदाहरण के लिए 17वीं सदी में जब फ्रांसिस बेकन किताबों तथा उनके पढ़ने के तरीकों पर निबन्ध लिखने के साथ-साथ 'एडवांसमेंट ऑव लर्निंग' (1605) जैसी किताब लिख रहे थे तब उनके समकालीन बेन जॉन्सन ने 'टिम्बर' या 'डिस्कवरीज' जैसी अल्पज्ञात किताब लिखी जो उनकी मृत्यु के चार साल के बाद 1641 में छपी थी। इस पुस्तक में उन्होंने नये लेखकों को सलाह देते हुए लिखा था, 'श्रेष्ठ लेखकों को पढ़ो, श्रेष्ठ वक्ताओं का अवलोकन करो और अपनी खुद की शैली का खूब अभ्यास करो।' यह लिखने से पहले उन्होंने अपने करीबी दोस्त विलियम शेक्सपियर (जिन्हें उन्होंने 'अपने युग की आत्मा' कहा था) को कल्पना के असंयम के लिए प्रताड़ित भी किया था। जब शेक्सपियर के कल्पना की उड़ानों की तूती बोलती थी और कहा जाता था कि उन्होंने कभी भी एक भी शब्द नहीं काटा तो उन्होंने हेट्रियस के बारे में कहे गये ओगस्टस के शब्दों के सहारे कहा 'सफलिमिनेन्टस इराट' अर्थात् 'उसे संयम की आवश्यकता थी।' शेक्सपियर के माध्यम से संयम की बात करते हुए जॉन्सन ने साधारण पाठक ही नहीं, रचनाकार के लिए भी पठन की महत्ता स्थापित की। जिसे हेरोल्ड ब्लूम ने लगभग 400 वर्षों के बाद स्वीकार किया। ब्लूम ने कहा कि पठन से 'चेतना का संवर्धन' होता है क्योंकि पढ़ने से दूसरी चेतना के

विचार पाठक की चेतना का अभिन्न अंग हो जाते हैं जिससे चेतना में अभिवृद्धि होती रहती है। और पाठक के आसपास का वातावरण विचारों से युक्त हो जाता है जिसे वह दूसरों के साथ मिल-बाँट कर आनन्द प्राप्त करता है।

बेन जोन्सन का मंत्र ऊपर से जितना सरल दिखाई देता है उतना है नहीं। यह समस्याएँ खड़ी करता है, प्रश्न उठाता है। श्रेष्ठ लेखकों के पठन तथा श्रेष्ठ वक्ताओं के अवलोकन में समस्या यह है कि श्रेष्ठ लेखक या वक्ता का पता कैसे लगे? इसके समाधान के लिए रास्ते खोजने की ज़रूरत है। इसका एक रास्ता तो यह है कि रचनाकार या पाठक खुद पढ़े और फिर श्रेष्ठ और निकृष्ट, श्रेष्ठ और श्रेष्ठतर, तथा श्रेष्ठतर और सर्वश्रेष्ठ के बीच फ़र्क़ करते हुए सर्वश्रेष्ठ को पढ़े। यह एक समय-खाऊ, लम्बी प्रक्रिया है। दूसरा रास्ता है कि परम्परा तथा लोकमत के आधार पर स्वीकृत श्रेष्ठ लेखकों या वक्ताओं तक सीधा पहुँचा जाये और उनके द्वारा अपनाई गयी प्रक्रियाओं तथा पद्धतियों से सीखते हुए श्रेष्ठ लेखकों और वक्ताओं का अध्ययन अवलोकन किया जाये। साथ ही परम्परा में और अध्ययन-मनन से विकसित आलोचना-विवेक के आधार पर पूर्व स्थापित श्रेष्ठ लेखकों का पुनर्विवेचन किया जाये और परम्परा में जो अवलोकित होने से रह गये हैं या जिन्हें जान-बूझकर छोड़ दिया गया है उनकी प्रक्रिया, अभिप्रेतों तथा निष्कर्षों की पड़ताल करके आलोचक आलोचना-कर्म परम्परा को नयी दिशा दे सकता है। बेन जॉन्सन के वाक्य के तीसरे भाग में' एक बोध अन्तर्निहित है कि श्रेष्ठ लेखकों या वक्ताओं के अनुकरण में रचनाकार या आलोचक को अपनी निजता गिरवी नहीं रखनी चाहिए। सतत उद्यम इस निजता की पूर्व शर्त है। श्रेष्ठ विमर्श के पठन और अवलोकन के बाद अपनी खुद की शैली का विकास ठीक है पर उससे ही सन्तोष करने से काम नहीं चलता बल्कि उसकी अभिवृद्धि तथा परिमार्जन के लिए खूब अभ्यास की आवश्यकता होती है। आलोचना-कर्म में पाठ के पठन में परम्परा तथा निजता का सुयोग आवश्यक है विशेषकर 21वीं सदी में जिसने अपना यह निर्णय सुना दिया है : सिद्धान्त फैशन की तरह आते-जाते रहते हैं; पाठ की ओर लौटना आलोचना-कर्म की नियति है। पाठ की ओर लौटने के 'हेतु' हर युग के अपने होते हैं और लौटकर पाठ को खोलकर उसमें पैठने की पद्धति उस युग की पीढ़ी को खुद खोजनी या विकसित करनी होती है। 20वीं सदी ने कम से कम पाँच पाठ-पद्धतियाँ दीं। 21वीं सदी की पाठ-पद्धतियों की साहित्य व आलोचना-कर्म विमर्श के इतिहास को प्रतीक्षा है।

इक्कीसवीं सदी काफी बाकी है और परिवर्तन की अप्रत्याशित गति के चलते आगे साहित्य तथा आलोचना-विमर्श के बारे में अटकल लगाना बौद्धिक कवायद से अधिक कुछ नहीं है। पर इतना तय है कि आलोचना-कर्म में पाठ या कृति को न तो नकारा जा सकता है और न ही उसके प्रति उदासीन रहना आलोचना या साहित्य-विमर्श के हित में है।

# सन्दर्भ ग्रन्थ


- एवेरोस, 'द मिडिल कमेन्टरी ऑफ़ एवेरोस ऑफ़ कॉरडोव ऑन द पोएटिक्स' ऑफ़ एरिस्टोटल, 'मेडीवल लिटरेरी क्रिटिसिज्म : ट्रान्सलेशन्स एण्ड इन्टरप्रेटेशन्स' स. ओ. बी. हॉर्डीसन, जूनियर न्यूयॉर्क : फ्रेडरिक अंगर, 1974.
- बार्थ, रोलां, 'द डेथ ऑव द आर्थर', इन मॉडर्न क्रिटिसिज्म एण्ड थियरी : अ रीडर, सं. डेविड लोज, लन्दन एण्ड न्यूयार्क, 1988.
- कुमारस्वामी, आनन्द के, एसेज़ इन नेशनल आइडियलिज्म, दिल्ली : मुंशीराम मनोहरलाल, 2001.
- धर्मपाल, डेसपोलिएशन डिफेमिंग ऑव इण्डिया : द अर्ली नाइन्टीन्थ सेन्च्युअरी ब्रिटिश क्रुसेड, वर्धा ; भारत पीथम, गोआ : अदर इण्डियन, प्रेस, 1999.
- देवी गणेश, आफ्टर एम्नीशिया : ट्रेडिशन एण्ड चेन्ज इन इण्डियन लिटरेरी क्रिटिसिज्म, हैदराबाद तथा दिल्ली : ओरियन्ट लोंगमेन, 1992.
- द्विवेदी, हजारी प्रसाद, हिन्दी साहित्य की भूमिका, दिल्ली : राजकमल, 1991.
- फ्राय, नोथ्रोप. एनॉटमी ऑफ क्रिटिसज्म : फोर ऐसेज, पिस्टन यू. प्रेस, 1973.
- फ़ैज़, फ़ैज़ अहमद. फ़ैज अहमद फ़ैज़ : प्रतिनिधि कविताएँ, दिल्ली : राजकमल प्रकाशन, 1996, प्र. सं. 1984.
- ग़ालिब, मिर्ज़ा, ग़ालिब : लाइफ, लेटर्स एण्ड ग़ज़ल्स, सं. राल्फ रसेल, दिल्ली : ऑक्सफोर्ड युनिवर्सिटी प्रेस, 2003.
- कपूर, कपिल. लिटरेरी थ्योरी : इण्डियन कन्सेप्चुअल फ्रेमवर्क, दिल्ली : एकिलिएटेड ईस्ट-वेस्ट प्रेस, 1998.
- कविराज, सुदीप्त, 'द सडन डैथ ऑफ़ संस्कृत ए नॉलेज', जर्नल ऑफ़ इण्डियन फिलोसोफी, अंक 33, 1, फ़रवरी 2005, 119-142.
- कृष्णा, दया. इण्डिया'ज इंटलैक्च्युअल ट्रेडिशन्स, दिल्ली : मोतीलाल बनारसीदास, 1987.
- माटीलाल, बिमल कृष्णा, द केरेक्टर ऑव लौजिक इन इंडिया, आल्बनी : स्टेट युनिवर्सिटी ऑव न्यूयार्क प्रेस, 1998.
- द कलेक्टेड एसेज़ ऑव बिमल कृष्णा माटीलाल : माइंड, लेंग्विज़ एंड वर्ल्ड, वोल्यूम 1, सं. जोनार्दन गनेरी, नयी दिल्ली : ऑक्सफोर्ड युनिवर्सिटी प्रेस, 2002.
- द कलेक्टेड एसेज़ ऑव बिमल कृष्णा माटीलाल : एथिक्स एंड एपिक्स, वोल्यूम : II

सं. जोनार्दन गनेरी, नयी दिल्ली : ऑक्सफोर्ड यूनिवर्सिटी प्रेस, 2002.

- मेक्विलन, मार्टिन इत्यादि, सं. पोस्ट थियरी : न्यू डायरेक्शन्स इन क्रिटिसिज्म, एडिनबर्ग एडिनबर्ग यूनिवर्सिटी प्रेस, 1999.
- मीर, तकी मीर, मीर तकी मीर : सिलेक्टड पोएट्री, अंग्रेज़ी अनुवाद के. सी. कांडा, नयी दिल्ली : स्टर्लिंग, 1997.
- मेक्स मूलर, फ्रेडरिक, इंडिया : व्हाट केन इट टीच अस?, नयी दिल्ली एण्ड न्यूयार्क : पेंग्विन बुक्स, 2000.
- पोलोक, शेल्डोन, 'द डैथ ऑव संस्कृत', कम्परेटिव स्टडीज़ इन हिस्ट्री एण्ड सोसायटी, वोल्यूम. 43, नं. 2, 2001, 392-426, .
- ..., सं. लिटरेरी कल्चर्स इन हिस्ट्री : रिकंस्ट्रक्शन फ्रॉम साउथ एशिया, बर्कले
- ..., रस मीमांसा, सं. विश्वनाथ प्रसाद मिश्र, वाराणसी : काशी नागरी प्रचारिणी सभा, सं. 2006.
- I. सिंह, अवधेश कुमार. 'उत्तर-उपनिवेशवाद : एक भारतीय विमर्श', आलोचना, सितम्बर, 2002.
  II. सिंह, अवधेश कुमार. 'उत्तर-आधुनिकतावाद, उत्तर-उपनिवेशवाद और भारत', आलोचना, दिसम्बर, 2003.
  III. 'रेनेसां' सेल्फ (री) फेशनिंग एण्ड कोलोनियलिज्म : अ कम्परेटिव स्टडी ऑव द नाइन्टीन्थ सेन्च्युअरी गुजराती एंड हिन्दी 'रेनेसां' प्रोज राइटिंग्स, साउथ एशियन रिव्यू, वोल्यूम. XXV, नं. 1, 2004.
  IV. 'व्हॉट इज़ इंग्लिश डूइंग इन इण्डिया? रिसपोन्स टु एन ऑक्फर्ड क्वेश्चन', इण्डियन इंग्लिश एंड वर्नाक्यूलर इण्डिया, सं. मकरंद परांजपे एंड जी. जे. वी. प्रसाद, नयी दिल्ली : पियर्सन पब्लिकेशन्स, 2000.
- सिंह, नामवर, 'व्यापकता और गहराई', इतिहास और आलोचना, नयी दिल्ली : राजकमल प्रकाशन, 1962, प्रथम प्रकाशन 1957, 9-19.
- ..., वाद, विवाद और संवाद, नयी दिल्ली : राजकमल प्रकाशन, 1991, प्रथम प्रकाशन 1989 (हिन्दी)
- झिमर, हाइनरिक, द किंग एण्ड कोर्प्स, प्रिंस्टन यूनिवर्सिटी प्रेस, 1971, प्रथम प्रकाशन. 1948. यूनिवर्सिटी ऑव केल्फिोर्निया प्रेस, 2003.
- प्रेमचन्द, मुंशी. 'उपन्यास', अंग्रेज़ी से हिन्दी अनुवाद अवधेश कुमार सिंह, क्रिटिकल डिसकोर्स एण्ड कोलोनियलिज्म़ : इण्डियन क्रिटिकल डिसकोर्स इन कोलोनियल पीरियड इन हिन्दी, गुजराती एण्ड इंग्लिश, सं. अवधेश कुमार सिंह व संजय मुखर्जी, नयी दिल्ली : क्रिएटिव बुक्स, 2005.
- रघुरामराजु, ए., डिबेट्स इन इण्डियन फिलोसोफी : क्लासिकल, कोलोनियल एण्ड केटेम्परारी, नयी दिल्ली : ऑक्सफोर्ड यूनिवर्सिटी प्रेस, 2006.
- सस्यूर, फर्दीनान्द द. कोर्स इन जनरल लिंग्विस्टिक्स, अनु. वेड बॉस्किन सं. पेरी मिज़ल एण्ड हॉन सौसी, न्यूयॉर्क : कोलम्बिया यूनिवर्सिटी प्रेस, 2011.
- शुक्ल, आचार्य रामचन्द्र, हिन्दी साहित्य का इतिहास, दिल्ली : प्रकाशन संस्थान, 2003, प्र. प्रकाशन संवत 1986 (हिन्दी).

- मिश्र विजय/वाब हौज, 'व्हाट इज़ पोस्ट (-) कोलोनियलिज्म?', 1991.
- चाइल्ड्स, पीटर और पैट्रिक विलियम्स, 'एन इंट्रोडक्शन टु पोस्ट कोलोनियल थ्योरी', लन्दन : प्रेन्टिस हाल, 1997.
- एश्कोफ्ट, बिल ग्रेथ, ग्रिफिथ एंड टिफिन हेलेन, 'द एम्पायर राइट्स बैक', लन्दन : मैथ्युन, 1987
- स्लेमन, स्टीफेन, 'द स्क्रेम्बल फॉर पोस्ट-कोलोनियलिज्म', टिफिन, लासन, पृ. 15-32.
- स्पीवाक, गायत्री चक्रवर्ती, 'न्यू कोलोनियलिज्म एंड द सिक्रेट एजेंट ऑफ़ नॉलेज', 'ऑक्सफोर्ड लिटरेरी रिव्यू', 1991.
- अप्पिया एन्टनी, 'इज़ द पोस्ट इन पोस्टमॉडर्निज्म', 'द पोस्ट इन पोस्ट कोलोनियल', 'क्रिटिकल इन्क्वायरी,' 17.
- सईद, एडवर्ड, 'कल्चर एंड इम्पीरियलिज्म', 1993.
- एरिस्टोटल, एरिस्टोटल : पोइटिक्स; लॉन्जाइनस : ऑन दि सब्लाइम; डेमेट्रिअस : ऑन स्टाइल (अनुवाद) डब्लू हेमिल्टन किफे कैम्ब्रिज : हार्वर्ड 1965.
- बर्नहायमर, चार्ल्स. कम्परेटिव लिटरेचर इन द एज ऑफ़ मल्टीकल्चरिज्म, बाल्टिमोर : जॉन्स हॉप्किन्स युनिवर्सिटी प्रेस, 1955.
- बटलर, जुडिश, जॉन गुइलोरी, एण्ड थॉमस केन्डाल (सं.) 'व्हाट्स लेफ्ट ऑफ़ थियरी? लन्दन : रूटलेज, 2000.
- कुमारस्वामी, आनन्द के. द ट्रान्सफार्मेशन ऑफ़ नेचर इन टु आर्ट, न्यूयार्क : डोवर पब्लिकेशन, 1934.
- .....ऐसेज इन नेशनल आइडियालिज्म, दिल्ली : मुंशीलाल मनोहरलाल, 1981.
- ... 'द डान्स ऑफ़ शिवा'. बॉम्बे : एशिया पब्लिशिंग हाउस, 1984.
- ..... 'टाइम एण्ड इटरनिटी', नयी दिल्ली : मुंशीराम मनोहरलाल, 2001.
- क्राफोर्ड, डी. डब्ल्यू. कान्टस एस्थेटिक थ्योरी, मेडिसन : युनिवर्सिटी विस्किन्सिन प्रेस, 1947.
- कनिंघम, वेलेन्टाइन. रीडिंग आफ्टर थ्योरी, ऑक्सफोर्ड : ब्लैकवेल, 2002
- डाबने, टाउनसेंड. एन इन्ट्रोडक्शन टु एस्थेटिक्स, ऑक्सफोर्ड : ब्लेकवेल पब्लिशर्स, 1997.
- डोचेर्टि, थामस आफ्टर थ्योरी, एडिनवर्ग : एडिनवर्ग यू पी, 1971.
- ईगल्टन, टैरी, द आइडियोलॉजी ऑफ़ द एस्थेटिक्स, ऑक्सफोर्ड : ब्लैकवेल, 1990.
- ...आफ्टर थ्योरी, न्यूयार्क : वेसिक बुक्स, 2003.
- ...हाऊ टु रीड ए पोएम, लन्दन : ब्लैकवेल, 2008.
- हबीब, एम. ए. आर : हिस्ट्री ऑफ़ लिटरेरी क्रिटिसिज्म फ्राम प्लेटो टू दि प्रेजेंट. लन्दन : ब्लैकवेल 2005.
- हरिश्चन्द्र, भारतेन्दु, 'नाटक' अनु. प्रभात कुमार पाण्डेय, क्रिटिकल डिस्कोर्स एण्ड कोलोनियलिज्म. स. अवधेश कुमार सिंह तथा संजय मुखर्जी, दिल्ली : क्रिएटिव बुक्स, 2005.
- हिरियन्ना, एच. आर्ट एक्सपीरिएन्स, मैसूर : काव्यालय पब्लिशर्स, 1954.
- जाथलिन, जॉन जे एण्ड मेलेप्स. दि न्यू एस्थेटिसिज्म, मैन्चेस्टर, यूपी, 2003.

- क्षेमराज. प्रत्यभिज्ञानहृदयम् : दि सिक्रेट ऑफ़ सेल्फ-रिकग्निशन. अनु. जयदेव सिंह. दिल्ली : मोतीलाल बनारसीदास, 1982.
- लिम्बाले, शरण कुमार, दलित साहित्य का सौन्दर्यशास्त्र, अनु. रमणिका गुप्ता, नयी दिल्ली : वाणी प्रकाशन, 2000.
- माधकर, टू लेक्चर्स ऑन एन एस्थेटिक्स ऑफ़ लिटरेचर, बॉम्बे : कर्नाटक पब्लिशिंग हाउस, 1948.
- मैकमिलन, मार्टिन आदि (सम्पादक), पोस्ट थ्योरी : न्यू डायरेक्शन इन क्रिटिसिज़्म, एडिनबर्ग : एडिनबर्ग यूपी, 1999.
- नगेन्द्र. भारतीय काव्यशास्त्र की भूमिका, दिल्ली : नेशनल पब्लिशिंग हाउस, 1963. द्वितीय संस्करण.
- पारेख, रमेश, स्वागत पर्व, अहमदावाद : रन्नादे प्रकाशन, 2002.
- पेने मिशेल व जॉन शेड, (सं.) लाइफ. आफ्टर. थ्योरी. लन्दन : कम्युनिकेशन, 2003.
- रेवेट, जेन-मिशेल, दि फ्यूचर ऑफ़ थ्योरी, ऑक्सफोर्ड : ब्लैकवेल, 2002 प्रिंट.
- रिच्टर, डेविड, सं. फॉलिंगि इन टु थियरी, बोस्टन : वेडफोर्ड सेंट मार्टिन, 2000.
- रसेल, डी. ए. एण्ड एम. विंटरवाटम (सं.) 'एरिस्टोटल्स थियरी ऑफ़ एस्थेटिक प्लेजर' क्लासिकल लिटरेरी क्रिटिसिज्म। ऑक्सफोर्ड : ओ यूपी 1972.
- सॉसी, हान कम्परेटिव लिटरेचर इन एज ऑफ ग्लोबलाइजेशन, जॉन्स हाप्किंस युनिवर्सिटी प्रेस, 2006.
- सेतुरामन, वी.एस. (सं.) इण्डियन एस्थेटिक्स, बॉम्बे : मैकमिलन इण्डिया, 1994.
- सिंह, अवधेश कुमार. 'नीदर एम्नेशिया नॉर एफेशिया : नॉलेज, कन्टिन्युटी एण्ड चेंज इन इण्डियन पोएटिक्स' इण्डियन नॉलेज सिस्टम. अंक-2 सं. कपिल कपूर एंड अवधेश कुमार सिंह। नयी दिल्ली : डी के प्रिंट वर्ल्ड, 2005.
- सिंह, अवधेश कुमार. 'मिथिक नैरेटिव एज ए मोड ऑफ़ कंस्ट्रक्टिंग नॉलेज : थियरी ऑफ़ क्रिएटिव प्रोसेस इन द नैरेटिव्स अबाउट द क्रिएशन ऑफ़ दि रामायण एण्ड द महाभारत,' जाधवपुर जनरल ऑफ़ कम्परेटिव लिटरेचर (जुलाई-दिसम्बर, 2008) : 46-60.
- सिंह, बच्चन. भारतीय एवं पाश्चात्य काव्यशास्त्र का तुलनात्मक अध्ययन, चंडीगढ़ : हरियाणा साहित्य अकादमी, 1987.
- सुश्रुत. सुश्रुत संहिता : विद इंट्रोडक्शन बाय कविराज कुंजलाल, टोरंटो युनिवर्सिटी प्रेस, वेस्टर्न साइंस सेंटर, 1907.
- दि वाक्यपदीय ऑफ़ भर्तृहरि; के. वी. अभयंकर एंड वी.पी.लिमाये. (संपा.) संस्कृत एण्ड प्राकृत सिरीज, पुणे : पुणे युनिवर्सिटी प्रेस, 1965.
- तुलसीदास, गोस्वामी. रामचरितमानस, गोरखपुर : गीता प्रेस, 1974.
- हेबिज, डिक, हाइडिंग इन द लाइट : ऑन इमेजिस एंड थिंग्स, लंडन : रूटलेज 1998.
- जेम्सन, फ्रेडरिक 'पोस्टमॉडर्निज्म ऑर द कल्चरल लॉजिक ऑव लेट कैपिटलिज्म', न्यू लेट रिव्यू. 146.
- लेविसन, लुडविग, 'द स्टोरी ऑव अमेरिकन लिटरेचर', न्यूयॉर्क : द मॉडर्न लाइब्रेरी, 1939.

- मार्शल, ब्रेंडा के, टीचिंग द पोस्टमॉडर्न : फिक्शन एंड थ्योरी, न्यूयॉर्क एंड लंडन : रूटलिज, 1992.
- परांजपे, मकरन्द सं, नेटिविज्म : एसेस इन क्रिटिसिज्म, दिल्ली : साहित्य अकादमी, 1995.
- रामकृष्णन, ई.वी. 'द गेम्स ऑव फिक्शन : सर्च फॉर ए पोस्टमॉडर्निस्ट मोड इन द मलयालम फिक्शन ऑफ 1990' क्रिटिकल प्रैक्टिस, वॉल्यूम III, संख्या 1, जनवरी, 1996, पृ. 99-106.
- सईद, एडवर्ड, कल्चर एंड इम्पीयरलिज्म, न्यूयॉर्क : अल्फ्रेड ए नॉफ 1993.
- सच्चिदानन्दन, के., 'नेटीविज्म एंड इट्स ऐम्बीवेलेंसेस', क्रिटिकल प्रैक्टिस, वाल्यूम III, संख्या 1, जनवरी, 1996, पृ. 1-10.
- सिंह, अवधेश कुमार, 'टुवर्ड्स एन इंडियन थ्योरी ऑव पोस्टकोलोनियलिज्म' कोन्टेस्टिंग पोस्टकोलोनियलिज्म सं. जसबीर जैन एवं विभा सिंह, नयी दिल्ली : रावत पब्लिकेशंस, 2000, 40-58.
- सिंह, नामवर, 'द एंड ऑव द सेंचुरी एंड पोस्ट-मॉडर्निज्म' क्रिटिकल प्रैक्टिस वाल्यूम, जून, 1995 संख्या 2, पृ. 7-22.
- ...नामवर सिंह, 'इन कनवर्सेशन विद अवधेश कुमार सिंह', इंडियन लिटरेचर, 192, जुलाई-अगस्त, 1999, पृ. 165-177.
- टैगोर, रवीन्द्रनाथ, नेशनलिज्म, मैकमिलन, 1917, दिल्ली : रूपा 1992.
- ठाकोर, अजीत, 'पोस्ट मॉडर्निस्ट गुजराती शॉर्ट स्टोरी' मीमांसा, 1995.
- विवेकानन्द, स्वामी. द कम्पलीट वर्क्स ऑव स्वामी विवेकानन्द, वॉल्यूम III, कलकत्ता, अद्वैत आश्रम, 1994.
- वुड्स टिम, बिगिनिंग पोस्ट-मॉडर्निज्म, मैनचेस्टर एंड न्यूयॉर्क : मैनचेस्टर यूनिवर्सिटी प्रेस, 1999.
- शुक्ल आ. रामचन्द्र, चिन्तामणि भाग-3, सं. नामवर सिंह, राजकमल प्रकाशन : दिल्ली, 1987.
- ब्लूम, हैरल्ड. 'एलिजेइक कन्क्लूजन्स,' फॉलिग इन थ्योरी, सं. डेविड रिश्चटर, बोस्टन, : बेडफोर्ड सेन्ट मार्टिन, 2000.
- बटलर, ज्यूडिथ. ज्हान गिलौरी और टामस कैण्डल (सं) व्हाट्स लैफ्ट ऑफ़ थ्योरी, लन्दन : रुटलेज, 2000.
- कनिंग्घम, वेलेन्टाइन. 'रीडिंग आफ्टर थ्योरी' आक्सफोर्ड : ब्लैकवेल, 2002.
- डोकर्टी, टामस. 'आफ्टर थ्योरी,' एडिनबरा' : एडिनबरा यूनि. प्रेस, 1997.
- ईगलटन, टैरी 'आफ्टर थ्योरी' : एन इंट्रोडक्शन,' न्यूयार्क : बेसिक बुक्स, 2003.
- ...'हाउ टु रीड ए पोएम?,' लन्दन : ब्लैकवेल, 2008.
- ग्रीनब्लाट, स्टीफेन 'शेक्सपीयरीयन नेगोशिएशन्स : द सर्क्युलेशन ऑफ़ एनर्जी इन रेनेसां, इंग्लैंड, कैलीफोर्निया यूनिवर्सिटी प्रेस, 1991.
- मैक्यूलिन, मार्टिन आदि (सं.) 'पोस्ट थ्योरी : न्यू डिरेक्शन्स इन क्रिटिसिज्म', एडिनबरा : एडिनबरा यूनि. प्रेस, 1999.
- ओग्डन, सी. के. और आई. ए. रिचर्ड्स, 'द मीनिंग ऑफ़ मीनिंग,' लन्दन : रूटलेज

एण्ड केगन पॉल, 1946, VIII संस्करण. I संस्करण, 1923.

- पेन, माइकल और जॉन शाड, सं. 'लाइफ. आटर. थ्योरी,' लन्दन : कन्टीनम, 2003.
- रेबेट, ज्यां-माइकल 'द फ्यूचर ऑफ़ थ्योरी,' ऑक्सफोर्ड : ब्लैकवेल, 2002.
- सिंह, अवधेश कुमार, 'उत्तर-आधुनिकतावाद उत्तर-उपनिवेशवाद और भारत,' 'आलोचना' जनवरी-मार्च 2003, 147-1[illegible].
- ...'पोस्टकोलोनियलिज्म : एन इण्डियन डिस्कोर्स', 'रिविजिटिंग लिटरेचर, क्रिटिसिज्म एण्ड एस्थेटिक्स इन इण्डिया', दिल्ली : डी. के. प्रिंट वर्ल्ड, 2012.
- सिंह, नामवर 'दी एण्ड ऑफ़ द सेंचुरी एण्ड पोस्टमॉडर्निज्म,' क्रिटिकल प्रैक्टिस, Vol.2, जून 1995. (हिन्दी से अनूदित).

❑❑